Europa muss vereinigt werden?

Bildung muss kostenlos sein?

Es gibt keine

Intelligenzunterschiede

zwischen den Ländern?

GERD GANTEFÖR

Das Gesetz der Herde

Von Primaten, Parolen und Populisten – Macht und Unterwerfung bei Tier und Mensch

at VERLAG

Inhalt

Vorbemerkung

Physiker untersuchen die grundlegenden Phänomene. Um ihre Gesetzmäßigkeiten zu erklären, abstrahieren sie Vorgänge und Erscheinungen in der Natur in Form eines Systems von allgemeingültigen Theorien und Naturgesetzen, bei deren Formulierung sie sich vielfach der Methoden der Mathematik und der Logik bedienen. Ihr Ziel ist, Systematiken zu erkennen. Äpfel, Fußbälle und Kanonenkugeln fliegen auf den unterschiedlichsten Bahnen durch die Luft, abhängig davon, wie sie losgeworfen oder abgeschossen wurden. Die Flugbahnen haben aber alle etwas gemeinsam. Heute wissen wir, dass hinter den Gemeinsamkeiten ein Naturgesetz steht: das Gravitationsgesetz. Mit ihm lassen sich Flugbahnen sogar vorhersagen.

Bei einem Vergleich der Erkenntnisse der Verhaltensforschung an Tiergemeinschaften mit soziologischen Studien an menschlichen Gemeinschaften offenbaren sich ebenfalls Ähnlichkeiten, denn der Mensch hat sich aus dem Tier entwickelt. Diese Ähnlichkeiten im Sozialverhalten von Tieren und Menschen folgen einer Systematik, hinter der möglicherweise ebenfalls ein oder mehrere Gesetze stecken, die für das Sozialverhalten höherer Tiere und Menschen gelten. Sollte sich das bewahrheiten, eröffnet es einen neuen Blickwinkel auf die Geschichte menschlicher Gesellschaften. Dieses Verhaltensmuster beeinflusst politische Ideologien, Religionen und sogar die Philosophie. Auch aktuelle Probleme wie der Populismus und die Migration können mit diesem Wissen aus einem neuen Blickwinkel heraus analysiert werden – ein Beispiel dafür, wie interdisziplinäre Analysen neue Sichtweisen eröffnen können.

Auftakt

Im Verlauf der Evolution hat das Leben große Fortschritte gemacht. Es begann mit den Einzellern und hat heute mit den Säugetieren und den Menschen seinen vorerst höchsten Entwicklungstand erreicht. Parallel zur Evolution der körperlichen Merkmale entwickelten sich die sozialen Fähigkeiten. Die Tiere schlossen sich zu Herden, Schwärmen, Rudeln oder Stämmen mit immer komplexeren Sozialstrukturen zusammen. Das Grundprinzip aller Gemeinschaften ist eine Hierarchie mit einem Leittier an der Spitze. Darüber hinaus entdeckt die Forschung aber immer mehr und immer komplexere Sozialstrukturen, die in ähnlicher Weise für die verschiedensten Arten von Tiergemeinschaften gelten. Die nahesten Verwandten des Menschen sind die Schimpansen. Sie leben in hierarchischen, aggressiven Gemeinschaften mit einer starken sozialen Kontrolle. Rangordnungskämpfe sind an der Tagesordnung, und ranghohe Tiere schikanieren rangniedere. Schimpansengruppen bekämpfen ihre Nachbarn, und manchmal löschen sie sie sogar ganz aus.

Manche Eigenarten von Tierschwärmen, Rudeln und Herden ähneln dem menschlichen Verhalten so sehr, dass sich Vergleiche geradezu aufdrängen. Das deutet auf einen Zusammenhang zwischen den Verhaltensmustern von Tiergemeinschaften und menschlichen Gemeinschaften hin. Ein Teil der menschlichen Verhaltensmuster könnte zum animalischen Erbe aus einer Zeit vor mehr als zwei Millionen Jahren gehören. Damals hat sich die Entwicklungslinie des Menschen von der der Menschenaffen getrennt. Das würde bedeuten, dass ähnlich wie bei den Primaten ein Teil des Sozialverhaltens tief in den menschlichen

Schimpansen sind die nächsten Verwandten des Menschen. Ähnlich wie die frühen Menschen leben sie in Stämmen zusammen. Sie gehen gemeinsam auf die Jagd und verteidigen ihren Stamm gemeinsam gegen Raubtiere. Ähnlich wie Menschen führen sie Kriege um Territorien und Ressourcen gegen ihre Nachbarn.

Genen verankert ist und uralte Triebe und Instinkte das menschliche Sozialverhalten in einem weit höheren Maße beeinflussen als bisher angenommen.

Versuch eines Brückenschlags

Die Menschen sind also möglicherweise nicht so frei in ihrem Verhalten, wie sie vielleicht glauben. Das würde auch die erstaunlichen Ähnlichkeiten erklären, die Soziologen im kollektiven Verhalten unterschiedlichster menschlicher Gemeinschaften entdeckt haben. Bisher waren die Soziologie des Menschen und die Verhaltensbiologie der Tiere zwei separate Forschungsgebiete, die scheinbar nichts miteinander zu tun hatten. Aber offenbar gibt es eine gemeinsame genetische Basis für das kollektive Verhalten von Tieren und Menschen. Insbesondere die Ähnlichkeiten zum Verhalten der Menschenaffen unterstützen diese Annahme. Die Erkenntnisse der biologischen Verhaltensforschung erlauben Rückschlüsse auf die Mechanismen, die dem Verhalten menschlicher Gesellschaften zugrunde liegen. Unterstützt werden diese Rückschlüsse durch einige Erkenntnisse der Gehirnforschung, eines Teilgebiets der Neurowissenschaften. In dem vorliegenden Buch werden drei Wissenschaftsgebiete zusammengeführt, die auf den ersten Blick nichts gemeinsam zu haben scheinen: die Verhaltensbiologie, die Soziologie und die Neurowissenschaften. Ziel ist es, einen Weg zu finden, um eine freie Gesellschaft so zu gestalten, dass sie stabil bleibt. Denn die Urinstinkte bringen die Demokratie immer wieder in die Gefahr eines schleichenden Übergangs in eine totalitäre Gesellschaft.

Die Gefahr des Abrutschens ist heute wieder greifbar zu spüren. Bisher sind die Warnzeichen nur schwach, aber sie zu ignorieren könnte sich als fatal erweisen. Ein Indikator ist zum Beispiel die zunehmende Zahl von Bürgern, die demokratische Mehrheitsentscheidungen nicht mehr akzeptieren. Diskussionen arten in gegenseitige Beschimpfungskaskaden aus, und das Internet versprüht Hassmails und Shitstorms.

Das Sozialverhalten als kollektives Phänomen

Möglicherweise unterliegt also auch das menschliche Sozialverhalten triebhaften Steuerungen. Die Sozialstruktur einer Tiergemeinschaft ist ein kollektives Phänomen. Kollektive Phänomene treten überall in der Natur auf. Einige wenige Regeln, die die Wechselwirkung zwischen benachbarten Elementen in einer großen Menge steuern, genügen, um in der Menge komplexe Strukturen oder Verhaltensmuster entstehen zu lassen. Das Schlagwort »Schwarmintelligenz« umfasst eine Klasse von kollektiven Phänomenen: Obwohl ein einzelner Hering nur ein extrem einfaches Verhalten zeigt, ist ein Heringsschwarm zu komplizierten Manövern fähig. Das Verhalten des Schwarms ist ein kollektives Phänomen. Das Gleiche gilt auch für die animalische Seite des menschlichen Sozialverhaltens.

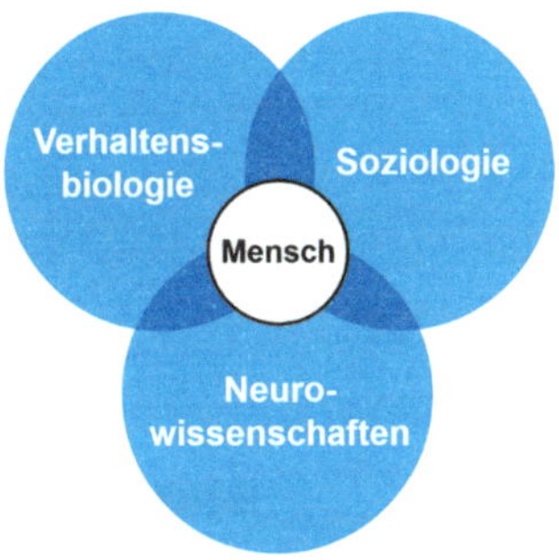

Die Erkenntnisse über das Verhalten von Tierherden erlauben Rückschlüsse über das Verhalten der Menschen. Der Brückenschlag gelingt mithilfe der Gehirnforschung, einem Teilgebiet der Neurowissenschaften.

1

Kollektive Phänomene

Magnetische und energetische Wellen, Stadionwellen und synchrone Vorgänge

Wenn viele gleichartige Objekte in einer Menge miteinander in Kontakt stehen, treten oft kollektive Phänomene auf. Diese sind wesentlich an der Entstehung von Strukturen beteiligt, sowohl im Universum als auch auf der Erde. Die Menge zeigt dann neue Verhaltensweisen, die nur wenig mit den Eigenschaften der einzelnen Objekte, aus denen sie besteht, gemeinsam haben. Das Prinzip ist einfach, das Resultat erstaunlich. Das liegt entscheidend an den Regeln, die bestimmen, wie die vielen Elemente in der Menge aufeinander reagieren. Ein Beispiel: Heringe halten im Schwarm einen festen Abstand zu ihren Nachbarn. Allein aus dieser Regel folgt schon, dass ein Heringsschwarm synchrone Bewegungen machen muss. Für die Fische im Schwarm gelten aber noch mehr Regeln, die den Schwarm befähigen, kollektiv auf Nahrungssuche zu gehen oder auf Feindattacken zu reagieren. Dabei geht es immer um Reaktionen des Individuums auf Signale und Bewegungen seiner unmittelbaren Nachbarn.

Auch in der unbelebten Natur zeigen Ansammlungen vieler gleicher Elemente in einer großen Menge häufig neuartige und unerwartete Eigenschaften. Jede Schneeflocke ist anders, aber sie alle haben die gleiche Symmetrie und Feingliedrigkeit. Diese Vielfalt resultiert aus wenigen Regeln, die das Anlagern neuer Wassermoleküle aus der feuchten Luft an der kalten Oberfläche der wachsenden Schneeflocke kontrollieren. An bestimmten Kristallflächen haften die

Eine Handvoll von Regeln, die das Wachstum kontrollieren, legt die Struktur von Schneeflocken fest. Die genaue Form einer einzelnen Schneeflocke hängt von winzigen Temperaturdifferenzen und Schwankungen mikroskopischer Luftströmungen ab. Deshalb sind sich alle Schneeflocken ähnlich, aber jede ist anders. Das gilt auch für die belebte Natur.

auftreffenden Wassermoleküle besser, und in dieser Richtung wächst der Kristall schneller. So entstehen die langen Nadeln. Es gibt sechs solcher Flächen, und darum sind Schneeflocken immer sechsstrahlige Sterne. Die genaue Form hängt von mikroskopischen Luftbewegungen und kleinsten Temperaturdifferenzen ab. Deshalb sieht jede Flocke anders aus. Nur eine Handvoll Regeln bestimmt, wie und wo sich neue Wassermoleküle an eine wachsende Flocke anlagern, aber diese wenigen Regeln bedingen die Vielfalt der Schneeflocken.

Ein anderes Beispiel aus der unbelebten Natur sind magnetische Atome. Jedes einzelne Eisenatom ist ein kleiner Magnet. Auch die einzelnen Atome vieler anderer Metalle wie Kupfer oder Aluminium sind magnetisch, aber im Verbund des Metalls sind sie es nicht mehr. Nur die Eisenatome sind auch im Metallverbund magnetisch, und deshalb ist Eisen magnetisch. Im Unterschied zu den meisten anderen Atomen folgen Eisenatome im Verbund einer einfachen Regel. Sie richten ihr magnetisches Feld parallel zu dem ihrer Nachbarn aus. Die Kraft der atomaren Magnete summiert sich so zum starken Magnetismus des Eisens. Magnetismus ist ein kollektives Phänomen, das aus einer militärisch exakten Ordnung der einzelnen atomaren Magnete entsteht.

Kollektive Phänomene treten in der unbelebten Natur, in der Tierwelt und auch in der menschlichen Gesellschaft auf. Die Sozialstrukturen der menschlichen Gesellschaft sind ebenfalls kollektive Phänomene, die maßgeblich von einfachen, in den Genen kodierten Verhaltensregeln bestimmt werden, wie in den folgenden Beispielen veranschaulicht wird.

Dichtewellen im Straßenverkehr

Jeder Autofahrer hat sich schon einmal darüber geärgert, dass der Verkehr auf der Autobahn ohne jeden ersichtlichen Grund zum Stillstand kommt. Nach einiger Zeit geht es weiter, und alle beschleunigen, nur um nach einem oder zwei Kilometern wieder mit einem scharfen Bremsmanöver zum Stehen zu kommen. Man vermutet einen Unfall oder ein anderes Hindernis weiter vorne, aber wenn der Verkehr dann wieder läuft, lässt sich keine Ursache ausmachen. Es sind Staus aus dem Nichts. Die Wissenschaft hat sich mit diesem Problem befasst und kann eine Erklärung dafür bieten beziehungsweise es sogar im Computer auf einer virtuellen Autobahn simulieren. Wenn ein einzelner Autofahrer in einer dichten und schnell fahrenden Kolonne ein wenig abbremst, muss der nachfolgende Fahrer ebenfalls abbremsen. Seine Reaktionszeit beträgt etwa eine halbe Sekunde. Dieser Zeitverlust zwingt ihn, schärfer abzubremsen als das erste Fahrzeug. Der dritte Fahrer hat noch weniger Zeit und muss noch schärfer bremsen. So setzt sich das fort, bis die nachfolgenden Fahrzeuge zum Stillstand kommen. Nachdem die Fahrzeuge für einige Sekunden stehen, geht es bis zum nächsten Stopp weiter. Den einzelnen Verkehrsteilnehmern bleibt die Ursache der zeitweisen Stopps verborgen. Die Stauung ist eine Art Dichtewelle, die nur aus der Vogelperspektive als solche zu erkennen ist. Ist die Verkehrsdichte gering, gibt es solche Wellen nicht, und der Verkehr fließt normal. Es ist ein kollektives Phänomen und erfordert eine Kopplung zwischen den Elementen der Menge. Erst bei hoher Verkehrsdichte sind die Abstände so gering, dass die Reaktionszeit der Fahrer eine Rolle spielt und es zu der Verdichtung durch das leicht verspätete Bremsen kommen kann. Solche Staus ließen sich vermeiden, wenn alle Verkehrsteilnehmer ausreichend große Abstände einhielten. Es wäre ein Zeichen von Schwarmintelligenz. Aber die Fahrer folgen meist nicht dem Prinzip der Vernunft, sondern dem Prinzip »Jeder nutzt jede Lücke«.

Verkehrsstau in einer Großstadt. Die Fahrer folgen dem rein egoistischen Prinzip »Jeder nutzt jede Lücke«. Das kollektive Phänomen, das sich aus dieser Regel ergibt, ist ein beeindruckender Stau. Ein besseres Prinzip wäre, den Nachbarn durchzulassen, wenn man selbst nicht weiterkommt.

Der Paranuss-Effekt

Öffnet man eine Packung Müsli oder gemischter Nüsse, so liegen die größten Nüsse erstaunlicherweise meist obenauf, obwohl man erwarten würde, dass sie sich aufgrund ihres höheren Gewichts unten ansammeln sollten. Allgemein gilt, dass beim Schütteln einer Packung, die granulare Medien verschiedener Größen wie Körner oder Kugeln enthält, ein seltsames Phänomen auftritt: Die kleinen festen Partikeln »entmischen« sich von selbst. Dieses Phänomen wird Paranuss-Effekt genannt. Die Bezeichnung entstammt dem Alltagsleben und ist auf die Geschichte seiner Entdeckung zurückzuführen.

In den USA besteht Müsli aus einer Mischung von Haferflocken und Paranüssen. Kunden hatten sich beklagt, dass die Paranüsse in den Packungen nicht vermischt seien. Die Haferflocken seien immer unten und die Paranüsse immer oben. Der Hersteller beteuerte, dass er das Müsli vor dem Versand perfekt durchmischt hätte. Die Wissenschaft konnte das Rätsel lösen: Die Entmischung geschieht während des Transports durch die rüttelnde Bewegung. Sie tritt immer dann auf, wenn wenige große Objekte mit vielen kleinen Objekten gemischt werden und funktioniert auch mit Sand, Steinen, Glasmurmeln oder Tischtennisbällen. Das Gewicht spielt keine Rolle, entscheidend ist der Größenunterschied. Durch die rüttelnde Bewegung entstehen unter den großen Objekten

Wird eine Mischung aus vielen kleinen Kugeln und wenigen großen in Vibrationen versetzt, wandern die großen Kugeln entgegen der Schwerkraft nach oben.

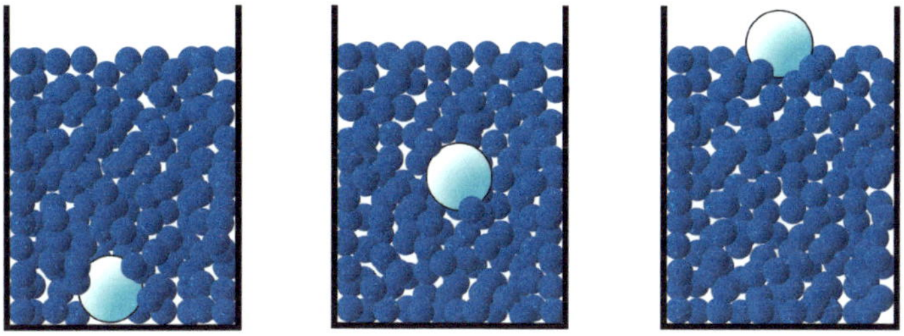

immer wieder kurzzeitig Hohlräume, in die bevorzugt die kleineren Objekte rutschen. Die größeren passen nicht hinein, sodass sie effektiv nach oben »wandern«, je länger die Vibration andauert. Es ist ein kollektives Phänomen, das nur auftritt, wenn viele kleine Objekte und wenige große dicht gepackt und geschüttelt werden. Der Paranuss-Effekt ähnelt den Verkehrsstaus aus dem Nichts. Beides sind Phänomene, die nur in der Masse auftreten und durch keine noch so genaue Analyse der einzelnen Elemente erklärt werden können.

La-Ola-Wellen

Eine »La-Ola-Welle» oder »Stadionwelle« ist ein kollektiver Akt der Begeisterung des Publikums in einem Sportstadion. Tausende oder sogar Zehntausende von Zuschauern stehen synchron auf, heben die Arme und setzen sich wieder hin. Diese Auf-und-Ab-Bewegung läuft als Welle rund um das Stadion. Um die Welle zu starten, müssen sich einige Zuschauer in einem Segment des Stadionrunds erheben und wieder hinsetzen. Die benachbarten Zuschauer bemerken mit Verzögerung, dass eine La-Ola-Welle gestartet werden soll und erheben sich etwas später als ihre Nachbarn. Deren Nachbarn erheben sich wiederum mit

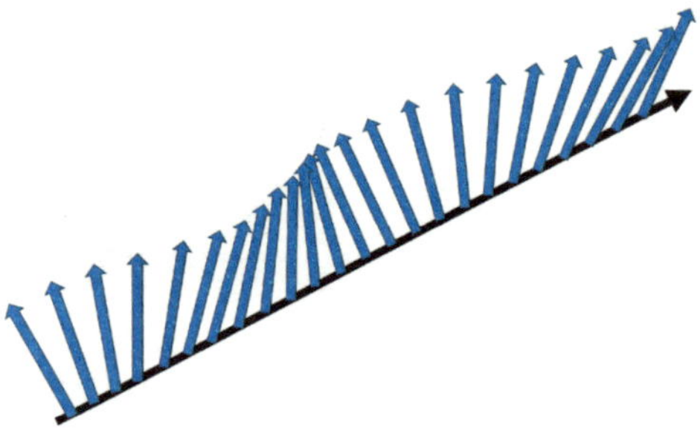

Computerdarstellung einer magnetischen Welle, die durch eine Kette von Eisenatomen läuft. Die Ausrichtung der atomaren Magnete ist als Pfeil dargestellt. Wird ein Atom gekippt, entsteht eine Wellenbewegung. Die Welle ist ein kollektives Phänomen, das durch das Bestreben der Atome entsteht, sich parallel zu ihren Nachbarn auszurichten.

Verzögerung, während sich die Zuschauer auf der Rückseite der La-Ola-Welle wieder hinsetzen. Für das Entstehen der Welle genügt es, wenn jeder Einzelne seine Nachbarn beobachtet und ihren Bewegungen folgt. Der Beginn ist etwas schwierig, da die Welle sowohl rechtsherum als auch linksherum verlaufen kann. Es kommt auch schon vor, dass eine Welle in beide Richtungen startet. Nach einigen Versuchen einigen sich die Zuschauer aber dann auf eine Richtung. An dieser Stelle wird das kollektive Phänomen durch die Intelligenz seiner Elemente korrigiert, damit die gewünschte harmonische Zuschauerwelle entsteht. Das ist möglich, weil im Gegensatz zu vielen anderen Schwarmsituationen die Zuschauer in einem Stadion den Überblick über die Wellenbewegung haben.

Im Allgemeinen haben die Mitglieder eines Schwarms, unabhängig davon ob es sich um Tiere oder Menschen handelt, aber keinen Überblick über den Schwarm als Ganzes und seine Reaktionen. Sie können sich nur an den Reaktionen der Nachbarn orientieren. Das kann beispielsweise bei einer Panik zu einem ernsten Problem werden.

Magnetische Wellen

La-Ola-Wellen haben eine verblüffende Ähnlichkeit mit magnetischen Wellen im Eisen. Die atomaren Magnete sind zunächst alle parallel ausgerichtet. Wird eines der Atome durch eine äußere Störung etwas gekippt, bemerkt dies sein

Nachbaratom mit zeitlicher Verzögerung und passt sich der neuen Richtung an. Auch dessen Nachbar sieht sich nun veranlasst, seine Ausrichtung zu kippen. So pflanzt sich die Störung wie eine La-Ola-Welle entlang der Reihen der Atome weiter fort. Während das ursprünglich ausgelenkte Atom längst wieder in die normale Richtung zeigt, läuft die Welle immer weiter durch das Eisen. Auch diese Welle der unbelebten Materie ist ein kollektives Phänomen, das durch die Kräfte zwischen benachbarten Atomen im Eisen ermöglicht wird. Ähnlich wie bei den Dichtewellen im Straßenverkehr und den menschlichen La-Ola-Wellen werden die magnetischen Wellen durch eine Störung ausgelöst.

Rhythmisches Applaudieren

Ein Lehrbuchbeispiel für ein kollektives Phänomen aus der Welt der Menschen ist das rhythmische Applaudieren. Ist ein Publikum von einer Darbietung besonders begeistert, genügt es den Zuschauern nicht mehr, einfach nur zu klatschen. Das Klatschen wird plötzlich wie durch einen Dirigenten synchronisiert, aber wie bei den La-Ola-Wellen wird kein Dirigent benötigt. Die Zuschauer synchronisieren ihr Klatschen selbstständig. Wie diese Synchronisation zwischen den Zuschauern erfolgt, konnte bisher nicht vollständig geklärt werden. Ausschlaggebend ist das Bedürfnis, die Beifallskundgebung weiter zu intensivieren. Spontan überlagert sich dem Rauschen des ungeordneten Klatschens eine pulsierende Modulation. Zunächst ist sie noch schwach, aber innerhalb weniger Sekunden springen alle Klatschenden auf den Rhythmus auf und verstärken die Modulation. Die Spitzenlautstärke verdoppelt sich, und zwischen den einzelnen Klatschpulsen fällt die Laufstärke fast bis auf null ab. Die Synchronisation geschieht über das Gehör, während sie in einer La-Ola-Welle optisch erfolgt. Beide Phänomene sind einfache, aber eindrückliche Beispiele menschlichen kollektiven Verhaltens. Übrigens ist es für den Einzelnen schwierig, bei einer La-Ola-Welle oder beim rhythmischen Klatschen nicht mitzumachen. Menschen sind darauf programmiert, der Mehrheit zu folgen. Es ist Teil des instinktiven kollektiven Verhaltens.

Synchronisierte Insekten und Frösche

Auch Insekten und Frösche können ihre Aktivitäten synchronisieren, um ihre besondere Begeisterung zum Ausdruck zu bringen. Das auf- und abschwellende Zirpen der Nördlichen Grashüpfer *(pterophylla camellifolia)* ähnelt dem rhythmischen Klatschen des menschlichen Publikums. Auch Grillen der Art *Cyrtoxipha Columbiana* synchronisieren ihr Zirpen zu einem Chor, der sogar eine höhere Präzision aufweist als das Klatschen der Menschen. Zwischen den sekundenschellen Zirppulsen fällt die Lautstärke ganz auf null ab.

Auch manche Froscharten neigen zu synchronisierten Darbietungen. Meister der Synchronisation sind Panama-Laubfrösche *(Smilisca Sila)*. Diese Baumfrösche schaffen es, ihre Rufe auf wenige Hundertstelsekunden genau aufeinander abzustimmen.

Asiatische Leuchtkäfer leuchten nicht permanent, sondern blinken. Ein Busch, in dem sich ein Schwarm dieser Leuchtkäfer niedergelassen hat, sieht aus wie ein mit einer blinkenden Lichtkette geschmückter Weihnachtsbaum. Alle Käfer schalten ihr Licht synchron an und aus.

Die Wissenschaft hat lange gerätselt, warum Zikaden, Grillen, Frösche und Leuchtkäfer ihre Rufe oder ihr Blinken synchronisieren. Es gibt unterschiedliche Erklärungsansätze. In allen Fällen handelt es sich um Männchen, deren Zirpen, Quaken oder Blinken Weibchen anlocken soll. Wozu aber die Synchronisation? Eine denkbare Erklärung ist eine erhöhte Lautstärke oder Lichtintensität, mit der auch weit entfernte Weibchen angelockt werden könnten. Einer anderen Hypothese zufolge soll das gleichzeitige Zirpen oder Blinken Fressfeinde verwirren, weil ein Angreifer Schwierigkeiten hat, sich auf ein Tier zu konzentrieren. Ein weiterer Erklärungsversuch basiert auf der Annahme, dass die Tiere einen für ihre Art charakteristischen Rhythmus entwickeln und so nur die Weibchen ihrer eigenen Art ansprechen.

Heute wird jedoch eine andere Erklärung favorisiert: Die männlichen Tiere stehen in einem intensiven Wettbewerb um die Weibchen. Die Weibchen entscheiden anhand der Gesangs- oder Blinkperformance, welches Männchen sie bevorzugen. Sie wählen das Männchen, das den ersten, führenden Impuls der

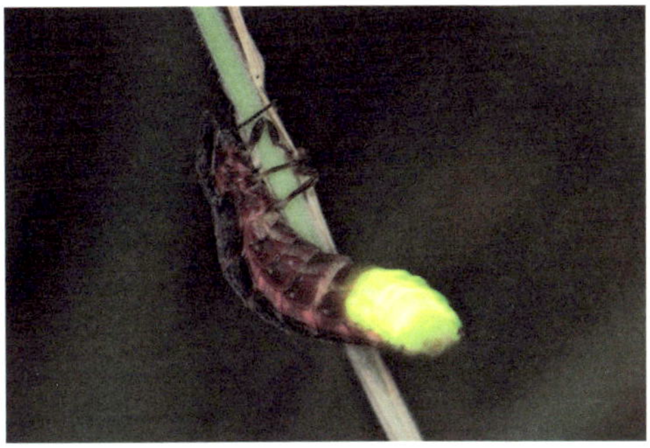

Ein Leuchtkäfer lässt sein Licht aufglühen. Damit will das männliche Insekt Weibchen anlocken. Einige Arten synchronisieren ihr Blinken in einem Schwarm.

synchronisierten Kaskade abgibt. Das wäre also der Taktgeber. Die Weibchen haben ein außergewöhnlich gutes Gehör und können auf Hundertstelsekunden genau bestimmen, welches Männchen als Erstes seinen Ruf erschallen lässt. Dem menschlichen Gehör erscheinen die Rufe als gleichzeitig, aber tatsächlich gibt es messbare Zeitunterschiede, die für die Männchen Sein oder Nichtsein bedeuten. Für den Menschen hört es sich so an, als würden die Tiere zusammenarbeiten, aber in Wirklichkeit stehen sie in einem heftigen Wettbewerb miteinander. Es ist ein weiteres Beispiel für ein kollektives Phänomen, das auf zwei einfachen Regeln beruht: Jedes Tier muss synchron sein und zugleich versuchen, Erster zu werden. Allerdings gibt es nicht nur einen Gewinner, denn es ist ein lokaler Wettbewerb. Die Weibchen haben selten den Überblick über das gesamte Bewerberfeld und suchen sich den führenden Frosch in ihrer Nachbarschaft aus. Es genügt also, besser als die unmittelbaren Nachbarn zu sein. Sind die Nachbarn zu gut, wäre es ratsam, den Standort zu wechseln.

Modewellen

Ein anderes kollektives Phänomen, das in Wellen auftritt, sind Modewellen. Eine Zeit lang wird ein Kleidungstück, eine Frisur oder eine Sportart modern. Die Zahl der Menschen, die auf einen neuen Trend aufspringen, nimmt zunächst zu, erreicht ein Maximum und flaut dann wieder ab. Ein Beispiel dafür sind Vornamen:

Der Vorname »Gerd« erfreute sich zwischen 1940 und 1980 großer Beliebtheit. Zwischen 1960 und 1980 wurden viele Mädchen »Michaela« genannt. Bis zum Jahr 2000 verschwand dieser Vorname dann wieder. »Maria« ist ein zeitloser Vorname, der aber zwischen 1980 und 2000 eine relativ kurze Phase enormer Beliebtheit erlebte. Nach der Jahrtausendwende wurden diese Modewellen kurzlebiger. Ein Beispiel ist der Männername »Fiete«, der schon nach zehn Jahren wieder verschwand. Offenbar wird die moderne Zeit immer schnelllebiger.

Modewellen oder Modeströmungen sind Erscheinungen kurzfristigen oder periodischen Charakters, die sich im Gruppenverhalten der Menschen niederschlagen. Diese Wellen kann man in vielen Bereichen des menschlichen Lebens beobachten, charakteristisch sind aber Modewellen in der Kleidung. Die Kleidung zeigt die Zugehörigkeit zu einer Gruppe. Moderne Kleidung bedeutet, dass der Träger auf dem neuesten Stand ist. Deshalb muss es auch immer wieder neue Modewellen geben. Es geht um Anerkennung, und das ist vor allem für junge Menschen auf Partnersuche wichtig. Kaum etwas beeindruckt mehr, als einen neuen Trend zu initiieren. Auch diejenigen, die zwar nicht Trendsetter sind, jedoch frühzeitig genug einem neuen Trend folgen, gewinnen an Ansehen. Den zu spät Kommenden bleibt nichts anderes übrig, als sich ebenfalls der neuen Mode anzuschließen, wollen sie nicht als altmodisch gelten. Ähnlich wie beim synchronisierten Zirpen und Blinken der Zikaden und Leuchtkäfer geht es darum, zu den Ersten zu gehören. Die Weibchen wählen diejenigen aus, die eine neue Welle anführen. Das gilt für Tiere sowie für Menschen. Auch Modewellen sind kollektive Phänomene der menschlichen Gesellschaft, und sie basieren auf einfachen Regeln.

Panik

Panik ist eine extreme Stressreaktion auf eine reale oder vermeintliche Bedrohung. Sie tritt plötzlich auf und ist mit einem sehr starken Angstgefühl verbunden. Das Verhalten einer in Panik geratenen Menschenmenge lässt sich leicht vorhersagen: Der eigene Selbsterhaltungstrieb steht im Mittelpunkt, höhere menschliche Verhaltensweisen geraten in den Hintergrund. Die Instinkte übernehmen die Kontrolle, und die Menschen agieren nach einfachsten Regeln. Panisch Flüchtende haben die Tendenz, anderen rennenden Menschen zu folgen, ohne nachzudenken. Rennt jemand los, rennen alle anderen hinterher. So kann es passieren, dass eine Menge in die falsche Richtung rennt und Chaos ausbricht. Die Menschen drängeln und stoßen rücksichtslos und trampeln gestürzte Menschen nieder. Wie eine Flutwelle zerstört eine panische Menschenmenge alles, was sich ihr in den Weg stellt. An Engstellen verkeilen sich die Menschen und blockieren den Durchlass. Die Kraft der Nachdrängenden kann so groß werden, dass die Vordersten erdrückt werden. Auf diese Weise kamen bei der Love Parade 2010 in Duisburg 21 Menschen ums Leben, 541 wurden schwer verletzt. In Panik geratene Menschen verlieren die Selbstbeherrschung, folgen der Mehrheit und versuchen sogar, beim Fluchtversuch andere zu überholen. Das Verhaltensmuster panischer Menschen lässt sich zuverlässig in Computermodellen simulieren, wie die Abbildung auf Seite 26 veranschaulicht:

Zweihundert Personen sollen möglichst rasch durch eine Tür einen Raum verlassen. Die Tür ist nur wenig breiter als eine Person. Im Modell wird ein Panikgrad eingeführt, der das Verhalten der als Punkte dargestellten virtuellen Menschen bestimmt. Es gibt eine optimale Geschwindigkeit, in der sich der Saal am schnellsten leert. Das entspricht dem niedrigen Panikgrad »1«. Die Menschen bilden sofort nach dem Alarm einen Halbkreis um den Ausgang, halten aber Abstand zueinander. Die Vordersten passieren koordiniert nacheinander die Tür.

Bei voller Panik bilden die Menschen sehr rasch einen Halbkreis um die Öffnung, aber sie stehen viel dichter, und der Druck der ungeduldig Nachdrängenden wächst innerhalb von Sekunden stark an. An den Wänden zu beiden Seiten der Öffnung wird der Druck so groß, dass Menschen zu Schaden kommen. Die Zahl der Personen, die pro Sekunde die Öffnung passieren können, wird immer kleiner, bis es schließlich in dem Getümmel kaum noch jemand schafft hinauszukommen.

In einer dritten Simulation wird eine Säule asymmetrisch vor der Tür platziert. Diese Säule fängt einen großen Teil des Drucks der panischen Menschen auf, und es gibt keine Verletzten. Auch können wieder mehr Menschen die Tür passieren, weil der Druck und damit die Gefahr des Verkeilens geringer sind.

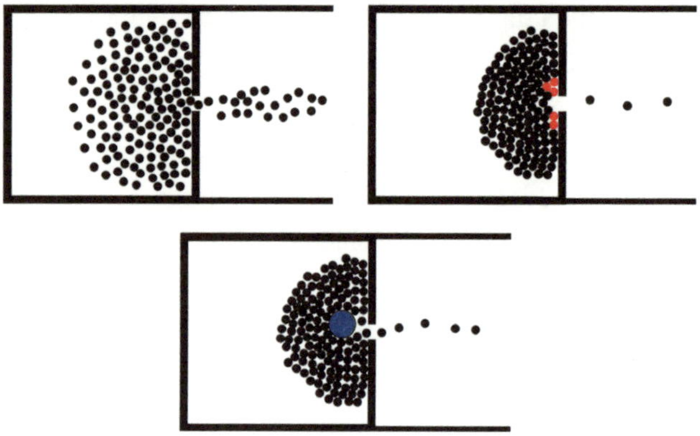

200 Menschen (schwarze Punkte) sollen in der Computersimulation möglichst rasch einen Saal verlassen. Im Normalfall (oben links) geschieht die Passage durch die enge Tür koordiniert, der Saal leert sich rasch. Im Panikfall (oben rechts) bildet sich zwar ein Halbkreis um die Öffnung, aber die hinten Stehenden drängeln. Neben der Tür wird der Druck so groß, dass es Verletzte gibt (rote Punkte). Unten: Eine geschickt positionierte Säule (blau) kann den meisten Druck abfangen, sodass mehr Menschen die Tür passieren können.

Der Saal leert sich noch immer langsamer als im ruhigen Normalfall, aber die schlimmsten Folgen können durch die Säule verhindert werden.

Panische Menschen zeigen ein kollektives Verhalten, das einfachen Regeln gehorcht. Das Wissen um dieses kollektive Verhalten erlaubt es, Fluchtwege so zu optimieren, dass auch im Panikfall ein einigermaßen geordnetes Verlassen eines Veranstaltungsortes möglich ist. Wichtig sind gezielt positionierte Hindernisse und große Hinweisschilder zu den Fluchtwegen, die Vermeidung von Engstellen und unüberhörbare Lautsprecheransagen, die den Menschen sagen, was sie tun sollen.

Spekulationsblasen

Ein weiterer starker Antrieb des Menschen ist das Streben nach Wohlstand. Gepaart mit der Tendenz, einer Modewelle zu folgen und nicht als Außenseiter dastehen zu wollen, führt das zu Spekulationsblasen. Es beginnt, wenn ein neuer Typ von Geldanlage plötzlich in Mode kommt. Die Wirtschaftsauguren liefern Argumente, warum hohe Renditen zu erwarten seien, und ihre Prophezeiungen erfüllen sich, weil ihre positiven Meldungen die Kunden zum Kauf motivieren. Der Kurs steigt und steigt. Die schnelle Bestätigung der Vorhersagen lässt noch mehr Menschen auf den Zug aufspringen. Sie folgen ihrem Instinkt, sich der Herde anzuschließen. Die Hoffnung auf leicht gewonnenen Reichtum und die Zugkraft einer Massenbewegung veranlassen schließlich auch die Skeptiker, die bereits früher schlechte Erfahrungen gemacht haben, sich an dem Boom zu beteiligen. Später zeigt der Kurs plötzlich eine leichte Tendenz nach unten. Eigentlich wissen alle, dass es eine Finanzblase ist, die jederzeit platzen kann. Nun geht es darum, möglichst rasch alles abzustoßen.

Trotz aller Vernunft und schlechter Erfahrungen kommt es immer wieder zu Spekulationsblasen. Die tief verankerten Reflexe des kollektiven Verhaltens, die auch diesem Phänomen zugrunde liegen, sind schwer zu unterdrücken. Es sind die gleichen Verhaltensmuster, die auch den schnellen Aufstieg und das spätere Scheitern von Populisten und Diktatoren steuern.

Überblick

In der unbelebten und belebten Natur gibt es eine Vielzahl kollektiver Phänomene. Eine große Anzahl gleichartiger Objekte zeigt im Kollektiv neue Verhaltensmuster, die mit den Eigenschaften des einzelnen Objekts auf den ersten Blick nichts gemein haben. Das kollektive Verhalten entsteht durch die Reaktionen der Elemente auf das Verhalten ihrer Nachbarn in der Menge: Autofahrer reagieren verzögert auf das Bremsen des Fahrers vor ihnen, Atome richten ihr Magnetfeld parallel zu dem der Nachbaratome aus, und Menschen folgen dem Vorbild ihrer Nachbarn. Auch die politische und soziale Struktur eines Staates ist ein kollektives Phänomen, das auf wenigen einfachen Gesetzmäßigkeiten beruht, die bestimmen, wie Menschen auf ihre Mitmenschen reagieren.

2

Tiergemeinschaften

Ameisen, Heringe, Frösche, Störche, Graugänse, Papageien, Paviane und Schimpansen

Tiere unterscheiden sich in vielerlei Hinsicht vom Menschen. Sie sind nur begrenzt lernfähig, und viele ihrer Verhaltensweisen sind angeboren. Das meiste, was sie zum Überleben benötigen, wissen sie von Geburt an. Menschen müssen dagegen zunächst ihre Muttersprache erlernen. Die Sprache ermöglicht es dann, das Wissen einer Kultur, das über lange Zeit erworben wurde, von Generation zu Generation weiterzugeben. Einmal erlangte Erfahrungen und Fertigkeiten können so für die folgenden Generationen bewahrt werden.

Bei Tieren entfällt diese Möglichkeit, denn sie haben keine Sprache. Mit den wenigen Signallauten und Zeichen, über die Tiere verfügen, ist die Übermittlung komplexer Informationen nicht möglich. Tiere könnten solche Informationen auch gar nicht speichern, denn sie besitzen kein ausreichend leistungsfähiges Gedächtnis. Einige wenige Fähigkeiten erlernen manche Tiere von ihren Artgenossen. Es ist auch möglich, Tieren durch Dressur bestimmte Reaktionen aufzuprägen. Das ist aber keine Vermittlung von »Wissen«, sondern das Einüben eines Reflexes. Tiere haben also weder die Möglichkeit, komplexe Informationen an Artgenossen weiterzugeben, noch die Fähigkeit, diese Informationen zu speichern. So bleibt der Natur nur der Weg der Informationsweitergabe über die Vererbung, die begrenzt und langsam ist.

Eine rudimentäre »Intelligenz« tritt nur bei wenigen hoch entwickelten Säugetieren und einigen Vogelarten auf. Einzelne besonders talentierte Exemplare können nach vielen Jahren des Trainings von eins bis zehn zählen oder sich mit Symbolen der Zeichensprache verständigen. Diese »Einsteins« der Tierwelt wurden weltberühmt. Daher ist es umso verblüffender, dass es so viele Phänomene im Sozialverhalten von Tieren gibt, die menschlich wirken. Das betrifft die Partnerwahl, die Sorge um den Nachwuchs, Freundschaft und Feindschaft und das Verhalten von Gruppen, Rudeln, Herden und Schwärmen. Im Folgenden werden einige erstaunliche und manchmal amüsante Beispiele geschildert, in denen sich Tiere menschenähnlich verhalten.

Ameisen

Ameisen sind eine der erfolgreichsten Tierarten. Experten schätzen, dass sie einen Anteil von rund 20 Prozent an der tierischen Biomasse haben. Da eine einzelne Ameise sehr leicht ist, bedeutet das, dass es eine unvorstellbar hohe Anzahl von Ameisen geben muss. Sie besiedeln alle Kontinente und kommen in allen Klimazonen außer in der Region des ewigen Eises vor. Alle bekannten Ameisenarten sind in Staaten organisiert, die aus einigen Hundert bis mehreren Millionen Individuen bestehen. Der typische Insektenstaat besteht aus Individuen verschiedener Kasten, fast ausnahmslos Weibchen: Königinnen sowie Arbeiterinnen bzw. Sammlerinnen und Soldatinnen. Neben den Arbeiterinnen und den Königinnen gibt es noch die geflügelten Männchen, die nur zur Begattung der Jungköniginnen dienen. Der Erfolg der Ameisen gründet auf zwei Prinzipien, die sie von vielen anderen Tierarten unterscheiden. Zum einen kennen sie, ähnlich wie die Menschen, die Arbeitsteilung. Die Arbeiterinnen kümmern sich ausschließlich um die Brutpflege, die Müllbeseitigung oder die Pilzzucht. Die Sammlerinnen verlassen bei Tagesanbruch den Ameisenbau, um die Umgebung nach Essbarem abzusuchen, während die Soldatinnen den Ameisenstaat gegen Angreifer verteidigen.

Je nach ihrer Spezialisierung haben die Ameisen einen unterschiedlichen Körperbau. Die Soldatinnen verfügen über kampfstarke Beißzangen. Bei den Arbeiterinnen gibt es verschiedene Kasten, die sich in der Körpergröße unterscheiden.

Es gibt noch ein zweites Prinzip, das die hohe Überlebensfähigkeit der Ameisen erklärt. Der Ameisenstaat verfügt über eine gewisse Schwarmintelligenz. Einfache Regelmechanismen steuern die verschiedenen Tätigkeiten der Ameisen. Sie reagieren hauptsächlich auf Geruchsstoffe, die sie mit Drüsen nach Bedarf erzeugen können und mit ihren Fühlern wahrnehmen. Zudem sind ihre Fühler berührungsempfindlich und erlauben es zwei Tieren, über ihren Tastsinn Informationen auszutauschen. Dies geschieht beispielsweise bei der Nahrungsübergabe von den Sammlerinnen an die Arbeiterinnen im Ameisenbau. Da Ameisen im Vergleich zu Säugetieren nur ein rudimentäres Gehirn besitzen, sind diese Instinkte entsprechend einfach. Ameisen ähneln eher vollautomatischen Robotern. Der Ameisenstaat als Ganzes ist aber zu einem erheblich komplexeren Verhalten fähig. Daher sprechen manche Wissenschaftler von einem Superorganismus und betrachten den Ameisenstaat als *ein* Wesen. Einzelne Ameisen opfern sich bereitwillig für die Gemeinschaft. Ihr Tod ist aus Sicht der Evolution auch kein großer Verlust, da sich ohnehin nur die Königin vermehren kann. Die einzelne Ameise zählt nichts, die Gemeinschaft ist alles. Das komplexe Verhalten eines Ameisenstaats ist ein typisches Beispiel für ein kollektives Phänomen. Einfache Regeln für das Verhalten der einzelnen Individuen führen zu komplexen Verhaltensmustern des Kollektivs. Es ist ein extrem

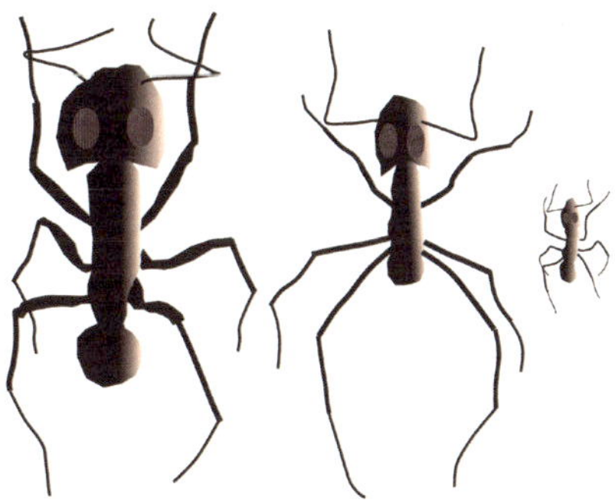

Drei verschiedenen Kasten der Arbeiterinnen der Blattschneiderameisen. Je nach Aufgabe haben diese Ameisen einen unterschiedlichen Körperbau. Genetisch gesehen sind es die gleichen Tiere, aber subtile Unterschiede in der Ernährung lassen die Larven zu unterschiedlichen Individuen heranwachsen.

erfolgreiches Konzept der Natur, aber das Konzept von nicht denkenden Quasi-Automaten hat auch Schwächen. Die Intelligenz des Ameisenschwarms ist nur eine scheinbare Intelligenz, wie das folgende Beispiel zeigt.

Ameisen suchen in einem großen Bereich um ihr Nest herum nach Nahrung, ohne dass eine einzelne Ameise eine räumliche Vorstellung von der Region hat. Zunächst suchen die Sammlerinnen nach dem Zufallsprinzip im Zickzack die Umgebung ab. Findet eine Ameise Futter, bringt sie es auf einem möglichst kurzen Weg zum Nest zurück. Den Rückweg markiert die Ameise mit einem Duftstoff (Pheromon), sodass sie und ihre Artgenossen die Futterquelle problemlos wiederfinden können. Andere Ameisen folgen dem markierten Pfad instinktiv und treffen auf die Futterquelle. Auf dem Rückweg intensivieren sie die Duftmarkierung, indem sie ebenfalls das »Futterpfad-Pheromon« versprühen. Ist die Futterquelle ergiebig, kehren immer mehr Ameisen beladen mit Futter zurück und verstärken jedes Mal die Duftmarkierung mit ihrem Beitrag. Ist die Nahrungsquelle erschöpft, kehren die Ameisen nicht mehr zurück, und die alte Duftmarkierung verflüchtigt sich. Der Ameisenverkehr kommt zum Erliegen.

Mittels dieses Prinzips der Wegmarkierung sind die Ameisen auch in der Lage, den kürzesten Weg zwischen zwei Punkten herauszufinden. Das geschieht über »Abweichler«, die über ein Zufallsprinzip eine kürzere Strecke finden und diese kennzeichnen. Auf der kürzeren Verbindung können die Ameisen nun zwischen Start und Ziel sehr viel öfter hin- und herlaufen. Mit jeder Passage einer Ameise wird die Duftmarkierung intensiver, und schließlich schwenken alle Ameisen auf die kürzere und besser markierte Verbindung um. Obwohl eine einzelne Ameise dazu nicht in der Lage wäre, findet das Kollektiv immer den kürzesten Weg zum Futter. Da eine kürzere Strecke öfter abgelaufen werden kann, wird sie intensiver markiert und schließlich zur Hauptverbindung.

Dieser »Ameisenalgorithmus« lässt sich auf ein Computerprogramm übertragen, das beispielsweise die Aufgabe hat, für einen Autofahrer die kürzeste Verbindung von einer Stadt zur anderen zu finden. Der Computer lässt virtuelle Ameisen auf das Straßennetz ausschwärmen. Auch sie markieren ihren Weg, wenn sie das Ziel gefunden haben und zurückkehren. Der kürzeste Weg wird die intensivste Markierung erhalten. Das Computerprogramm, das nach dem

Vorbild der Ameisen arbeitet, kann auch in hochkomplizierten Netzwerken in Sekundenschnelle den kürzesten Weg finden. Ein konventionelles Programm würde dazu viel länger brauchen. Hier ist es tatsächlich die scheinbare Intelligenz eines Schwarms, die zum Erfolg führt.

Der Ausdruck Schwarmintelligenz ist allerdings in diesem Beispiel irreführend. Ein Ameisenschwarm oder auch ein Schwarm anderer einfacher Lebewesen ist nicht »intelligent«. Auf der Basis einfacher Verhaltensregeln der einzelnen Tiere kann das Kollektiv bestimmte Probleme wie die Futtersuche verblüffend effektiv lösen. Aber es sind automatische Abläufe, die aufgrund der einfachen Regeln und der fehlenden Intelligenz auch zu erschreckenden Fehlschaltungen neigen. Bildet sich beispielsweise zufällig eine kreisförmige Ameisenstraße, so beginnen die Tiere endlos im Kreis zu laufen. Solche Ameisenkreisel werden im Englischen »Ant Mill« (Ameisenmühle) und im Deutschen »Todesspirale« genannt. Bei den meisten Arten gibt es ausreichend viele Abweichler, die nach einem Zufallsprinzip ausscheren und nach neuen Wegen suchen. Darum zerfallen die Todesspiralen nach einer Weile, und die Insekten überleben. Hier gibt es eine Analogie zum menschlichen Verhalten. Auch in einer menschlichen Gesellschaft führt ein gleichgeschaltetes Einheitsdenken zur Erstarrung und nur »Andersdenkende« und »Abweichler«können den Bann brechen.

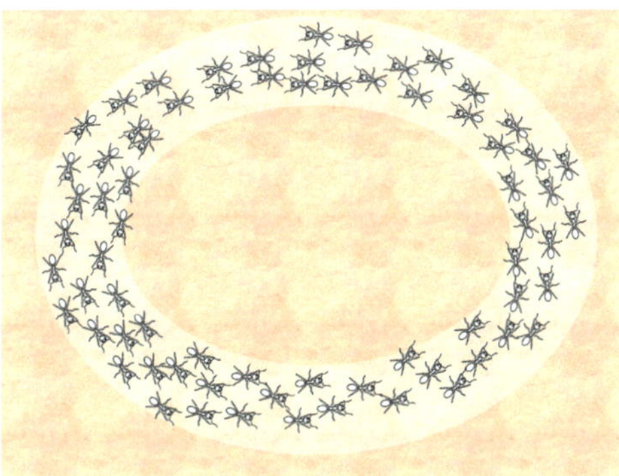

Todesspirale der Wanderameise. Jedes Tier folgt instinktiv dem Tier vor ihm auf der stark mit Pheromonen markierten Kreisbahn.

Heringe

Neben Insektenschwärmen sind die Schwarmfische die Rekordhalter, was die Zahl an einzelnen Individuen in einem Schwarm betrifft. Heringsschwärme können aus Millionen von Individuen bestehen und durchstreifen ihr Leben lang als sogenannte Wanderfische die Meere und Ozeane.

Auf die Frage, warum die Heringe überhaupt Schwärme bilden, gibt es zwei mögliche Antworten. Eine Theorie besagt, dass die Fische weniger Energie für ihre Wanderungen aufbringen müssen, wenn sie hintereinander schwimmen. Einer anderen Theorie zufolge finden die großen Schwärme leichter Futter, weil sie ein großes Wasservolumen gemeinsam durchsuchen können. Findet ein Teil des Schwarms eine ergiebige Futterquelle, nützt dies dem ganzen Schwarm. Beide Erklärungsansätze halten jedoch einer genaueren Analyse nicht stand. Die Verringerung des Strömungswiderstands ist vernachlässigbar gering, und der Vorteil der gemeinsamen Futtersuche wird durch die Notwendigkeit, sehr viel Futter für so viele Individuen bereitzustellen, aufgewogen.

Der vermutlich ausschlaggebende Grund für die Schwarmbildung sind die Fressfeinde. Je gefährlicher ein Lebensraum ist, umso eher ist eine Lebensweise in großen Schwärmen von Vorteil. Das gilt insbesondere für den Lebensraum im Ozean, der über keine natürliche Deckung wie Höhlen oder Tang- bzw. Algenwälder verfügt, die in den Uferzonen der Meere Fischen ein Habitat bieten. Als

Ein Schwarm kleiner Heringe.

Einzelwesen lassen Heringe starke Anzeichen von Angst erkennen, die in der Sicherheit des Schwarms verschwinden. Individuen, die im Labor vom Schwarm isoliert gehalten wurden, hatten einen erhöhten Stoffwechsel, und manche Exemplare starben sogar. Beim Anblick anderer Heringe in einem benachbarten Aquarium versuchten die Tiere verzweifelt, zu den anderen zu gelangen. Obwohl es unpassend ist, einem Hering menschliche Emotionen wie Angst oder Verzweiflung zuzuschreiben, zeigten die isolierten Fische ein Verhalten, das ein menschlicher Beobachter spontan so interpretieren würde. In einer extrem feindlichen Umgebung wie dem offenen Ozean wird offenbar der Herdentrieb zur alles dominierenden Kraft.

Menschen zeigen ein ähnliches Verhalten: In gefährlichen Situationen suchen sie die Gesellschaft anderer. Uralte Ängste kommen auf einsamen Straßen oder dunklen Waldwegen an die Oberfläche. Diese Angst ist durchaus berechtigt. Eine Gruppe kann sich besser verteidigen. Vogelschwärme können selbst große Raubvögel einschüchtern. Gnus oder Büffel bilden bei einem Angriff einen dichten und wehrhaften Pulk.

Was aber können Fischschwärme tun, um ihre Überlebenschancen zu erhöhen? Einige Fischarten schicken regelmäßig Kundschafter aus, und manche haben permanente Wachen und Außenposten, um rechtzeitig vor einem herannahenden Fressfeind gewarnt zu werden. Auch in einem Heringsschwarm entfernen sich immer wieder einzelne Individuen vom Rand und erkunden die nähere Umgebung. Ist ein Feind in der Nähe, schwimmen einzelne Fische in dessen Richtung, wobei sie sorgfältig darauf achten, den Feind nicht zu einem Angriff zu provozieren. Sie bewegen sich langsam und vorsichtig. Dann kehren sie rasch zum Schwarm zurück und signalisieren, wie es um den bedrohlichen Nachbarn steht. Im einfachsten Fall alarmieren sie den Schwarm, dass ein Angriff bevorsteht. Die Kundschafter können anscheinend erkennen, wann sich ein Räuber zum Angriff entschließt. Das ist eine elementare Fähigkeit aller Lebewesen. Selbst ein moderner Stadtbewohner kann an subtilen Bewegungen erkennen, wann sich zum Beispiel ein Hund zum Angriff entschließt.

Im Fall eines Angriffs beginnt ein Fischschwarm mit extrem schnellen Abwehrmanövern. Nähert sich der Raubfisch, rücken die Fische zunächst eng zusammen. Der Schwarm »kompaktiert«. Dieses instinktive Verhalten kennen viele Tiere und auch Menschen. Bedrohte Gruppen rücken zusammen. Greift der Raubfisch den kompaktierten Schwarm an, macht dieser extrem schnelle Ausweichmanöver.

Die hohe Geschwindigkeit der kollektiven Reaktion erklärt sich aus der kurzen Distanz der benachbarten Fische und den reflexhaften Reaktionen jedes einzelnen Fischs, der nun sehr genau auf die Bewegungen seiner unmittelbaren Nachbarn achtet. Kommt der Raubfisch dem Schwarm zu nahe, kann die dichte Kugel blitzartig auseinanderstieben. In den Augen des Raubfischs ist die Kugel einfach verschwunden. Im nächsten Augenblick versammeln sich die Fische an einem etwas entfernten Ort zu einer neuen Kugel. Eine andere Strategie ist die Vacuole. Der Schwarm umschließt den Feind vollständig, der sich nun im Zentrum eines Hohlraums im Innern des Schwarms befindet. Auch kann der Schwarm vor dem Feind heftige Wirbel bilden und so den Raubfisch daran hindern, sich auf ein einzelnes Ziel zu konzentrieren. Oder er kann sich in zwei Teilschwärme aufteilen und den Gegner mit der Entscheidung verwirren, wem er nun folgen soll.

Diese relativ einfachen Strategien des Schwarms können dazu führen, dass der Räuber aufgibt. Das gelingt nicht immer. Aber auch eine geringe Erfolgschance ist in der tödlichen Umgebung des freien Ozeans bereits ein erheblicher Überlebensvorteil. Allerdings gibt es auch Situationen, in denen die Reflexe der Heringsschwärme direkt in den Tod führen. Ein großer Wal kann die kompakte Kugel komplett schlucken.

Um Räubern zu entgehen, wäre es für Heringe sinnvoll, möglichst dunkle Zonen in der Deckung von Riffen oder Felsen aufzusuchen. Einzelne Fische zeigen jedoch keine Vorliebe für solche Bereiche höherer Sicherheit. Dagegen schwimmen größere Schwärme zielstrebig in dunkles Wasser. Die Erklärung für dieses Schwarmverhalten ist ein einfacher Mechanismus: Einzelne Fische, die zufällig in dunklere Zonen geraten, schwimmen instinktiv etwas langsamer. In einem Schwarm, in dem die Tiere konstante Abstände zueinander einhalten, führt dies dazu, dass der Schwarm automatisch in Richtung dunklerer Zonen einschwenkt. Der Schwenk wird durch Verlangsamung der Schwimmer in der

Ein bedrohter Fischschwarm bildet instinktiv eine kompakte Kugel.

Eine Verteidigungsstrategie eines Fischschwarms besteht in dem Einschließen des Angreifers in einen Hohlraum im Schwarm.

Innenkurve eingeleitet. Mit diesem simplen instinktgesteuerten Verhalten und der starken Tendenz des Schwarms zusammenzubleiben, schwenkt der Schwarm immer in Richtung dunklerer Zonen. Es ist ein automatisches kollektives Verhalten, das auf einem Reflex der einzelnen Individuen beruht.

Heringsschwärme sind egalitäre Gemeinschaften. Jeder Hering ist gleich, es gibt keine Hierarchie und keinen Führer, keine Arbeitsteilung und keine Abweichler. Im Gegenteil: Die wichtigste Regel für einen einzelnen Hering ist, nicht aufzufallen. Schert ein Fisch aus dem Schwarm aus, wird er für einen Raubfisch zu einem leicht erkennbaren Ziel. Abweichlerische Heringe haben ein kurzes Leben. Aus diesem Grund suchen diese Fische sich Schwärme ungefähr gleich großer Artgenossen aus. Ein größerer Hering würde in einem Schwarm kleinerer auffallen. Inzwischen weiß man aber, dass nicht alle Heringe gleich sind. Es gibt Heringe, die langsamer sind, und solche die ängstlicher oder mutiger sind. Die mutigeren finden sich eher am Rand und die schnelleren an der Spitze des Schwarms. Aber das sind nur marginale Unterschiede. Es handelt sich um eine Tierart mit einer ungewöhnlich geringen Intelligenz und einer extrem einfachen Sozialstruktur. Nur kraft ihrer enormen Reproduktionsrate können sie als Schwarm in der extrem feindlichen Umgebung des freien Ozeans überleben.

Wie stark der Herdentrieb bei Schwarmfischen ist, zeigt ein beeindruckendes Experiment. Ein Fischschwarm aus ungefähr fünfzig Individuen wurde im Labor darauf dressiert, immer zu einem mit roter Farbe markierten Kreis am Boden des Aquariums zu schwimmen. Sie erhielten dort Nahrung und bevorzugten daher diese Farbe. Wird dieser Schwarm aus einem Nachbaraquarium in das markierte Aquarium eingelassen, schwimmen die Fische sofort zu dem roten Kreis. Im nächsten Schritt wurde das Experiment ein wenig variiert. Eine kleine Schar von Fischen des Schwarms wurde auf Blau dressiert. Allerdings wurde diese Konditionierung durch häufigere Wiederholungen erheblich stärker eingeprägt als bei den auf Rot trainierten Artgenossen. Diese speziell trainierten Fische konnten gar nicht mehr anders, als zu dem blauen Punkt zu schwimmen. Sie wurden dann wieder in den Ursprungsschwarm eingegliedert.

Als nun der ganze Schwarm in ein mit einem blauen und einem roten Punkt markiertes Becken eingelassen wurde, setzten sich die blau-konditionierten Fische durch. Der Schwarm versammelte sich am blauen Punkt. Obwohl die große Mehrheit die andere Farbe bevorzugte, war ihnen der Zusammenhalt des Schwarms wichtiger, und sie gaben den wenigen, aber kompromisslosen blau-konditionierten Artgenossen nach.

Die Forscher haben dann das Experiment noch um eine Variante erweitert. Sie verdünnten den Schwarm aus Blau-Fundamentalisten und moderaten Rot-

Anhängern mit einer großen Menge neutraler, nicht konditionierter Fische. Nun geschah etwas Unerwartetes. Während sich vorher die kompromisslose Minderheit durchsetzte, gewann nun die wirkliche Mehrheit. Die Mehrheit an rot-konditionierten Fischen zog ihre nicht polarisierten Nachbarn mehrheitlich zum roten Punkt. Die wenigen Extremisten hatten keine Chance, den größeren Schwarm in ihre Richtung zu zwingen. Eine große Menge unentschiedener Individuen lässt – zumindest in diesem Fall – Entscheidungsprozesse demokratischer werden. Offen bleibt, ob das auch auf Menschen übertragen werden kann.

Die Experimente der Schwarmforscher sind bei Weitem noch nicht abgeschlossen, und es ist damit zu rechnen, dass in Zukunft noch viele weitere Entdeckungen über das Verhalten von Fischschwärmen und Tierherden veröffentlicht werden. Faszinierend ist, dass die Forscher immer wieder auf – oft amüsante und manchmal auch beunruhigende – Parallelen zum menschlichen Verhalten stoßen.

Winkerkrabben

Der gängigen Lehrmeinung der Biologie zufolge unterliegt alles Leben der Evolution. Nur die Merkmale, die einen Überlebensvorteil bringen, setzen sich durch. In der Biologie ist das gleichbedeutend mit einer erhöhten Wahrscheinlichkeit, möglichst viele Nachkommen zu zeugen. Die Voraussetzung dazu ist das eigene Überleben: Ein Individuum muss im Kampf gegen Fressfeinde und andere Gefahren in seiner Umwelt bestehen können. Darüber hinaus gibt es für die Männchen einer Art noch eine zweite Hürde, die es zu überwinden gilt: den Wettbewerb um die Weibchen. Nur wenn sich das Männchen durchzusetzen vermag, hat es eine Chance, Nachkommen zu zeugen.

Bei den meisten Tierarten müssen die Männchen die Weibchen beeindrucken. Je nach Art bevorzugen die Weibchen lautes Gebrüll, kreatives Gezwitscher oder rhythmisches Zirpen. Auch Köpermerkmale wie buntes Gefieder oder ein großes Gehörn dienen der innerartlichen Auseinandersetzung in der Brunftzeit zum Imponierverhalten. Falls der Selektionsdruck durch äußere Feinde nicht zu groß ist, kann dieser interne Wettbewerb über die Jahrtausende der

Beispiele von Übertreibungen, um Artgenossen zu beindrucken. Die männliche Winkerkrabbe benötigt eine monströse Schere, um eine Chance bei den Weibchen zu haben. Im 19. Jahrhundert mussten die Damen der Gesellschaft ihre Körperform durch einen übergroßen Reifrock betonen. Heute sind kapitalstarke Autofahrer bestrebt, ihre Mitmenschen mit tonnenschweren SUVs zu beeindrucken.

Evolution zu absurd anmutenden Übertreibungen führen. Ein Beispiel dafür ist die Schere der Winkerkrabbe.

Die Männchen der Winkerkrabbe lassen sich eine enorm große Schere wachsen, mit der sie nichts anderes tun können, als den Weibchen zu winken. Aus der Sicht der Weibchen ist dieses Kriterium durchaus sinnvoll. Ein Männchen, das sich eine derartig absurd große Schere leistet, kann auch gut für die Nachkommen sorgen. Oder hat zumindest starke Gene.

Der Mensch blickt lächelnd auf diese absurden Auswüchse der Evolution. Allerdings gibt es auch beim Menschen solche Auswüchse, und zwar aus dem gleichen Grund. Um dem anderen Geschlecht zu gefallen, nehmen auch Menschen wenig Rücksicht auf die Funktionalität. Ein Beispiel dafür sind die Reifröcke oder Krinolinen, extrem weite Röcke, mit denen Frauen der Oberschicht vor 150 Jahren den Männern gefallen wollten, sich jedoch kaum fortbewegen konnten. Ein aktuelleres Beispiel sind die SUVs (Sport Utility Vehicles), große Geländelimousinen, die mit ihren zwei Tonnen Gewicht und mindestens 200 PS hauptsächlich den Zweck haben, imposant vor der Haustür zu parken. Es geht wie bei den übergroßen Scheren der Winkerkrabben um das Ansehen bei den Artgenossen und insbesondere beim weiblichen Geschlecht.

Frösche

Aus dem gleichen Grund, aus dem die Winkerkrabben winken, quaken die Frösche. In der Saison veranstalten die Frösche die ganze Nacht über ein lautstarkes Konzert in ihrem Teich. Es sind nur die männlichen Frösche, die die charakteristischen Laute von sich geben, womit sie versuchen, zufällig verbeikommende weibliche Frösche zu beeindrucken. Es gibt einige Hundert verschiedene Froscharten und die Regeln, nach denen die Weibchen ihre Partner auswählen, variieren. Bei manchen Froscharten ist die Häufigkeit des Froschrufs entscheidend. Ein weiteres Kriterium ist der Zeitpunkt. Bei einigen Arten können die Weibchen sehr genau unterscheiden, welcher Frosch zuerst gequakt hat. Es geht um Bruchteile von Sekunden, und der erste Frosch, der eine neue Welle anführt, hat die besten Aussichten. Tonhöhe und Modulation spielen keine Rolle. Die Hauptsache ist, möglichst laut, möglichst oft und möglichst als Erster zu quaken. Ein Frosch ist wer denkt, hier gäbe es keine Parallelen zur Welt der Menschen.

Singvögel

In der Morgendämmerung, lange vor Sonnenaufgang, beginnt jeden Tag der Morgenchor der Singvögel. Im Gegensatz zu den Fröschen halten die Vögel in der Dunkelheit der Nacht Ruhe, weil sie auf ihren Sehsinn angewiesen sind, und die meisten Arten nachts ebenso wenig sehen wie die Menschen. Würden sie Lärm machen, so müssten sie befürchten, von Fressfeinden entdeckt zu werden. Wird es langsam hell, beginnt der Gesangswettbewerb. Es sind die Männchen, die sich produzieren, um die Weibchen zu beeindrucken. Der Umfang und die Komplexität des Repertoires variieren zwischen den Arten enorm. Besonders talentierte Singvögel können zwischen 50 bis 100 verschiedene Melodien wählen. Andere Vögel wie der Kuckuck verfügen nur über einen charakteristischen Ruf. Die Vögel wählen einen günstigen Standort – beispielsweise einen hohen Ast eines frei stehenden Baums –, um ein möglichst großes Gebiet beschallen zu können. Viele Vögel haben feste Reviere und erkennen ihre

Nachbarn am Gesang. Manche Vögel antworten auf die Beiträge ihrer Nachbarn mit passenden Gegengesängen. Es ist eine friedliche Art des Wettbewerbs um die Weibchen. Der Gesang hat aber noch eine weitere Funktion: Ein Vogel markiert damit sein Revier. Fremde Eindringlinge werden heftig attackiert. Manchmal genügt es, besonders laut und eindringlich zu singen, um den Eindringling zu verdrängen.

Nachtigallen

Gelingt es einem männlichen Vogel, ein Weibchen für sich zu gewinnen, beginnt das Paar mit dem Brutgeschäft. Bei einigen Arten wie beispielsweise den Nachtigallen bleibt das Weibchen die meiste Zeit auf dem Nest sitzen, während das Männchen die Nahrung organisiert. Das ähnelt der traditionellen Version der Ehe, in der die Frau zu Hause bleibt und der Mann für den Lebenserwerb zuständig ist. Im Fall der Nachtigallen kann es jedoch vorkommen, dass das Männchen Schwierigkeiten hat, schnell genug Nahrung zu beschaffen. Bleibt es zu lange aus, beginnt die Nachtigallendame auf dem Nest lautstark ihren Hunger kundzutun. Jeder in der Nachbarschaft versteht diesen Ruf. Der Nachtigallenmann dieser Dame ist offenbar ein Versager und schafft nicht genug heran. Auch das betroffene Männchen hört den Ruf und hat nun die Chance, doch noch rechtzeitig mit Nahrung zu erscheinen. Schafft es das nicht, kann es geschehen, dass ein anderes Männchen die Gelegenheit ergreift und die hungrige Dame versorgt. Das Nachtigallenweibchen wird darauf begeistert reagieren und sich vermutlich ohne viel Federlesens mit dem neuen Männchen paaren. Während einige Vogelarten monogam sind, nehmen es viele mit der Treue nicht so genau. Das gilt insbesondere dann, wenn der Partner Schwächen zeigt. Auch hier sind die Parallelen mit menschlichen Verhaltensweisen nicht von der Hand zu weisen.

Störche

Anders als so mancher Singvogel sind sich Störche ein Leben lang treu – jedenfalls scheint es so. Jedes Jahr treffen im Frühling immer wieder die gleichen zwei Vögel an ihrem Nistplatz auf dem Dach eines Bauernhofs oder auf einem hohen Baum ein. Immer wieder aufs Neue begrüßen sich Storch und Störchin begeistert und beginnen mit dem Brutgeschäft.

Allerdings haben die Forscher inzwischen herausgefunden, dass die Störche nicht in der Lage sind, einen Artgenossen vom andern zu unterscheiden. Sie können zwar zwischen Männchen und Weibchen unterscheiden, denn sonst würde es mit dem Brüten nicht klappen, aber der Storchenmann kann »seine« Storchenfrau nicht von einer anderen Störchin unterscheiden. Hauptsache ist, dass das Geschlecht stimmt, die Details spielen für ihn keine Rolle.

Diese These wurde in einem Experiment überprüft. Von der Winterreise heimgekehrt, kam der männliche Storch als Erster am Nest an. Die Wissenschaftler veranlassten ein anderes Weibchen, das bisher keinen eigenen Brutplatz hatte, dieses Nest anzufliegen. Der Storchenmann bemerkte den Tausch nicht und begrüßte das neue Weibchen genauso begeistert wie im Jahr zuvor seine angestammte Partnerin. Wenige Tage später kam die eigentliche Storchendame auch aus dem Winterquartier zurück und vertrieb die Konkurrentin

Begrüßungsritual der Weißstörche. Den Winter verbringen die Paare getrennt im Süden und treffen sich nach der Rückkehr an ihrem angestammten Nistplatz. Da sie ihrem Nistplatz treu sind, meinten die Menschen lange Zeit, dass sich Störche einander lebenslang treu seien. Aber Störche erkennen sich nicht gegenseitig.

resolut. Damit war die These bestätigt und das Experiment beendet. Tatsächlich sind Störche nicht ihrem Partner treu, sondern ihrem Nest. Sie haben ein beeindruckendes Navigationssystem und finden über Tausende von Kilometern zu ihrem Nistplatz zurück. Das gilt für die Männchen genauso wie für die Weibchen. Für den menschlichen Beobachter sieht es nur so aus, als wären sich die beiden Partner treu. Das Beispiel zeigt, dass bei der Interpretation von tierischem Verhalten große Vorsicht geboten ist, vor allem dann, wenn es sich um Arten handelt, die aus Sicht der Evolution vom Menschen weit entfernt sind. Zwischen Vögeln und Säugetieren ist der entwicklungsgeschichtliche Unterschied gewaltig. Allerdings gibt es gerade unter den Vögeln einige Arten, deren intellektuelle Fähigkeiten erstaunlich weit fortgeschritten sind. Dazu gehören zum Beispiel die Graugänse.

Graugänse

Graugänse sind eine Art der Gattung Feldgänse, gehören zur Familie der Entenvögel und leben in großen Schwärmen. Sie verfügen über ein ausgeprägtes Zusammengehörigkeitsgefühl und zeichnen sich durch große Partnertreue aus. Graugänse sehen keineswegs alle gleich aus. Sie sind sehr rufaktiv und verfügen über mehr als ein Dutzend verschiedener Lautäußerungen, an denen sie sich gegenseitig erkennen. Der Pionier der Verhaltensforschung, Konrad Lorenz, hat diese Vögel über Jahrzehnte studiert und verblüffend viele Parallelen zum menschlichen Sozialverhalten festgestellt. Die Graugänse haben eine stark ausgeprägte Hierarchie, die sich über die Männchen definiert. Ein Weibchen, das sich mit einem Alpha-Ganter verpaart, erlebt einen steilen sozialen Aufstieg und verändert unvermittelt sein Verhalten: Es wird herrisch und schikaniert untergeordnete Gänse.

Die äußeren Geschlechtsmerkmale sind bei den Graugänsen nicht besonders ausgeprägt. In einer Anekdote, die Konrad Lorenz in einem seiner Bücher erzählt, kam es einmal vor, dass zwei Gänseriche in einem Schwarm beschlossen, ein Paar zu werden. Nach einigen Versuchen, sich gegenseitig zu begatten, gaben sie dieses Unterfangen auf. Aber sie blieben zusammen, und da Gänseriche körperlich stärker sind als Gänsedamen, war das Männerpaar allen anderen Paaren überlegen und führte den Gänsetrupp an. Die beiden Gänseriche wurden, da sie einen hohen Rang bekleideten, für Weibchen besonders attraktiv. Eine Gänsedame folgte den beiden Gänserichen auf Schritt und Tritt. Ihr Interesse galt aber ausschließlich nur einem der beiden. Nach menschlichen Maßstäben hatte sich die junge Graugans in diesen Gänserich verliebt. Der Betroffene wollte zunächst nichts von ihr wissen, da er ja mit seinem Freund zusammen war und Graugänse grundsätzlich monogam sind. Aber schließlich gelang es der Gänsedame, ihren Gänserich zu verführen. Die beiden taten es heimlich, und der »untreue« Gänserich kehrte nach vollendeter Tat reuevoll zu seinem Freund zurück. Nach einigem Hin und Her tolerierte der zweite Gänserich die Anwesenheit der Gänsedame. Die drei Vögel brüteten und zogen die Jungen gemeinsam auf.

Stirbt der Partner, dann zeigen die Graugänse ein verändertes Verhalten, das an menschliche Trauer erinnert. Hundebesitzer kennen ein ähnliches Verhalten von ihren Vierbeinern. Verhaltensmuster, die an menschliche Reue, Einsamkeit, Angst oder Trauer erinnern, scheinen bei sozial lebenden Tieren – wozu Graugänse und Hunde gehören – weit verbreitet zu sein. Diese Ähnlichkeit ist sicher kein Zufall sondern ein Hinweis darauf, dass Teile des emotionalen Verhaltens des Menschen zum animalischen Erbe gehören.

Ein wesentliches Merkmal des Soziallebens der Graugänse ist die Hierarchie. Nahezu alle Gemeinschaften höher entwickelter Tiere sind hierarchisch organisiert. Ein Spezialfall ist eine lineare Hierarchie, die umgangssprachlich als »Hackordnung« bezeichnet wird. Der Begriff stammt vom Hühnerhof, denn übergeordnete Hühner »hacken« auf untergeordnete Artgenossen ein. Das Hacken dient der Bestätigung der Rangordnung. Rangordnungskämpfe sind in hierarchisch organisierten Tiergemeinschaften an der Tagesordnung, da hochrangige Tiere ihre Stellung ständig gegen jüngere, ehrgeizige Konkurrenten verteidigen müssen. An der Spitze der Rangordnung steht das Alphatier, das die Herde anführt. Die weite Verbreitung einer hierarchischen Sozialstruktur zeigt, dass diese soziale Ordnung einen großen Überlebensvorteil bietet. Die meisten Tiere leben in einer feindlichen Umwelt und müssen immer mit Angriffen rechnen.

Auch Menschen organisieren sich unter diesen Bedingungen in Armeen in einer militärisch strengen Hierarchie.

Für die Etablierung einer Hierarchie ist es von Vorteil, wenn sich die Tiere gegenseitig erkennen können. Für höher entwickelte Formen des Zusammenlebens ist das gegenseitige Identifizieren sogar unerlässlich. Dazu gehört das altruistische Verhalten. Ein Tier tut etwas, das nicht ihm, sondern einem Artgenossen oder seiner Herde nützt. Ein solches Verhalten kann sich in der Evolution nur dann durchsetzen, wenn es für das Individuum zumindest einen indirekten Vorteil bringt. Das altruistische Verhalten kann die Überlebenschancen der ganzen Herde erhöhen, oder der selbstlose Einsatz eines Tieres wird später belohnt. Letzteres ist nur dann möglich, wenn sich die Tiere gegenseitig erkennen und an vergangene Vorgänge erinnern können. Das ist die Ursache für die Entwicklung des Individualismus und für die Steigerung der Gedächtnisleistung. Jedes Tier ist ein Individuum und wird von den anderen Mitgliedern der Herde als solches erkannt.

Auch Graugänse können die anderen Gänse in ihrem Schwarm erkennen. Mit manchen Artgenossen sind sie befreundet, anderen weichen sie aus, und wieder andere mögen sie nicht. Eine noch höhere Entwicklungsstufe wäre die Fähigkeit, sich selbst in einem Spiegel zu erkennen. Es bedeutet das Vorhandensein eines zumindest rudimentären Ich-Bewusstseins. Nur sehr wenige Tiere mit hoch entwickelten kognitiven Fähigkeiten sind dazu in der Lage. Graugänse gehören nicht dazu.

Das Sozialverhalten der Graugänse zeigt viele verblüffend menschliche Züge. Dazu gehören positive Verhaltensweisen wie Freundschaft, Treue und das Zusammengehörigkeitsgefühl. Dazu gehört auch das Hierarchiestreben mit dem Bedürfnis nach Überlegenheit und Macht über andere. Rangniedere Individuen sind willkürlichen Machtdemonstrationen ausgesetzt. Ähnlich wie bei Menschen sind bei Graugänsen Macht und das Streben nach Kontrolle wichtige Komponenten der Instinktsteuerung zur Etablierung einer Hierarchie.

Der klügste Papagei

Alex war ein Graupapagei, der die menschliche Sprache nicht nur täuschend ähnlich nachahmen konnte, sondern die Worte anscheinend sinnvoll verwendete. Er konnte einen Wunsch äußern, und wenn er das gewünschte Objekt bekam, war er zufrieden. Weiterhin konnte er Farben und Formen unterscheiden, und er konnte zählen. Aus einer Menge unterschiedlich gefärbter Holzwürfel konnte er auf Kommando die roten Würfel heraussuchen. Abgesehen von einigen besonders begabten Menschenaffen ist er das intelligenteste Tier, das die Wissenschaft bis heute untersucht hat.

Zwei Fähigkeiten gelten als Zeichen für Intelligenz. Eine davon ist das Bestehen des Spiegeltests. Das Tier oder die Versuchsperson wird mit seinem Spiegelbild konfrontiert. Vorher wird an dem Tier eine Markierung an einer Stelle des Körpers angebracht, die es nur im Spiegel sehen kann. Bei Kleinkindern wäre das beispielsweise die Stirn. Kinder ab zwei Jahren merken sofort, dass sie sich selbst im Spiegel sehen und greifen sich an die Stirn, um die Markierung zu beseitigen. Auch Menschenaffen bestehen den Test in den meisten Fällen. Delfine, Dohlen, Keas und Elefanten erkennen sich ebenfalls selbst in einem Spiegel. Das zweite Kriterium für Intelligenz ist der Gebrauch von Werkzeugen. Hier gibt es mit Rücksicht auf die körperlichen Merkmale der verschiedenen Tiere – eine breite Palette von Testmöglichkeiten. Daher ist ein Vergleich schwierig. Aber es sind wieder die gleichen Tierarten, die auch diese Tests bestehen, während die meisten anderen Tiere durchfallen. Zwar ist der Graupapagei Alex beim Spiegeltest durchgefallen, aber Alex und seine Artgenossen gebrauchen Werkzeuge. Sie nutzen Stöckchen, um an Stellen zu gelangen, die sie mit ihrem Schnabel oder den Krallen nicht erreichen können.

Alle Tiere mit außergewöhnlich intelligenten Fähigkeiten sind soziale Tiere, die in engen Gruppenverbänden zusammenleben. Sie erkennen einander und verfügen über ein komplexes Sozialverhalten. Graupapageien bleiben ähnlich wie Graugänse ein Leben lang ein Paar. Über die Jahre bildet sich eine enge Bindung zwischen den Partnern aus. Sie verständigen sich über eine Vielzahl von Tönen. Der Keim einer Sprache wird hier erkennbar. In der Vielfalt der Töne, die den Papageien zur Verfügung stehen, sind sie den Menschaffen sogar überlegen. Die Vögel haben einen stark ausgeprägten Nachahmungstrieb und prägen sich einmal erlernte Fähigkeiten ein. Ein gutes Gedächtnis ist eine Voraussetzung für die Entwicklung von Intelligenz. Ein weiterer Faktor ist Langlebigkeit. Graupapageien können 60 Jahre alt werden. Langlebigkeit, Neugier und ein gutes Gedächtnis sind die Basis für die herausragenden Fähigkeiten dieser Vögel.

Trotz dieser guten Voraussetzungen gibt es nur einen Graupapagei, der (anscheinend) zählen konnte, und das war der Papagei Alex. Das Konzept des Zählens erfordert eine weit höhere Intelligenz als der Spiegeltest oder der Gebrauch einfacher Werkzeuge. Es bedeutet, dass das Tier in abstrakten Kategorien »denken« konnte. Beispielsweise werden dem Vogel auf einem Tablett Holzwürfel in unterschiedlichen Farben präsentiert. Er wird gefragt, wie viele der Würfel rot sind. Um die richtige Antwort geben zu können, muss ihm zunächst das Konzept der Kategorie »Farbe« klar sein. Die Eigenschaft »rot« muss von dem jeweiligen Gegenstand gelöst werden. Das Zählen dieser Objekte erfordert ein noch höheres Maß an Abstraktion. Ab einem Alter von vier Jahren können Kinder mithilfe ihrer Finger bis fünf zählen. Auch die am höchsten entwickelten Tiere erreichen maximal ein Intelligenzniveau, das dem eines zweijährigen Kindes entspricht. Tiere können also grundsätzlich nicht zählen. Nur Alex scheint dazu in der Lage gewesen zu sein. Er ist 2007 gestorben.

Alex kam als wenige Monate alter Jungvogel in die Obhut der Biologin Irene Pepperberg, die auf die Untersuchung der kognitiven Fähigkeiten von Tieren, insbesondere von Papageien spezialisiert ist. Sie trainierte den Papagei nahezu drei Jahrzehnte lang. Erst in seinen letzten Lebensjahren hatte er die außergewöhnlichen Fähigkeiten erlangt. Es ist umstritten, ob es sich nicht doch um einen extremen Fall von Dressur handelte, oder ob es wirklich »Zählen« und »Farben erkennen« im menschlichen Sinn war. Die enge Beziehung zwischen der Forscherin, die jeden Tag viele Stunden mit ihm trainierte, spielt vermutlich eine wichtige Rolle bei der Entwicklung der extrem ungewöhnlichen Fähigkeiten des Vogels. Auf der anderen Seite ist es unwahrscheinlich, dass es sich um einen Trick oder eine Fälschung handelte, denn der Vogel absolvierte unzählige Tests.

Die Biologin Irene Pepperberg mit dem Graupapageien Alex. Vor dem Vogel sind bunte Würfel und Kugeln verteilt. Der Papagei ist in der Lage, die Zahl der roten Objekte korrekt anzugeben, indem er das englische Zahlenwort äußert.

Das Zusammenleben in sozialen Gruppen und eine enge und dauerhafte Bindung mit einem Partner scheinen eine wichtige Voraussetzung für die Entwicklung von Intelligenz zu sein. Gleichzeitig wird das Sozialleben dieser Vögel von vielfältigen Instinkten gesteuert. Vermutlich gilt dies auch für den Menschen, denn das Leben in einer engen Stammesgesellschaft war eine der Voraussetzungen für die Entwicklung der menschlichen Intelligenz.

Ein Pferd, das rechnen kann

Ein anderes Tier, das angeblich nicht nur Zählen, sondern sogar rechnen konnte, war ein Pferd namens Kluger Hans. Es lebte von 1895 bis 1916 und war in den Jahren vor dem Ersten Weltkrieg in Deutschland eine Zirkusattraktion. Ein Zuschauer konnte dem Pferd eine einfache Rechenaufgabe zurufen, und das Pferd gab die meist richtige Lösung durch mehrmaliges Scharren mit dem Huf bekannt. Später stellte sich heraus, dass das Tier einfach so lange scharrte, bis sein Gegenüber – entweder der Fragesteller oder der Trainer – eine Verhaltensänderung zeigte. Ob es sich dabei um Aufatmen, Anspannung oder Änderung der Körperposition handelte, konnte nie ganz geklärt werden. Damit der Kluge Hans die richtige Lösung angeben konnte, mussten der Fragesteller oder die Zuschauer die Lösung kennen. Es handelte sich nicht wirklich um einen Betrug, denn der Trainer des Pferdes glaubte an den Erfolg seiner Trainingsmethode. Er meinte tatsächlich, Pferden das Zählen und Rechnen beibringen zu können. Pferde sind Herdentiere, die offenbar äußerst sensibel winzige Veränderungen in der Körpersprache ihrer Herdenmitglieder wahrnehmen können.

Die Tests, die der Graupapagei Alex jahrelang mit Bravour bestanden hat, waren viel ausgefeilter als die Zirkusveranstaltungen vom Klugen Hans. Trotzdem ist nicht ganz auszuschließen, dass auch der Papagei unbewusste Informationen von seinen menschlichen Versuchspartnern genutzt hat. Zweifellos war er extrem talentiert. Auch konnte er die englische Sprache verblüffend überzeugend im richtigen Kontext anwenden. Ob dies allein durch eine subtile Dressur hätte erreicht werden können, ist kaum denkbar. Aber es erscheint auch unwahrscheinlich, dass ein Vogel zählen kann.

Die kritischen Kunden von Putzerfischen

Manche Tiere sind in der Lage, aus den Erfahrungen anderer zu lernen. Putzerfische unterhalten an ihrem festen Standort, dem Korallenriff, einer Autowaschanlage ähnliche Putzerstationen, wo ein Männchen mit drei bis sechs Weibchen zusammenlebt. Andere größere Fische suchen diese Stationen auf, um sich von den Putzerfischen von Parasiten und Hautverunreinigungen säubern zu lassen. Beide Fische haben einen Nutzen davon: Der »Kunde« wird von seinen Parasiten befreit, und der kleine Putzerfisch ernährt sich davon. Die Verhaltensforscher haben festgestellt, dass es erhebliche Qualitätsunterschiede in der Arbeit der Putzerfische gibt. Aggressive Putzerfische zögern nicht, bei kleinen und harmlosen Fischen ganze Hautstücke mitgehen zu lassen. Die »Kunden« zucken bei einem solchen Biss merklich zusammen. In manchen Fällen sind die »Kunden« danach so ärgerlich, dass es zu einer wilden Jagd durch das Riff kommt. Jedoch halten sich auch besonders bissige Putzerfische bei gefährlichen »Kunden« wie Haifischen zurück und entfernen dort tatsächlich nur die Parasiten.

Interessant an diesen Untersuchungen sind die Reaktionen der Zuschauer. Potenzielle »Fischkunden« beobachten zunächst für eine Weile das Geschäft eines Putzerfisches. Sehen die Zuschauer, dass ein »Kunde« zu oft zuckt oder es sogar zu einer Hetzjagd kommt, gehen sie zu einem anderen Putzerfisch. So kann es zu einem heftigen Kundenandrang bei zuverlässigen Putzerfischen kommen, die den

Der kleine blau-schwarz gestreifte Putzerfisch befreit einen größeren Fisch von Parasiten. Aggressivere Artgenossen lassen auch schon mal Hautpartien mitgehen, was die Kunden schmerzhaft zusammenzucken lässt.

Ruf haben, auch ungefährliche »Kunden« anständig zu behandeln. Das Verhalten der Zuschauer, die die Arbeit der Putzerfische kritisch bewerten, ähnelt dem Verhalten von Touristen, die vor einer Hotelbuchung die Kommentare früherer Kunden im Internet recherchieren. Die Verhaltensforscher sind hier wieder auf ein dem Menschen verblüffend ähnliches Verhalten aus der Tierwelt gestoßen.

Imagepflege bei Pavianen

Paviane sind eine Primatengattung aus der Familie der Meerkatzenverwandten. Wenngleich sie nicht ganz auf einer Stufe mit den Schimpansen, den nächsten Verwandten des Menschen, stehen, zählen sie noch zu dessen nahen Verwandten. Ihr Gehirnvolumen beträgt etwa 200 Kubikzentimeter und ist darum nur halb so groß wie das der Schimpansen. Ihre Intelligenz ist entsprechend bescheiden, und höhere kognitive Fähigkeiten wie der Gebrauch von Werkzeugen sind kaum zu erwarten. Aber Paviane haben ein komplexes Sozialleben, das manche Ähnlichkeit zum Verhalten von Menschen aufweist. Paviane leben in Gruppen von fünf bis 250 Tieren. Es gibt zwei unterschiedliche Gruppenformen: die gemischten Gruppen, in denen mehrere Männchen mit vielen Weibchen zusammenleben, sowie die Einmann- oder Haremsgruppen, in denen ein einzelnes Männchen

Die gegenseitige Fellpflege dient bei Pavianen auch der Pflege der sozialen Kontakte.

mehrere Weibchen um sich schart. Innerhalb einer Gruppe herrscht eine strenge lineare Hierarchie mit einem Tier an der Spitze und einem am Ende der »Hackordnung«. Die untergeordneten Tiere folgen jedem Befehl der dominanten Männchen. Die Hierarchie erfordert es, dass sich die Tiere gegenseitig erkennen können. Sie sind Individuen mit unterschiedlichen Charakteren.

Besonders wichtig für den Aufbau sozialer Bindungen ist die gegenseitige Fellpflege. Gewöhnlich pflegen sich nur Tiere mit ähnlichem Rang gegenseitig. Sie suchen stundenlang das Fell ihrer Familienmitglieder und Freunde nach Parasiten ab. Manchmal kommt es vor, dass ein ranghohes Tier einem rangniederen erlaubt, es zu lausen. Das rangniedere Tier legt dann größten Wert darauf, dass es beim Lausen eines »Höhergestellten« von den anderen Tieren beobachtet werden kann. Durch diesen Kontakt mit einem ranghohen Tier wird der eigene Status erhöht.

Dieses Detail des Sozialverhaltens von Pavianen wird dem Besucher von Empfängen und Konferenzen vielleicht bekannt vorkommen. Auch Menschen achten darauf, dass ihr Kontakt mit wichtigen Persönlichkeiten von anderen wahrgenommen wird.

Die Stammesgesellschaft der Schimpansen

Schimpansen sind die nächsten Verwandten des Menschen. Vor rund zwei Millionen Jahren gab es einen gemeinsamen Vorfahren, aus dem sich zum einen die Menschen und zum anderen die heutigen Schimpansen entwickelt haben.

Die Lebensweise der Schimpansen ähnelt daher vermutlich der Lebensweise der frühen Menschen. Heute gibt es noch einige wenige Regionen auf der Erde, in denen Schimpansen in ihrer natürlichen Umgebung leben. Ein Beispiel sind die Schimpansen im Tai-Wald-Nationalpark, einem der letzten großen zusammenhängenden Gebiete des afrikanischen Regenwaldes. Die Affen leben dort in Gemeinschaften mit bis zu 150 Tieren. Sie übernachten in Baumnestern, weil es auf dem Boden zu gefährlich ist. Das Feuer als Schutzmittel kennen sie nicht, und der Werkzeuggebrauch beschränkt sich auf den Einsatz von Stöcken oder Steinen. Schimpansen sind Allesfresser, die sich aber überwiegend von Pflanzen und Früchten ernähren. Allerdings gehen Männchen und auch Weibchen alle paar Tage auf die Jagd und bereichern so ihren Speiseplan um Fleisch.

Bei der Jagd, bei Angriffen von Leoparden oder feindlichen Stämmen zeigen die Schimpansen ihre Fähigkeit zur Zusammenarbeit. Leoparden vertreiben sie gemeinsam, wobei sie Stöcke oder Äste als Waffen gebrauchen. Sie verwenden Steine, um Nüsse zu knacken – wobei die Weibchen begabter sind als die Männchen –, Holzstücke benutzen sie als Hammer und Stöcke als Grabgeräte. Die Jungtiere erlernen von ihren Müttern den Werkzeuggebrauch und viele andere Dinge, die für ihr Leben im Dschungel erforderlich sind. Die Schimpansen greifen auf weitergegebenes Wissen ihrer Artgenossen zurück. So ist der Werkzeuggebrauch ein Zeichen erwachender Intelligenz.

Schimpansen verständigen sich durch laute Rufe und erkennen sich daran auch gegenseitig. Fremde identifizieren sie ebenfalls auf große Entfernungen an ihren Rufen. Eine Gruppe verfügt über eine bestimmte Anzahl von Lauten und Zeichen, mit denen die Individuen Informationen austauschen können. Sie können das Nötigste mittels Zeichensprache und rudimentärer Lautäußerungen mitteilen. Auf der Jagd trommeln die Trupps auf Baumstämme, um sich mit ihren zu Hause gebliebenen Clanmitgliedern oder anderen Jagdgruppen zu verständigen.

Die einzelnen Gruppen haben ein festes Territorium, dessen Grenzen sie aggressiv bewachen und verteidigen. Zwischen benachbarten Stämmen kommt es häufig zu kriegerischen Auseinandersetzungen, bei denen es immer wieder Verletzte und Tote gibt. Einzelne Männchen, die sich unbedacht der Grenze nähern, laufen Gefahr, getötet zu werden, während Weibchen verschleppt werden.

Schimpansen gebrauchen Stöcke und Steine als Werkzeuge, um beispielsweise Löcher zu graben oder Nüsse zu knacken.

Es wurde auch schon von der vollständigen Auslöschung eines Stammes durch eine feindliche Gruppe berichtet. Die häufigen Kämpfe benachbarter Schimpansenherden erinnern an die kriegerische Lebensweise menschlicher Urvölker.

Die Gruppenstruktur wird von einer strengen Hierarchie der Männchen dominiert. Ungeordnete Tiere müssen ranghohen Männchen ausweichen und willkürliche Aggressionen, die der Bestätigung der Rangordnung dienen, hinnehmen. Machtdemonstrationen gegenüber untergeordneten Gruppenmitgliedern durch anscheinend sinnlose Befehle, deren Befolgung aggressiv eingefordert wird, kennzeichnen das Verhalten von Alphamännchen. Das gilt auch für die menschliche Gesellschaft: Macht ist gleichbedeutend mit Kontrolle über andere.

Das Leben der Schimpansen im afrikanischen Dschungel ist gewalttätig und endet häufig tödlich. Trotzdem kommen uns manche Dinge erstaunlich bekannt vor. Auch moderne Menschen würden trotz ihrer Intelligenz ohne die Hilfsmittel der Zivilisation wie ihre Urahnen als Jäger und Sammler leben müssen. Allerdings würden sie rasch versuchen, Feuer zu machen, um die kalten Nächte zu überstehen und um die Nahrung genießbar zu machen. Eine Gruppe von Menschen würde sofort eine Arbeitsteilung einführen: Einige würden Nahrung suchen, andere Werkzeuge und Waffen anfertigen und wieder andere Häuser bauen. Selbst ohne die moderne Zivilisation würde sich schnell zeigen, wie sehr sich der Mensch vom Schimpansen unterscheidet. Dennoch bestätigen die Berichte über das Leben der Menschenaffen, dass es einen kontinuierlichen Übergang vom Affen zum Menschen gegeben haben muss. Das Gehirnvolumen des

Menschenhirns ist dreimal so groß wie das des Schimpansen. Das lässt eine enorme Überlegenheit erwarten. Aber es bedeutet auch, dass ein Drittel der Psyche des Menschen möglicherweise animalische Wurzeln hat.

Eine ungewöhnliche Schimpansin

Es ist ein alter Traum des Menschen, mit Tieren sprechen zu können. Dabei ist es schwierig, zwischen echtem Verständnis und simpler Dressur zu unterscheiden. Ein Hundehalter erteilt seinem Vierbeiner den Befehl »Sitz!«, worauf sich das Tier tatsächlich hinsetzt. Hat es das Wort verstanden? Wohl kaum. Tatsächlich spielt es nur eine untergeordnete Rolle, was der Hundehalter sagt. Vermutlich setzt sich das Tier auch dann hin, wenn sein Herrchen »Hutz!« oder »Patsch!« rufen würde. Wichtiger ist, dass Modulation, Wortlänge, Körpersprache und die Situation zum Befehl passen. Auf diese Art lassen sich aber nur wenige einfache Befehle vermitteln, bis die Kommunikationsmöglichkeiten erschöpft sind. Der Hund hat noch weniger Möglichkeiten als sein Frauchen oder Herrchen, Wünsche zum Ausdruck zu bringen. Er kann nervös vor der Haustür hin und her rennen, um mitzuteilen, dass er gerne hinausmöchte. Oder er kann gebeugt über dem Fressnapf stehen und damit Hunger demonstrieren. Ohne Sprache ist eine Kommunikation immer schwierig.

Ein Tier könnte also relativ intelligent sein, aber ohne Sprache bliebe dies vielleicht unbemerkt. Das gilt insbesondere für die nächsten Verwandten des Menschen, die Schimpansen. Ihr Kehlkopf eignet sich nicht zum Sprechen, aber ihre Intelligenz soll die von Hunden und Papageien bei Weitem übertreffen. Forscher in den USA kamen daher auf die Idee, den Schimpansen die Gebärdensprache beizubringen – ein Unterfangen, das allerdings viel Geduld erfordert. Die Schimpansenjungen lernen von den Erwachsenen einer Gruppe eine Vielzahl von Fertigkeiten wie zum Beispiel das Knacken von Nüssen mithilfe von Steinen oder Ästen. Aber es dauert viele Jahre, bis ein Schimpanse geschickt eine Nuss knacken kann.

Die Wissenschaftler im Chimpanzee and Human Communication Institute müssen sich also mit Geduld wappnen. Die Schimpansen werden in sehr jungem Alter dem Projekt zugeführt und wachsen in enger Gemeinschaft mit den

Menschen auf. Die Menschen achten darauf, sich in Gegenwart der Tiere nur in der Gebärdensprache zu unterhalten, denn die Jungen lernen durch Beobachten – ähnlich wie Menschenkinder. Die Schimpansin Washoe aus dem Projekt ist weltberühmt geworden. Sie gilt als das erste nicht menschliche Wesen, das die menschliche Gebärdensprache erlernt hat und mit ihr kommunizieren konnte. Washoe starb 2007 im Alter von 42 Jahren. Sie hatte einen Wortschatz von über 300 Begriffen. Lange Zeit lebte sie in einer Gruppe mit mehreren Schimpansen auf dem großen Freigelände des Instituts.

Um die Gebärdensprache zu erlernen, wurde Washoe als junge Schimpansin wie ein Menschenkind in einer Familie aufgezogen. Sie trug häufig Kleider und saß mit der Familie am Esstisch. Sie hatte ihren eigenen Bereich in einem Wohnwagen mit einer Couch, Schränken, einem Kühlschrank und einer Küche. Sie erledigte Hausarbeiten, spielte draußen im Garten und nahm an den Ausflügen mit dem Familienauto teil. Dabei soll sie einmal einen Schwan gesehen und die beiden Zeichen für »Wasser« und »Vogel« gemacht haben. Das heißt, sie konnte die abstrakten Kategorien der beiden Begriffe verbinden und sie richtig kombiniert auf ein unbekanntes Objekt anwenden. Das ist eine Intelligenzleistung, die weit über die bisher bekannten Fähigkeiten jedes anderen Tiers hinausgeht. Allerdings konnte diese Leistung nur bemerkt werden, weil Washoe mit der Gebärdensprache in der Lage war, das auch zu kommunizieren.

Die Wissenschaftler definierten mehrere Kriterien, nach denen entschieden wurde, ob Washoe einen Begriff in der Gebärdensprache erlernt hatte oder nicht. Ein wichtiges Kriterium war dabei, ob die Schimpansin die Begriffe tatsächlich als abstrakte Kategorien benutzte. Wenn beispielsweise kleine Kinder den Begriff Hund lernen, nennen sie den eigenen Hund »Hund«. Sie erkennen zunächst nicht, dass der Begriff die Kategorie Hund meint und nicht diesen einen Hund. Nach einer Weile verstehen die Menschkinder aber die Idee eines abstrakten Begriffs und nennen alle Vierbeiner, die sie als Hunde erkennen, »Hund«.

Washoe musste im Test Begriffe wie Hund, Blume und Schuh für jeden Hund, jede Blume und jeden Schuh verwenden, um zu beweisen, dass sie die Begriffe als Kategorien und nicht als Namen eines konkreten Gegenstands nutzte. Washoe hat im Laufe der Zeit mehr als 300 solcher Begriffe gelernt und richtig ver-

Die Schimpansin Washoe, die nach Meinung ihrer Trainer als erstes Tier die menschliche (Zeichen-) Sprache erlernte.

wendet. Im Gegensatz zu dem Graupapageien Alex bestand Washoe den Spiegeltest mit Bravour. Ihr wurde ein Spiegel vorgehalten, und die Wissenschaftler fragten sie, was sie darin sah. Washoe antwortete in der Zeichensprache: »Ich, Washoe«.

Es gibt eine rührende Geschichte von Washoe, die selber zwei Junge durch Krankheit verloren hatte. Kat, eine der Betreuerinnen der Schimpansin, war schwanger und fehlte nach einer Fehlgeburt für viele Wochen. Washoe reagierte nicht gut auf Menschen, die für sie da sein sollten und lange Zeit nicht anwesend waren. Kamen sie wieder, schenkte sie ihnen keine Beachtung mehr. Das war ihre Art mitzuteilen, dass sie sich über sie ärgerte. Als Kat wieder zurückkam, zeigte Washoe ihr die kalte Schulter. Die Betreuerin entschuldigte sich bei Washoe, entschied sich dann, ihr die Wahrheit zu sagen, und teilte ihr in der Gebärdensprache mit: »Mein Baby ist gestorben.« Washoe starrte sie an und senkte den Blick. Dann schaute sie wieder in Kats Augen, brachte in der Zeichensprache vorsichtig »weine« zum Ausdruck, berührte ihre Wange und zog ihren Finger den Weg entlang, den eine Träne machen würde.

Viele bezweifelten, dass Washoe und die anderen Schimpansen im Projekt tatsächlich mithilfe der Zeichensprache »reden« konnten. Aber im Laufe der Jahrzehnte wurden immer bessere Testmethoden entwickelt, und schließlich mussten die Kritiker einräumen, dass die Schimpansen tatsächlich einige Begriffe und Sätze sinnvoll verwenden konnten. Die Schimpansen verständigten sich auch untereinander in der erlernten menschlichen Zeichensprache. Ohne die Hilfe der Menschen hätten sie diese Möglichkeit nach dem bisherigen Stand der Erkenntnis jedoch nicht.

Washoe ist das erste Tier, das einige Hundert Begriffe der Zeichensprache erlernte und sich damit verständigen konnte. Auch andere Schimpansen haben viele Begriffe der Zeichensprache erlernt, aber Washoe hat es zur Meisterschaft gebracht. Dafür wurde sie weltberühmt. Die Tatsache, dass Schimpansen eine Sprache erlernen können, veranschaulicht die große Ähnlichkeit einiger fundamentaler Gehirnfunktionen zwischen den Menschen und diesen Primaten.

Überblick

Soziale Intelligenz hat sich entwickelt, weil Zusammenarbeit einen enormen Überlebensvorteil bedeutet. In besonders hoch entwickelten Tiergemeinschaften tritt altruistisches Verhalten auf. Tiere handeln zugunsten der Gruppe, auch wenn es ihnen persönliche Nachteile bringt. Wenn die Tiere imstande sind, sich gegenseitig zu identifizieren, kann ein Individuum auf eine Gegenleistung für selbstloses Verhalten hoffen. In hoch entwickelten Tiergesellschaften wie denen der Graugänse und der Schimpansen erkennen sich die Tiere gegenseitig, haben Freunde und »trauern« um Verstorbene. Komplexe Kommunikation und Individualität sind Merkmale einer hoch entwickelten Zusammenarbeit. Der Mensch hat beides mit seiner Sprache und seinem Ich-Bewusstsein bis zur Perfektion weiterentwickelt, und das erklärt seinen Erfolg als Spezies. Intelligenz begann also mit der Sprache und dem Ich-Bewusstsein zunächst als soziale Intelligenz. Die technische Intelligenz, also der Werkzeuggebrauch, war vielleicht nur ein nützlicher Nebeneffekt.

Das Verhalten vieler Tiere zeigt Ähnlichkeiten mit menschlichen Verhaltensweisen. Das gilt insbesondere für das Sozialverhalten. Das komplexe Verhalten einer größeren Gruppe ist ein typisches kollektives Phänomen und wird von einigen wenigen Instinkten gesteuert. Die wichtigsten Instinkte sind die folgenden:

- ***Streben nach Gemeinschaft***

Weder Heringe, noch Graugänse noch Schimpansen können dem Trieb, sich einer größeren Gruppe anzuschließen, widerstehen.

- ***Hierarchie***

Ameisen und Heringe haben keine Hierarchie und leben in egalitären Gemeinschaften. In hoch entwickelten Tiergemeinschaften gibt es aber immer eine Hierarchie. Dazu gehören die meisten in Herden lebenden Säugetiere und Vögel und insbesondere die Hühner mit ihrer »Hackordnung«. Eine Hierarchie ermöglicht eine besonders effektive Zusammenarbeit. Sie wird in einer Gemeinschaft von Säugetieren durch drei untergeordnete Triebe erzeugt:

Streben nach Überlegenheit:

Jedes Tier versucht, anderen Tieren überlegen zu sein. Es strebt nach Ansehen und Überlegenheit über Rangniedere.

Streben nach Kontrolle:

Ein hoher Rang ist gleichbedeutend mit der Möglichkeit, andere zu kontrollieren. Die Kontrolle über den Alltag und die Lebensbedingungen der Herdenmitglieder befriedigt diesen Trieb.

Unterwerfung:

Um permanente Rangkämpfe zu vermeiden, schalten rangniedere Tiere, die viele Rangkämpfe verloren haben, in den Modus der Unterwerfung. Sie folgen einem Führer. Auch Unterwerfung und Gefolgschaft erzeugen ein Gefühl der Befriedigung.

Die hier aufgelisteten Komponenten der Hierarchie sind nicht nur charakteristisch für Tiergemeinschaften, sondern auch für menschliche Gemeinschaften wie beispielsweise das Militär. Im Militär existiert eine detailreiche lineare Hierarchie, und jeder Soldat strebt nach einem höheren Rang. Ein hoher Rang bedeutet die Kontrolle über die Rangniederen. Gerade im Militär ist die Kontrolle der Lebensbedingungen der Rangniederen in einer Kaserne äußerst detailgenau. Essen, Schlafen, Kleidung, der Tagesablauf – alles wird von den Ranghöheren festgelegt. Auch der Modus der Unterwerfung ist ein allgegenwärtiges Phänomen im Militär, wenn die einfachen Soldaten ihrem Kommandeur bedingungslos folgen. Diese Übereinstimmung zwischen der menschlichen und vielen tierischen Gemeinschaften ist keineswegs zufällig, sondern eine Folge überlebenswichtiger Notwendigkeiten. Diese Gruppenstruktur ermöglicht eine extrem effiziente Zusammenarbeit, wie sie offenbar im Krieg notwendig ist. Tiere wie die Schimpansen leben in einem permanenten Kriegszustand, denn der Tod ist allgegenwärtig.

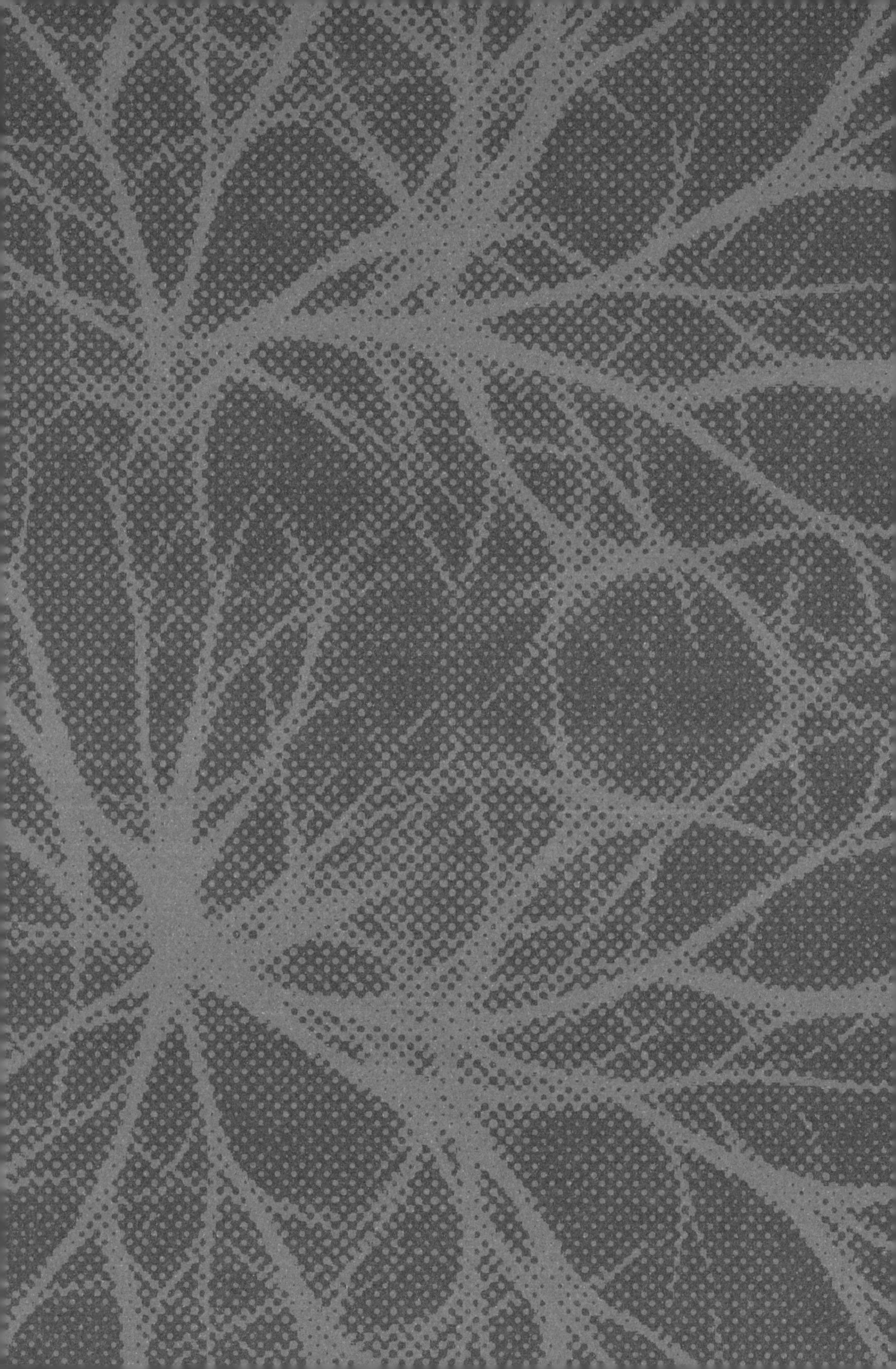

3

Die Entwicklung der Intelligenz

Vom animalischen Erbe zum kritischen Denken

Tiere sind weitgehend instinktgesteuert und haben trotzdem viele Verhaltensweisen, die stark an das Verhalten der Menschen erinnern. Wie bereits dargestellt, leben Schimpansen und andere hoch entwickelte Tiere in engen Gemeinschaften mit einer hierarchischen Sozialstruktur, die zwar deutliche Unterschiede zu menschlichen Gemeinschaften, aber auch viele Parallelen zeigen. Die Unterschiede sind sicher auf die menschliche Intelligenz zurückzuführen, da Menschen die Möglichkeit haben, sich über die Sprache zu verständigen. Die Ähnlichkeiten betreffen vor allem die Merkmale Hierarchie, Machtstreben, Kontrolle und Unterwerfung. Diese Parallelen könnten ein Hinweis darauf sein, dass die archaischen Triebe, Instinkte und Emotionen, die der Mensch von seinen Vorfahren geerbt hat, einen relativ großen Einfluss auf das menschliche Sozialverhalten haben. Ist der freie Wille, den wir meinen zu haben, wirklich frei? Welche Rolle spielt der Herdentrieb in der menschlichen Gesellschaft? Verspürt auch der Mensch einen urtümlichen Drang nach Gemeinschaft, und strebt auch er nach einem höheren Rang und nach Kontrolle über seine Mitmenschen? Wie dominant sind diese archaischen Instinkte, und kann die menschliche Intelligenz diese Instinkte kontrollieren oder beherrschen? Eine genauere Betrachtung des Prozesses, wie sich der Mensch aus dem Affen entwickelte, kann dabei helfen, Antworten auf diese Fragen zu finden.

Die Entwicklung vom Affen zum Menschen dauerte mehrere Millionen Jahre. Wann genau die Trennung zwischen den Entwicklungslinien der Hominiden (Menschenaffen) und der Menschen erfolgte, ist noch immer umstritten. Selbst die moderne Genforschung, die fossile Fragmente der Erbsubstanz auswerten kann, hat bisher keine klare Antwort liefern können. Immerhin gibt es einen Namen für den gemeinsamen Vorfahren der Menschen und Menschenaffen: der »Chimpanzee-Human Last Common Anchestor« (der letzte gemeinsame Vorfahre der Schimpansen und Menschen, CHLCA). Aussagen über die evolutionäre Entwicklung der Intelligenz sind mangels Daten hoch spekulativ. Fossilien wie beispielsweise Schädelknochen liefern keine zuverlässigen Informationen über die Intelligenzleistung. Es gibt nur indirekte Hinweise wie beispielsweise das Gehirnvolumen.

Der aufrechte Gang

Ein Charakteristikum des Menschen ist der aufrechte Gang. Die ältesten fossilen Fußspuren, die menschenähnlichen Wesen zugeordnet werden können, sind 3,8 Millionen Jahre alt. Die Wissenschaftler glauben, dass diese Fußspuren von frühen Vorfahren der Menschen stammen. Sie gingen aufrecht und hatten die Hände frei. Damit unterschieden sie sich von den Affen. Aber genügt das auch, um diese frühen Hominiden Menschen zu nennen?

Die Fußspuren stammen wahrscheinlich vom *Australopithecus Afarensis.* Diese Homonidenart lebte vor 3 bis 4 Millionen Jahren in Ostafrika und ging permanent aufrecht. Es ist nicht sicher, ob es sich um unsere direkten Vorfahren handelt, denn es könnte auch eine frühe Menschenart sein, die später ausgestorben ist. Proben fossiler Erbsubstanz (DNA), die diese Frage beantworten könnten, gibt es nicht, da die Erbsubstanz maximal eine Million Jahre überdauern kann. Aus dieser sehr frühen Phase der menschlichen Entwicklung ist daher auch in Zukunft nicht mit brauchbaren Proben zu rechnen. Das Gehirnvolumen des *Australopithecus Afarensis* lag bei 400 Kubikzentimetern und war damit etwas kleiner als das der heutigen Menschenaffen.

So oder so ähnlich sah der *Australopithecus Afarensis* aus. Er lebte vor 3 bis 4 Millionen Jahren in Afrika, ging aufrecht und hatte ein relativ kleines Gehirn.

Der Werkzeuggebrauch

Ein Kennzeichen der Menschen ist der Gebrauch von Werkzeugen. Schimpansen benutzen Stöcke und Steine in der Form, in der sie sie finden, aber sie formen die Objekte nicht. Menschen bearbeiten Werkzeuge, bis sie eine optimale Form haben. Begonnen hat die Geschichte der Werkzeuge mit Steinen, von denen durch kräftige Schläge mit einem anderen Stein Splitter um Splitter abgeschlagen wurde, bis eine Schneidkante entstand. Einige dieser frühen Schneidwerkzeuge und Steinhämmer haben die Jahrmillionen überdauert. Die ältesten Steinwerkzeuge wurden – wie die ersten Fußspuren – in Ostafrika entdeckt. Es handelt sich dabei sowohl um geformte Steine als auch um einzelne Splitter vom Abschlagen. Diese ältesten durch eine Intelligenz geformten Objekte sind 3,3 Millionen Jahre alt. Welche Hominiden es waren, die dort Steinwerkzeuge herstellten, ist unbekannt. Sicher ist, dass sie nicht zur Gattung »Homo« (Mensch) gehörten, sondern zwischen dem Affen und dem Menschen anzusiedeln waren. Zwischen den ersten Fußspuren und den ersten gefundenen Steinwerkzeugen liegt eine halbe Million Jahre, was sogar für die Zeiträume, in denen die Evolution fortschreitet, eine lange Zeit ist.

Das älteste der Gattung Homo (Mensch) zugeordnete Fossil hat ein Alter von 2,8 Millionen Jahren. Diese ersten »Menschen« zeigten bereits Ähnlichkeit mit dem modernen Menschen, dem *Homo sapiens.* Der *Homo sapiens* entwickelte sich allerdings erst vor rund 300 000 Jahren. Zwischen dem ersten Exemplar der Gattung Homo und dem modernen Menschen liegen also 2,5 Millionen Jahre. Während dieser Zeit durchlief die Entwicklung mehrere Stufen: Es spalteten sich Seitenlinien ab, die später ausstarben. Eine dieser Seitenlinien war der *Paranthropus.* Er wird auch »Nussknacker-Mensch« genannt, weil er ein gewaltiges Gebiss besaß. Er ernährte sich aber nicht von Nüssen, sondern von Gräsern und Pflanzenfasern. Im Laufe der menschlichen Entwicklung wurde das Gehirn größer und die Zähne kleiner. Die frühen Menschen lernten, harte und schwer verdauliche Nahrung durch Erhitzen oder mit Mahlsteinen aufzubereiten. Der »Nussknacker-Mensch« war eine der Sackgassen der Evolution. Eine verbreitete Theorie besagt, dass die menschliche Entwicklungslinie vom *Australopithecus,* der noch nicht zu den Menschen gezählt wird, über den *Homo rudolfensis* und *Homo habilis* weiter zum *Homo erectus* verlief. Der *Homo erectus* ist möglicherweise der gemeinsame Vorfahre des *Homo sapiens* und des *Neandertalers.*

So könnte ein *Homo erectus,* der vor rund 1,5 Millionen Jahren auftauchte, ausgesehen haben. Der *Homo erectus* wird von einigen Wissenschaftlern als gemeinsamer Vorfahre des heutigen Menschen und des Neandertalers angesehen.

Das Feuer

Aufrechter Gang und Werkzeuggebrauch sind erste Indizien für eine erwachende Intelligenz, aber ein entscheidender Entwicklungsschritt vom Tier zum Menschen fehlt noch: die Beherrschung des Feuers. Feuer bietet Schutz vor Raubtieren, gibt Licht und Wärme in der Nacht. Ebenso wichtig ist das Garen der Nahrung. Körner und Fleisch werden durch Erhitzen weicher, die Nahrung ist bekömmlicher, der Verdauungstrakt wird entlastet, und Parasiten und Krankheitserreger werden getötet. Feuer, Steinmesser und Mahlsteine machten ein großes Gebiss überflüssig. Die älteste nachgewiesene Feuerstelle liegt in der Wonderwerk Höhle im heutigen Südafrika und ist rund eine Million Jahre alt. Eine weitere frühe Feuerstelle, die eindeutig durch Steinartefakte und Küchenabfälle als solche identifiziert werden konnte, ist 790 000 Jahre alt und befindet sich bei Gesher Benot Ya´aqov in Israel. Die ältesten Feuerstellen, für die es Anzeichen gibt, dass sie menschlichen Ursprungs sein könnten, liegen wieder in Ostafrika, dort, wo die Wiege der Menschheit vermutet wird. Feuer zieht eine klare Trennlinie zwischen Mensch und Tier. Einige Tiere nutzen Werkzeuge, und Menschenaffen können zumindest zweitweise aufrecht gehen, aber kein Tier nutzt das Feuer. Bis heute ist Energie in jeglicher Form die Basis der menschlichen Kultur.

Die Sprache

Steinwerkzeuge und Feuer haben die Überlebenswahrscheinlichkeit in der Wildnis nachdrücklich erhöht. Aber es gab einen weiteren Entwicklungsschritt, der für die menschliche Entwicklung noch wichtiger war als Feuer und Werkzeuge: die Sprache. Die meisten Kenntnisse, die ein Tier für das Überleben benötigt, sind angeboren und werden über die Erbsubstanz (DNA) vererbt. Einige wenige zusätzliche Kenntnisse erlernen Jungtiere bei sozial lebenden Tieren durch Beobachtung und Nachahmung, z. B. das Knacken von Nüssen. Da das soziale Lernen bei Tieren aber auf wenige fundamentale Fertigkeiten beschränkt ist und der Hauptteil des überlebensnotwendigen Wissens vererbt wird, ist die Menge an Informationen sehr eingeschränkt. Es sind diffuse Instinkte, die dem Lebewesen grobe Leitlinien mit auf den Weg geben. Ein solcher Instinkt ist beispielsweise die Angst vor der Dunkelheit. In grauer Vorzeit war es eine gute Idee, während der Nacht in der schützenden Wohnhöhle zu bleiben.

Eine so komplexe Fähigkeit wie die Sprache ist kein Instinkt und kann nicht vererbt werden. Sie muss erlernt werden. Das erfordert hohe Intelligenz und ein gutes Gedächtnis. Die Sprache eröffnet einen neuen Kanal des Informationstransfers. Es wird möglich, eine millionenfach komplexere Wissensfülle von Generation zu Generation weiterzugeben. Hinzu kommt, dass dieses Wissen ständig verfeinert und korrigiert werden kann. Das erlaubt eine extrem rasche Anpassung an eine sich ändernde Umwelt, die über die reine Vererbung und Anpassung der Erbsubstanz nicht möglich und zudem viel zu langsam wäre. Die Gesamtheit des über die Generationen vermittelten Wissens über die Sprache ist die Grundlage einer Kultur.

Aber ab wann konnten die frühen Menschen sprechen? Es gibt keine Möglichkeit, über archäologische Funde diesen Zeitpunkt genau zu bestimmen. Eine Voraussetzung für das Sprechen ist ein geeigneter Kehlkopf. Menschenaffen können keine sprachähnlichen Laute hervorbringen, da ihr Kehlkopf es nicht erlaubt. Die Entwicklung der Sprache ging also vermutlich mit Veränderungen im Kehlkopf einher. Allerdings handelt es sich um ein Weichteil, das die Jahrtausende nicht überdauerte. Deswegen herrscht über die Entwicklungsgeschichte der Sprache erhebliche Unsicherheit. Plausibel erscheint die Annahme, dass sich die Sprache nicht plötzlich, sondern kontinuierlich entwickelt hat. Auch die heutigen Menschenaffen kennen eine Verständigung durch einfache Laute, und sie können sich sogar gegenseitig über große Entfernungen an ihren Rufen erkennen. Namen für Gegenstände oder Orte haben sie allerdings nicht.

Ähnlich wie die Menschenaffen verständigten sich die frühen Menschen vermutlich hauptsächlich über Mimik und Gesten. Am Anfang standen vielleicht Warnschreie und Suchrufe, aber das erlaubte noch keinen Austausch komplexerer Informationen. Die Überlebenschancen erhöhen sich drastisch, wenn ein unspezifisch warnendes Kreischen gegen eine konkretere Information wie beispielsweise »Säbelzahntiger von rechts« ersetzt wird. Der Wortschatz wuchs möglicherweise mit der Zeit parallel zur Entwicklung des Kehlkopfes. Erste Worte gab es vielleicht schon vor 1,8 Millionen Jahren, aber der frühe Wortschatz war nur unwesentlich größer als bei den Menschenaffen.

Manche Wissenschaftler meinen sogar, dass ein wirkliches Sprechen erst seit 100 000 Jahren möglich ist. Die ältesten Skelettfunde des modernen Menschen, die sich vom *Homo erectus* durch viele körperliche Merkmale unterscheiden, sind 300 000 Jahre alt. Es ist denkbar, dass erst der *Homo sapiens* das Sprechen im heutigen Sinn erlernte.

Wie schwierig ein Zusammenleben ohne Sprache ist, wird in Daniel Defoes Roman *Robinson Crusoe* geschildert. Robinson strandet auf einer einsamen Insel, und sein einziger Gesprächspartner ist ein Eingeborener, den er »Freitag« nennt, weil er an einem Freitag erschien. Ohne Sprache schrumpft die Kommunikation auf das Niveau der Gesten und Urlaute der Menschenaffen.

Gesten und Sprache werden vom gleichen Bereich des Gehirns gesteuert. Beides erfordert ein hohes Maß an Feinmotorik. Die Schimpansin Washoe erlernte Hunderte von Begriffen in der Gebärdensprache. Beobachtet man jedoch die Schimpansin in Filmaufzeichnungen beim Gestikulieren, offenbart sich der Unterschied in der Feinmotorik zwischen Mensch und Tier: Die Schimpansin wirkt in ihren Bewegungen unbeholfen wie ein kleines Kind.

Die Anforderungen an die Kontrolle der Muskulatur sind beim Sprechen sogar noch höher als beim Gestikulieren. Beim Sprechen ist ein beträchtlicher Teil des menschlichen Gehirns mit der Koordination der vielen Muskeln beschäftigt, um die schnellen Tonfolgen zu erzeugen. Das Gehirn des Menschen muss also schon aus diesem Grund so voluminös sein, um das Sprechen zu ermöglichen. Die Kosten für den hohen Aufwand eines so großen Gehirns werden offenbar durch den Nutzen einer verbesserten Zusammenarbeit aufgewogen. Erst das Sprechen ermöglicht eine differenzierte Arbeitsteilung – ein Vorteil, der schon die Ameisen zu einer der erfolgreichsten Spezies überhaupt gemacht hat. Die Arbeitsteilung im Ameisenstaat folgt allerdings starren Abläufen und erfordert keine Absprachen.

Die Zunahme des Gehirnvolumens

Sprache, Werkzeug- und Waffengebrauch sind ein immenser Überlebensvorteil, nicht nur in der Abwehr wilder Tiere, sondern auch im Kampf zwischen benachbarten Stämmen. Als die frühen Menschen immer intelligenter und damit wehrhafter wurden, waren ihre Hauptfeinde nicht mehr die Raubtiere, sondern sie wurden auch von Krankheiten, Hunger und den Nachbarn bedroht. Vermutlich lebten die frühen Menschen in einer Stammesgesellschaft von kleinen Gruppen ähnlich den heutigen Schimpansen. Die Gruppen waren immer wieder in kriegerische Kämpfe verwickelt, die einen hohen Selektionsdruck zur Folge hatten. Nur die fortschrittlichsten Stämme überlebten die harsche Auslese. Mit einer hoch entwickelten Sprache konnten sie eine komplexe Sozialstruktur aufbauen und ein hohes Maß an Zusammenarbeit bei der Jagd und im Kampf realisieren. Sie hatten die besseren Waffen und waren bei der Jagd erfolgreicher. Und mit der Sprache konnten sie die erworbenen Kenntnisse an ihre Kinder weitergeben: Es entstand eine Kultur. Das Gehirn, das für diese Fähigkeiten die Grundlage darstellte, wuchs innerhalb von nur zwei Millionen Jahren zur dreifachen Größe an.

Das Gehirnvolumen lässt sich anhand fossiler Schädel bestimmen. Aber das Volumen allein erlaubt keine eindeutige Aussage über die Intelligenz. Elefanten haben ein viermal größeres Gehirnvolumen als der Mensch. Ihre Intelligenz ist aber allenfalls mit der der Menschenaffen vergleichbar. Das Gehirn großer Tiere ist generell größer, ohne dass diese Tiere merklich intelligenter wären. Möglicherweise wird für einen größeren Körper mehr Gehirnmasse für die Steuerung benötigt. Auch die *Neandertaler*, die vor rund 30 000 Jahren ausstarben, hatten ein etwas größeres Gehirn als der moderne Mensch. Trotzdem ist die Wissenschaft der Meinung, dass der *Homo sapiens* intelligenter als der *Neandertaler* war.

Neben dem Volumen muss es also weitere Parameter geben, die die Leistungsfähigkeit des Gehirns beeinflussen. Die Gehirnmasse besteht aus Nervenzellen (Neuronen) und ihren Verbindungen. Ein besserer Messwert für die Leistungsfähigkeit wäre vielleicht die Zahl der Neuronen und die Komplexität der Vernetzung. Kleinkinder besitzen bereits die gleiche Anzahl von Neuronen

Das Gehirnvolumen der frühen Menschen hat sich zunächst nur langsam vergrößert und dann innerhalb von zwei Millionen Jahren fast verdreifacht.

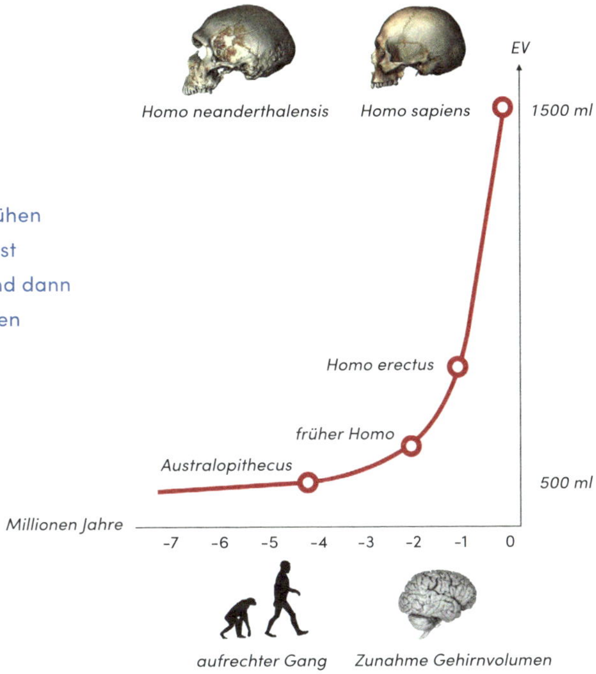

wie Erwachsene, aber ihr Gehirn ist viel kleiner. Im Laufe der Entwicklung des Kindes vernetzen sich die Neuronen immer stärker, und die Nervenfasern nehmen immer mehr Volumen ein. Die Verknüpfungen der Neuronen sind also ebenso wichtig wie die Anzahl der Nervenzellen. Die Kenngröße »Volumen« ist also zu grob, um Aussagen über die Intelligenz zu machen. Aber es ist der einzige Messwert, der über die Fähigkeiten der frühen Menschen vorliegt: Das Gehirn des Menschen ist rund dreimal so groß wie das des gemeinsamen Vorfahren der Affen und der Menschen.

Die rasche Steigerung des Gehirnvolumens ist verblüffend, da sich das Gehirn vorher über viele Jahrmillionen nicht wesentlich weiterentwickelt hat.

Diese Steigerung erinnert an einen Schwellenprozess. Schwellenprozesse gibt es in vielen Bereichen der Natur und Technik, sie äußern sich wie ein Dammbruch. Lange Zeit hält der Damm. Hat er jedoch einen kleinen Riss, erweitert das hindurchströmende Wasser den Riss sehr schnell und zerstört den Damm. In einem solchen Schwellenprozess geschieht also zunächst lange Zeit wenig. Übersteigt aber ein kritischer Parameter einen Schwellenwert, beginnt eine heftige Entwicklung. Anscheinend musste die Intelligenz zunächst einen Schwellenwert übersteigen. Sie wurde danach zu einem wichtigen Überlebensfaktor und wuchs dann rasch weiter an. Das rasche Wachstum deutet darauf hin, dass die frühen Menschen einem hohen Selektionsdruck ausgesetzt waren. Intelligenz wirkt sich positiv auf viele überlebensrelevante Faktoren aus: Zusammenarbeit, Arbeitsteilung, strategisches Denken, Vorausplanung, Werkzeuggebrauch, Waffenentwicklung, Feuer und Kleidung.

Die Facetten der Intelligenz

Intelligenz ist ein komplexes Phänomen mit vielen Erscheinungsformen. Sie lässt sich nur schwer in Kategorien fassen. Ein Ansatz ist die Unterscheidung zwischen sozialer und technischer Intelligenz. Es ist denkbar, dass die Entwicklung mit der sozialen Intelligenz begann. Allein die Fähigkeit des Sprechens erfordert eine erhebliche Intelligenzleistung.

Sprechen ist Teil der sozialen Intelligenz und befähigt die Menschen zur Zusammenarbeit. Zur sozialen Intelligenz gehört auch die Empathie. Menschen sind sehr gut darin, aus der Mimik und Körpersprache ihrer Mitmenschen Rückschlüsse über deren Stimmungen und Emotionen zu ziehen.

Die technische Intelligenz lässt die Menschen Werkzeuge, Maschinen und Waffen bauen. Sie befähigte die frühen Jäger und Sammler zum Planen von Jagdzügen und Abwehrmaßnahmen gegen angreifende Tiere oder Attacken verfeindeter Stämme. Zur technischen Intelligenz gehören auch das logische Denken, das Denken in abstrakten Begriffen sowie das räumliche Vorstellungsvermögen.

Eine andere Möglichkeit, verschiedene Aspekte der Intelligenz zu unterscheiden, ist die Trennung in kristalline und fluide Intelligenz (Castell-Horn-

Modell, siehe z.B. Wikipedia-Eintrag mit Referenzen, aufgerufen am 21.05.2018: https://en.wikipedia.org/wiki/Fluid_and_crystallized_intelligence). Mit kristalliner Intelligenz sind das erworbene Wissen und die Erfahrungen gemeint, also der Gedächtnisinhalt. Dazu gehören die Fähigkeit, eine Sprache zu sprechen, ein Auto zu fahren oder einen Beruf auszuüben. Die kristalline Intelligenz nimmt mit dem Alter zu.

Die fluide Intelligenz ermöglicht es, Neues zu erlernen. Menschen mit einer hohen fluiden Intelligenz können rasch Neues erfassen und im Gedächtnis abspeichern. Mit zunehmendem Alter nimmt die fluide Intelligenz ab. Jeder, der mit vierzig oder fünfzig Jahren einmal versucht hat, eine neue Sprache zu erlernen, wird das bestätigen können. Die Abnahme hat mit der Funktionsweise des Gehirns zu tun. Wissen wird in der Form von Verbindungen zwischen den Neuronen gespeichert. Bei Kindern und Jugendlichen ist der Stoffwechsel des Gehirns für die Anlage neuer Verbindungen optimiert. Mit zunehmendem Alter steigt die Zahl der etablierten Verbindungen, und das Gehirn reduziert die Rate, mit der neue Verbindungen angelegt werden. Das Gehirn ist an ein lebenslanges Lernen, wie es in der modernen, sich ständig verändernden Gesellschaft gefordert wird, noch nicht angepasst. Die Gehirnfunktionen sind dazu optimiert, bis zu einem Alter von achtzehn oder zwanzig Jahren rasch und effektiv zu lernen und von da an das Wissen zu nutzen.

Die Unterteilung in kristalline und fluide Intelligenz analysiert das Phänomen »Intelligenz« aus einem anderen Blickwinkel als die Trennung in technische und soziale Intelligenz. Technische und soziale Intelligenz können beide sowohl »fluid« als auch »kristallin« sein.

Technische und soziale Intelligenz sind nicht die einzigen Erscheinungsformen der Intelligenz. Das gespeicherte Wissen kann als ein dritter Bereich der Intelligenz angesehen werden. Ein vierter Bereich ist die Kreativität. Die höchstentwickelte Form der Intelligenz ist das kritische Denken. Das kritische Denken kann die technische und soziale Intelligenz, die Kreativität und die Triebe, Instinkte und Emotionen überwachen und falls nötig beherrschen. Nur über das Gedächtnis hat es keine Macht. Es ist schwierig bis unmöglich, einen einmal abgespeicherten Gedächtnisinhalt willentlich zu vergessen. Für traumatisierte Menschen ist dies ein großer Nachteil. Die einzige Chance ist der natürliche Prozess des Vergessens. Wenn ein Gedächtnisinhalt über längere Zeit nicht abgefragt wird, kann es vorkommen, dass die dazugehörige neuronale Verbindung wieder abgebaut wird.

Der Aufbau des Gehirns

Bereits ab einem Alter von drei Jahren zeigt ein Kind die grundlegenden Zeichen von Intelligenz. Ein Kind erkennt sich im Spiegel, es weiß, dass Objekte nicht aus dem Nichts erscheinen können (Objektpermanenz), und es kann sprechen. Es kann in abstrakten Kategorien denken, und es kann zählen. Mit drei Jahren hat der Mensch den klügsten Schimpansen abgehängt, und die Entwicklung des Gehirns ist erst am Anfang. Das Gehirn erreicht seine maximale Leistungsfähigkeit zwischen dem zwanzigsten und dreißigsten Lebensjahr. Damit ist die biologische Leistung gemeint, die mit dem Stoffwechsel verknüpft ist.

Die intellektuellen Fähigkeiten entwickeln sich abweichend davon. Das Wissen und der Erfahrungsschatz nehmen mit dem Alter zu, während die Fähigkeit, Neues zu erlernen, abnimmt. Der Mensch verfügt über knapp 100 Milliarden Neuronen (Nervenzellen), die Schaltstellen im Gehirn. Die Intelligenz liegt in den Verbindungen zwischen den Nervenzellen. Die Zahl der Verbindungen wächst in den ersten Lebensjahren dramatisch an, denn sie sind die eigentlichen Informationsspeicher. In ihnen sind die Persönlichkeit, die erworbenen Fähigkeiten, alle Erinnerungen und die Erfahrungen verankert. Die Verbindungen können sichtbar gemacht werden. Der Fachbegriff »neuronales Netzwerk« ist eine extreme Untertreibung für die ungeheure Komplexität des dreidimensionalen Netzwerks der Verbindungen zwischen den Neuronen.

Wenn es um Intelligenz geht, sprechen die Wissenschaftler von »kognitiven Fähigkeiten«. Damit ist jede Art von Informationsverarbeitung durch das Gehirn gemeint. Das Gehirn wertet die Signale der Sinnesorgane aus. Beim Menschen sind das vor allem die Augen und das Gehör. Schall wird zur Sprache und Licht zu Bildern. Während Computer noch immer Probleme mit der Sprach- und Bilderkennung haben, kann jeder Mensch Gegenstände auf einem Bild erkennen

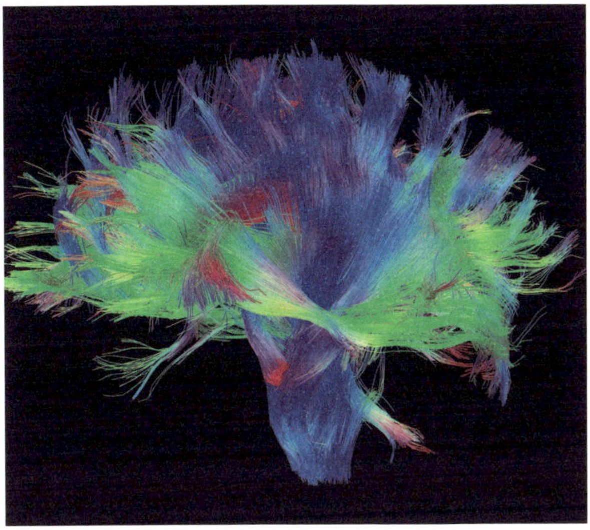

Spezielle Färbetechniken ermöglichen es, die Nervenfasern im Gehirn sichtbar zu machen. Es gibt knapp 100 Milliarden Nervenzellen, von denen jede über rund 1000 Verbindungen verfügt. Die Zahl der Verbindungen wächst über die Lebensspanne massiv an. Die Nervenzellen (Neuronen) selbst sind im Bild nicht sichtbar.

oder die Bedeutung eines gesprochenen Satzes verstehen. Die als Nervensignale einströmende Information wird ausgewertet, Bedeutungen werden erkannt, in Kategorien sortiert und im Gedächtnis abgespeichert. Dabei wird die Information auf ihre relevanten Inhalte reduziert. So wird beispielsweise nur gespeichert, dass vier Stühle um einen Tisch stehen, aber nicht, wie jeder Stuhl im Detail aussieht. Dieses Abstraktionsvermögen ist bereits eine höhere mentale Fähigkeit. Abstrakte Begriffe wie »Stuhl« ermöglichen es zu denken und zu sprechen.

Die Fähigkeiten des Gehirns gehen aber weit über das abstrakte Denken oder das Anfertigen komplizierter Maschinen hinaus. Der Mensch ist sich seiner selbst bewusst, und er hat ein Bewusstsein von Zeit. Er kann sein jetziges »Ich« mit dem »Ich« seiner Vergangenheit und seiner Zukunft verknüpfen. Seine Vorstellungskraft befähigt ihn, in seinem Kopf ein Modell der Wirklichkeit entstehen zu lassen. Er ist selbst Teil dieser virtuellen Realität, und er kann sich in seiner Vorstellungskraft in verschiedene Situationen hineinversetzen. Jeder kann sich vorstellen, in einem dunklen Loch gefangen zu sein oder über den Wolken zu schweben. Es ist auch möglich, sich in die Lage anderer Menschen zu versetzen. In der virtuellen Welt seiner Vorstellung kann der Mensch Pläne schmieden, Handlungsabläufe simulieren und Probleme vorhersehen. Diese Vielfalt innerer Prozesse ist das eigentliche Denken. Die Vorstellungskraft und das logische Denken ermöglichen es, in einem Ablauf oder einer Maschine einen Fehler zu entdecken. Die Fähigkeit zur Planung eigener Handlungen und zur Vorhersage der Handlungen anderer Menschen war ein unschätzbarer Vorteil in den kriegerischen Auseinandersetzungen der Vorzeit. Auch heute sind diese Fähigkeiten für einen Erfolg im Berufsleben essenziell.

Die fünf Arten der Intelligenz

Intelligenz lässt sich grob in fünf Bereiche gliedern: die technische Intelligenz, die soziale Intelligenz, das Wissen, die Kreativität und das kritische Denken. Andere Autoren versuchen die Vielfalt der Intelligenz nach anderen Kriterien zu gliedern wie beispielsweise die bereits erwähnte Unterscheidung in kristalline und fluide Intelligenz. Im Folgenden geht es hauptsächlich um die Lösung von Problemen und daher ist eine Unterscheidung der Intelligenzarten nach Aufgabengebieten sinnvoll.

Unter Intelligenz können ganz allgemein alle geistigen Fähigkeiten verstanden werden, die den Menschen vom Tier unterscheiden, also alle Fähigkeiten, die in den zusätzlichen tausend Kubikzentimetern Gehirnvolumen beheimatet sind. Der Intelligenzquotient (IQ) erweckt den Anschein, als könnten alle diese Fähigkeiten durch eine Zahl zwischen 40 (dumm) und 160 (genial) erfasst werden.

Eine lineare Skala wird der Vielfalt der menschlichen Fähigkeiten jedoch keineswegs gerecht: Rechenkünstler können mit gigantischen Zahlen blitzschnell multiplizieren. Menschen mit einem perfekten Gedächtnis wissen, wo auf welcher Seite eines Buches welches Wort steht. Empathen lesen aus der Körpersprache ihres Gegenübers die Gedanken und Gefühle. Pferdeflüsterer haben einen siebten Sinn für die großen Vierbeiner. Magier kennen die Tricks, um die Sinne ihres Publikums zu täuschen. Musiker versetzen Hunderttausende in Ekstase. Geniale Maler verdichten mit wenigen Strichen starke Gefühle. Kabarettisten produzieren etwas sehr Menschliches und sehr Einzigartiges: das

Lachen. Charismatische Politiker verführen Millionen, manchmal zum Guten und manchmal zum Schlechten. Eremiten suchen in tiefer Meditation das Wesen des Seins. Partylöwen finden überall Freunde. Mechaniker erkennen auf den ersten Blick den Fehler in einer Maschine. Begabte Verkäufer verkaufen Kühlschränke am Polarkreis, und Hacker kommen in jeden Computer. Strategen gewinnen aussichtslose Schlachten, und Schachspieler können viele Züge im Voraus denken. Ein grüner Daumen lässt Pflanzen gedeihen, und Taxifahrer finden einen Weg durch jede verstopfte City. Die Liste lässt sich unendlich fortführen, denn die Möglichkeiten der Intelligenz sind unbegrenzt.

1. Die technische Intelligenz

Im Alltag eines Industrielandes spielt die technische Intelligenz eine wichtige Rolle. Das geht so weit, dass diese Facette der Intelligenz mit Intelligenz im Allgemeinen gleichgesetzt wird. Die technische Intelligenz befähigte die frühen Menschen, Werkzeuge und Waffen zu bauen. Menschen mit einer hohen technischen Intelligenz können gut rechnen oder haben ein ausgeprägtes räumliches Vorstellungsvermögen oder erkennen rasch Muster und Systematiken. Die technische Intelligenz ist in den Naturwissenschaften zuhause. Sie zerfällt ihrerseits in viele unterschiedliche Sparten. Ein guter Mathematiker ist nicht gleichzeitig ein guter Chemiker oder ein guter Konstrukteur. Trotz dieser Vielfalt erheben Intelligenztests den Anspruch, Intelligenz mit einer simplen Zahl erfassen zu können.

Ein IQ von 100 bedeutet, dass die Intelligenz der Testperson dem Durchschnitt der jeweiligen Altersgruppe entspricht. Mit einem IQ von 70 gibt es erhebliche Mängel, und ein IQ von 40 bedeutet ein ernstes Problem im Alltag eines Industriestaats. Dagegen ist ein IQ von 120 sehr gut, und bei 140 kann der Kandidat auf den Erhalt des Nobelpreises hoffen. So jedenfalls lautet die Interpretation derer, die an diese Messmethode glauben.

Interessant ist, dass der Intelligenzquotient den Herdentrieb in mehreren Aspekten bedient. Der Herdentrieb treibt Mensch und Tier dazu, eine lineare Hierarchie zu etablieren. Genau das tut der IQ, indem er jedem Menschen einen

Rang auf einer linearen Skala zuweist. Der IQ erfüllt auch das archaische Bedürfnis nach Überlegenheit, denn die Hälfte der Bevölkerung hat einen IQ von unter 100 und ist daher der anderen Hälfte, den Intelligenten, unterlegen. Diese Nähe zu Urinstinkten lässt Zweifel an der Objektivität dieser Testmethode aufkommen. Hinzu kommt, dass der IQ nur das misst, was die Designer der Tests unter »Intelligenz« verstehen. Es sind einige wenige Aspekte der technischen Intelligenz. Soziale Intelligenz, Wissen, Erfahrungen, Kreativität und kritisches Denken sind dem IQ wesensfremd.

Bei vielen Aufgaben in einem IQ-Test geht es um Mustererkennung. Ein Typ sind Zahlen- oder Buchstabenreihen, die nach den ersten paar Elementen abbrechen. Der Kandidat soll das nächste Element angeben. Dazu muss er die Systematik erkennen. Das denkbar einfachste Beispiel ist die Reihe 1, 2, 3, 4, ... Die Lösung ist 5. Schon schwieriger ist die Reihe 1, 3, 6, 10, ... Erfahrene Testteilnehmer wissen, dass in solchen Reihen häufig Differenzen zwischen benachbarten Zahlen eine Rolle spielen. In diesem Beispiel wird die Differenz mit jedem Schritt um eins größer und die richtige Lösung ist also 15. Ein letztes Beispiel ist die Reihe 1, 1, 2, 3, 5, … . Hier ist es nicht die Differenz benachbarter Elemente, sondern die Summe. Jedes Element ist die Summe der beiden vorherigen, und die richtige Lösung ist $3 + 5 = 8$. Musterkennung wird auch zur Lösung grafischer Aufgaben wie in der unten stehenden Abbildung benötigt. Aus einer Schar von möglichen Mustern soll ein passendes ausgewählt werden. Andere Aufgabentypen testen die mathematischen Fähigkeiten anhand von Rechenaufgaben oder das räumliche Vorstellungsvermögen anhand von Zeichnungen zweidimensionaler Projektionen dreidimensionaler Körper.

Zweifellos sind Mustererkennung, mathematische Fähigkeiten und räumliches Vorstellungsvermögen wichtige Teilaspekte der technischen Intelligenz. Insofern haben diese IQ-Tests einen gewissen Nutzen. Die konzeptionelle Nähe zum archaischen Herdentrieb relativiert jedoch die Objektivität dieser Tests. Hinzu kommt ein anderes Problem: Intelligenz lässt sich trainieren. Jeder Bürger kann seine Testergebnisse durch Training verbessern. Schon allein die Kenntnis der Prinzipien, nach denen die Aufgaben aufgebaut sind, bringt einen Vorteil.

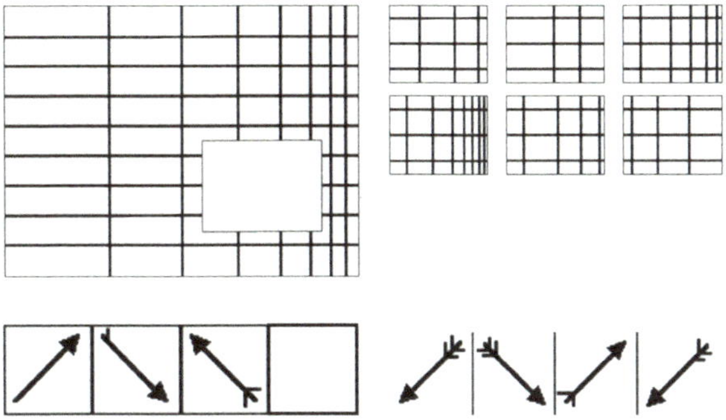

Zwei grafische Aufgaben aus einem konventionellen Intelligenztest. Im oberen Teil soll das Quadrat ausgewählt werden, das in die Aussparung des großen Musters passt. Im unteren Teil soll die Reihe der drei Pfeile um einen vierten ergänzt werden, der die Systematik der Abfolge der ersten drei logisch fortsetzt. Es geht auch um die Geschwindigkeit: je schneller, desto mehr Punkte.

Training ist auch eine mögliche Erklärung für den sogenannten Flynn-Effekt. Statistisch verwertbare Daten der IQ-Tests gibt es seit Beginn des 20. Jahrhunderts. Seither sind die Ergebnisse in den Industrieländern kontinuierlich immer besser geworden. Es scheint, als seien die Menschen immer intelligenter geworden. Diese als Flynn-Effekt bezeichnete Beobachtung wird auf Veränderungen in der Lebensweise zurückgeführt. Während der vergangenen hundert Jahre hat sich die Ernährung verbessert, und der Bildungsgrad der Bevölkerung ist massiv angewachsen. Die meisten Kinder in den Industrieländern gehen zur Schule, und zwar immer länger. Hinzu kommt, dass die wachsende Technisierung des Alltags immer mehr Anforderungen an die technische Intelligenz stellt. Auch die Nutzung von Handys und dem Internet trainiert die Intelligenz, vor allem im Vergleich zu der Zeit vor hundert Jahren, als viele Menschen in Europa noch Analphabeten waren.

Nicht nur die technische Intelligenz, auch die anderen Arten der Intelligenz sind keine unveränderlichen Merkmale, sondern können durch die Lebensweise gesteigert oder unterdrückt werden.

2. Die soziale Intelligenz

Die technische Intelligenz hat den Menschen weit gebracht, und ohne Technik könnten heute keine acht Milliarden Menschen auf der Erde leben. Ein weiterer Bereich ist die soziale Intelligenz. Während man die technische Intelligenz den Naturwissenschaften zuordnen kann, ist die soziale Intelligenz eher in den Geisteswissenschaften beheimatet. Die menschliche Gesellschaft ist sehr komplex, und nur durch die Zusammenarbeit vieler Menschen in einer arbeitsteiligen Gesellschaft ist es möglich, Maschinen wie Flugzeuge oder Computer zu bauen, ein Eisenbahnnetz zu betreiben oder ein Schulsystem zu unterhalten.

Diese Fähigkeit zur Zusammenarbeit ist das zweite große Talent des Menschen. Ein erster entscheidender Schritt war dabei die Entwicklung der Sprache. Dazu gehört auch die Entstehung des Ich-Bewusstseins, das den Menschen befähigt, sich selbst als Mensch in einer Gruppe anderer Menschen wahrzunehmen. Eine weitere soziale Fähigkeit ist das Erkennen und Kontrollieren der eigenen Emotionen. Für die Teamfähigkeit sind die Verarbeitung von Misserfolgen und Rückschlägen sowie die Beherrschung eigener Ängste entscheidend.

Noch wichtiger als die emotionale Selbstkontrolle ist jedoch die Empathie. Das Verständnis der Gefühle und Beweggründe anderer Menschen ist die Grundlage für eine konstruktive Zusammenarbeit. In vielen Alltagssituationen ist es hilfreich, die Reaktion anderer vorhersehen zu können. So können Konflikte vermieden werden, bevor sie entstehen. Menschen mit einem hohen Maß an sozialer Intelligenz können ihre Talente zum Wohl der Gemeinschaft einsetzen. Die kollektive soziale Intelligenz ist die Basis des Wertesystems, das eine Kultur mit der Zeit entwickelt. Ähnlich wie die technische Intelligenz kann jedoch auch die soziale Intelligenz zu egoistischen Zielen missbraucht werden: Sie ermöglicht die Manipulation anderer Menschen. Die soziale Intelligenz einer charismatischen Person kann zu einer Bedrohung für die ganze Gesellschaft werden.

Für einen Teil der sozialen Intelligenz sind die sogenannten Spiegelneuronen verantwortlich. Der Wissenschaft zufolge befähigen diese Gehirnzellen den Menschen, die Reaktionen seiner Mitmenschen nachzuvollziehen und sogar vorherzusehen. Dass soziale und technische Intelligenz tatsächlich unterschiedliche

Facetten der Psyche sind, wurde in Testreihen bewiesen. Kandidaten, die in Tests zur sozialen Intelligenz gut abschneiden, können in Tests zur technischen Intelligenz schlechte Noten erhalten und umgekehrt. Ähnlich wie die technische Intelligenz lässt sich auch die soziale Intelligenz trainieren.

3. Wissen und Gedächtnis

Als Wissen wird die Summe aus erlerntem Wissen und Erfahrungen bezeichnet. Erfahrungen sind intensiver und tragen entscheidend zur Formung der Persönlichkeit bei. Negative Erfahrungen brennen sich in das Gedächtnis ein und prägen die Person dauerhaft. Das gilt umgekehrt auch für positive Erfahrungen, aber stark negative Erlebnisse können zu einem belastenden Trauma werden. Schulwissen oder angelesene Kenntnisse erreichen gewöhnlich nicht die prägende Wirkung eigener Erfahrungen und haben nicht das Potenzial, eine Persönlichkeit grundlegend zu verändern.

Jeder Mensch verfügt über ein umfangreiches Wissen von unzähligen Details des Alltagslebens. Ein Kind erlernt routinemäßige Handlungsabläufe wie das Zubinden der Schuhe. Selbst die richtige Benutzung einer Toilette und das Zähneputzen müssen erlernt werden. Seife nimmt man besser nicht in den Mund, aber die meisten Dinge im Kühlschrank sind essbar. Eine heiße Herdplatte verursacht schmerzhafte Verbrennungen, und am kalten Metall bleibt die Zunge kleben. Verbotene Handlungen erregen den Zorn der Eltern, was unangenehme Strafen nach sich ziehen kann. Eine virtuelle Landkarte im Kopf erlaubt es, sich in der Wohnung und der Stadt zurechtzufinden. Manchem Demenzkranken ist diese Karte nicht mehr zugänglich, und dieser vergleichsweise kleine mentale Defekt hat bereits so gravierende Folgen, dass der Betroffene nicht mehr alleine leben kann.

Großen Wert hat die Evolution auf die Interpretation der Mimik und der Körpersprache gelegt. Die Auswertung kleinster Veränderungen im Gesichtsausdruck des Gegenübers erfolgt sekundenschnell und treffsicher. Menschen erkennen sich gegenseitig im Bruchteil einer Sekunde. Dazu genügt ein gesprochenes Wort oder eine Handbewegung. Es ist ein ultraschneller Abgleich hereinkommender

Daten mit abgespeichertem Wissen. Die Geschwindigkeit und Effizienz, mit der dieser Abgleich erfolgt, lässt vermuten, dass diejenigen unter den frühen Menschen, die zu viel Zeit für die Identifikation von Freund und Feind brauchten, nicht überlebt haben.

Zusammenfassend gliedert sich Wissen in folgende Bereiche: Es gibt grundlegendes Wissen über Bewegungsabläufe und Alltagsvorgänge. Es gibt soziales Wissen wie Sprachkenntnisse und Wissen über das Verhalten anderer Menschen. In einer modernen Industriegesellschaft ist technisches Wissen unerlässlich. Der Löwenanteil des erlernten technischen Wissens wird allerdings für den Beruf benötigt. Auch soziales Wissen ist in Leitungspositionen, als Mitarbeiter in einem Team oder im Umgang mit Kunden wichtig. Wissenstests unterscheiden sich inhaltlich von Intelligenztests, was die Annahme unterstützt, dass Wissen und Gedächtnisleistung ein von den anderen Intelligenzarten unabhängiger Bereich sind.

Wissen wird im Gehirn durch Verbindungen zwischen Neuronen gespeichert. Diese Verbindungen können wieder gelöst werden, wenn die Information zu selten abgerufen wird. Dann geht Wissen verloren. Wird dieselbe Information wieder und wieder aufgerufen, wird die neuronale Verbindung immer mehr verstärkt. Das Wissen wird in das Gedächtnis eingebrannt. Für traumatische Erlebnisse ist ein Vergessen nahezu unmöglich. Ältere Erwachsene, die ihren Alltag in einer starren Routine absolvieren, lernen selten etwas Neues. Die Fähigkeit des Lernens und des Anlegens neuer neuronaler Verbindungen verkümmert. Hinzu kommt, dass die Gedanken und Meinungen, die ein älterer Mensch hat, durch eine häufige Wiederholung so sehr verstärkt werden können, dass der Betroffene gar nichts anderes mehr denken kann. Er wird starrsinnig. Das geschieht auch schon bei jüngeren Menschen, die vorsätzlich durch Indoktrination einseitig geprägt werden. Auch die Werbung nutzt diesen Effekt. Selbst ein schlechtes Produkt wird gekauft, wenn es in den Medien nur häufig genug erwähnt wird. Allerdings sind die Menschen der Indoktrination sowie der Gefahr des Altersstarrsinns nicht wehrlos ausgeliefert. Das kritische Denken kann sie davor bewahren. Es ist nach der Kreativität die fünfte Komponente der Intelligenz.

4. Kreativität

Wie schaffen es geniale Menschen, etwas gänzlich Neues zu erdenken? Neue Erfindungen oder wirklich neuartige Gedankengebäude sind selten. In den meisten Fällen gibt es Denkpfade, die Schritt für Schritt vom Bekannten zum Neuen führen. Die Erfindung »lag in der Luft«, und Vorarbeiten wiesen dem Erfinder die richtige Richtung. Der Erfinder hatte den Mut und die geistige Unabhängigkeit, diesen neuen Weg zu gehen. Die meisten Innovationen entstehen aus der Kombination bereits vorhandener Dinge. Nur war vorher noch niemand auf die Idee gekommen, Dinge und Handlungen anders zu kombinieren. Oder niemand hatte den Mut gehabt, das Ungewöhnliche abseits der ausgetretenen Denkpfade zu erkunden.

Ein Beispiel ist die Erklärung des Fotoeffekts, für die Albert Einstein den Nobelpreis erhielt. Dieser Effekt lässt in Solarzellen aus Licht Elektrizität werden. Einsteins Erklärung basierte auf der Annahme, dass ein Lichtstrahl aus einem Strom kleiner Energiepakete, den Quanten, besteht. Die Quantenhypothese selbst war allerdings nicht neu. Max Planck hatte diese Hypothese fünf Jahre vorher für die Erklärung der Wärmestrahlung aufgestellt. Einsteins geniale Leistung bestand darin, die Quantenhypothese auf ein neues Problem zu übertragen. Auch das iPhone von Apple revolutionierte den Handymarkt. Das Gerät hat keine mechanischen Tasten, sondern nutzt zur Dateneingabe ausschließlich den Bildschirm. Berührungsempfindliche Bildschirme gab es vorher schon für Computer. Auch bei dieser Innovation wurde eine bekannte Technologie für eine neue Anwendung eingesetzt.

Diese Beispiele zeigen, dass Innovationen aus einer ungewöhnlichen Kombination bekannter Dinge entstehen können. Das schließt nicht aus, dass manche Erfindungen oder Ideen tatsächlich vollkommen neu sind. In seiner Relativitätstheorie beweist Einstein, dass die Masse Raum und Zeit krümmt. Uhren gehen langsamer, und Längen schrumpfen. Einsteins Relativitätstheorie ist die vielleicht berühmteste Theorie der Naturwissenschaft, und sie kommt dem Erschaffen von etwas absolut Neuem sehr nahe.

Ein kreativer Mensch muss bereit sein, etablierte Vorstellungen aufzugeben und geistiges Neuland zu betreten. Dazu gehört Mut, weil Menschen mit ungewöhnlichen Ansichten und Vorstellungen angefeindet werden. Diese Feindseligkeit ist ein typisches Herdenverhalten, denn eine menschliche Gemeinschaft definiert sich über gemeinsame Vorstellungen. Erfinder, Entdecker und Querdenker werden also zwangsläufig von der Mehrheit abgelehnt. Das gilt besonders in totalitären Gesellschaften, die einem starren Dogmensystem folgen. Um geistiges Neuland zu betreten, müssen Dogmen gebrochen und Grenzen überschritten werden.

Auch im eigenen Kopf gibt es Barrieren, die es zu überwinden gilt, um das bisher Undenkbare zu denken. Eine dafür entscheidende Fähigkeit des menschlichen Geistes sind Assoziationen. Der menschliche Geist ist in der Lage, Ähnlichkeiten zwischen vollkommen verschiedenen Objekten zu sehen. Das Erkennen von Ähnlichkeiten ist entscheidend für die Mustererkennung. Diese Fähigkeit wird für das abstrakte Denken benötigt, um Kategorien und Begriffe zu definieren.

In freien Assoziationen wird ein Muster auf andere Objekte übertragen. Eine freie Assoziationskette wäre zum Beispiel: Eine Ente ähnelt einer Teekanne. Zum Stichwort Tee produziert die Assoziationsmaschine den Begriff Teeblätter, die entfernt Entenfedern gleichen. Die Assoziationskette könnte zu der unsinnigen, aber vermutlich neuen Idee führen, aus Entenfedern Tee zu kochen.

Der Assoziationsgenerator kann in solchen Brainstorming-Prozessen sehr viele neue Ideen erzeugen. Diese Art der Kreativität benötigt zusätzlich ein gutes Urteilsvermögen, um die guten Ideen aus der Menge unsinniger Assoziationen herauszufiltern. Dabei kann etwas vollkommen Neues entstehen, denn das Assoziationsvermögen kann beliebig große Sprünge machen. Vielleicht wurde Einstein durch den Bogen eines Schützen inspiriert, um das Längen- und Zeitproblem der Relativitätstheorie zu lösen. Der Bogen wird durch die zu kurze Sehne gekrümmt. Das war genau Einsteins Problem: Nahe der Lichtgeschwindigkeit verkürzen sich die Längenskalen. Die Lösung des Rätsels ist die Krümmung des Raums.

Assoziationen sind nicht der einzige Weg zu neuen Ideen. Ein anderer Ansatz beruht auf der Fähigkeit des Gehirns, die Außenwelt zu simulieren. Ein

Beispiel: Bei der Suche nach dem Täter sammelt der Kommissar zunächst die Fakten und versucht dann, den Tathergang zu rekonstruieren. Er lässt die Tat wieder und wieder mit verschiedenen Verdächtigen als Täter in seinem Kopf ablaufen. Die virtuelle Welt muss dabei möglichst gut mit den bekannten Fakten übereinstimmen. Wenn in der gedanklichen Simulation ein Verdächtiger nicht rechtzeitig zum Tatort hätte kommen können, scheidet er aus. Das Vorstellungsvermögen erlaubt es auch, den offensichtlichen Tathergang infrage zu stellen und neue Abläufe zu erwägen. Ideen zu neuen Abläufen produziert die Assoziationsmaschine. Auch bei dieser Methode der Kreativität sind Offenheit gegenüber ungewöhnlichen Denkansätzen und ein ausgeprägtes Assoziationsvermögen wichtig. Im Vergleich zum eher zufälligen Prozess des Brainstormings ist die geistige Simulation kontrollierter und erfordert mehr Wissen.

Eine weitere Möglichkeit, neue Lösungen zu finden, ist das konsequente und streng logische Durchdenken eines Problems unter veränderten Randbedingungen. Der erste Schritt ist die Annahme neuer Randbedingungen. Eine solche Randbedingung wäre beispielsweise, dass ein Telefon keine Tasten haben soll. Trotzdem muss dem Gerät die Nummer, die man anrufen möchte, irgendwie eingegeben werden. Diese Randbedingung zwingt zur Suche nach neuen Lösungen, da die etablierten Methoden ausscheiden. Bei dieser Methode ist Beharrlichkeit entscheidend. Vielleicht sah der Erfinder, der nach einer Lösung suchte, jemanden auf einem Computertouchscreen eine Nummer eintippen und kam so auf die Idee, die gleiche Methode bei einem Handy einzusetzen. Auch hier ist wieder das Assoziationsvermögen wichtig, das Beobachtungen aus anderen Bereichen auf ein aktuelles Problem zu übertragen erlaubt. Immer wird ein Erfinder, der ungewöhnliche Lösungen vorschlägt, auf Widerstand und Unverständnis stoßen. Davon darf er sich nicht beirren lassen. Auch darf er sich selbst keine Denkverbote stellen. Der Zwang zur Konformität unterdrückt Kreativität, sodass zum Beispiel totalitäre Gesellschaften langfristig immer im Nachteil zu freien Gesellschaftsformen sein werden.

Voraussetzung für alle drei geschilderten Methoden der Kreativität sind Offenheit für Grenzüberschreitungen, ein gut trainiertes Assoziationsvermögen und die Fähigkeit zur Simulation der Realität. Hinzu kommt ein gutes

Urteilsvermögen, um brauchbare Ideen zu erkennen. Weitere Eigenschaften, die einen besonders kreativen Menschen auszeichnen, sind Konzentrationsfähigkeit und Beharrlichkeit. Kreativität ist weitgehend unabhängig von der technischen und sozialen Intelligenz. Menschen mit einem hohen Intelligenzquotienten können dogmatisch und unkreativ sein, während Menschen, die wenig technisches Verständnis und kaum soziale Fähigkeiten haben, extrem kreativ sein können. Ebenso wie die anderen Formen der Intelligenz greift Kreativität auf vorhandenes Wissen zurück, aber ein hoher Wissensstand bedeutet nicht unbedingt auch ein hohes Maß an Kreativität. Die vier bisher identifizierten Arten der Intelligenz sind also tatsächlich unterschiedliche Fähigkeiten des menschlichen Geistes, auch wenn die Grenzen unscharf sind und es Überschneidungen gibt.

5. Kritisches Denken

Unter kritischem Denken wird häufig das Hinterfragen allgemein akzeptierter Lehrmeinungen verstanden. Totalitäre Staaten und fundamentalistische Glaubensgemeinschaften richten sich nach einem System von Dogmen. Der gemeinsame Glaube an die absolute Wahrheit solcher Dogmen ist die Grundlage dieser Gemeinschaften. Kritisches Denken bedroht sie in ihrer Existenz, und daher wird es in vielen derartigen Systemen bekämpft. Es genügt, ein Fragezeichen hinter ein Dogma zu setzen, um zum Feind erklärt zu werden. Auch die modernen westlichen Industrienationen haben Dogmen, und auch dort werden kritische Denker ausgegrenzt. Dieses Verhalten gehört zu den Grundmustern des menschlichen Herdentriebs.

Es lässt sich leicht herausfinden, an welche Dogmen man selber glaubt. Es genügt, hinter eine allgemein als wahr akzeptierte Aussage ein Fragezeichen zu setzen und die eigene Reaktion zu beobachten. Ist sie emotional, handelt es sich um ein Dogma, und eine sachliche Diskussion darüber wird schwierig. Ein Fragezeichen hinter einer Aussage, die kein gesellschaftliches Dogma ist, erzeugt keine Emotion. Sie kann falsch oder richtig sein, aber es gibt keine Aufregung. Zwei Beispiele:

Die Erde dreht sich um die Sonne?
Der Papst ist unfehlbar?

Im Mittelalter wären die Fragezeichen lebensgefährlich gewesen. Heute erwecken beide Aussagen mit oder ohne Fragezeichen kaum Emotionen. Aber es gibt neue Dogmen, bei denen ein Fragezeichen einen großen Unterschied macht. Der Leser kann selbst an seiner Reaktion feststellen, was für ihn ein Dogma ist und was nicht:

Alle Menschen sind gleich?
Nationalismus ist schlecht?
Die Todesstrafe ist abzulehnen?
Die Renten sind sicher?
Der Euro muss gerettet werden?
Bildung muss kostenlos sein?
Alle Flüchtlinge müssen aufgenommen werden?
Europa muss vereinigt werden?
Männer und Frauen sind gleich?
Inklusion ist gut?
Solar- und Windenergie retten das Klima?
Islam und Christentum sind gleichwertig?
Es gibt keine Intelligenzunterschiede zwischen den Ländern?
Kernkraftwerke müssen ausgeschaltet werden?
Die Medien sind objektiv?
Die Klimaerwärmung ist eine Katastrophe?

Ohne die Fragezeichen erzeugen die Aussagen bei der Mehrheit der Menschen keine Emotionen. Wären es aber tatsächlich selbstverständliche Wahrheiten, würden die Fragezeichen lediglich ein mitleidiges Lächeln hervorrufen. Es wäre so, als würde heute jemand behaupten, die Sonne drehe sich um die Erde.

In der Realität sieht es jedoch anders aus. Die westlichen Demokratien durchlaufen eine Phase des zunehmenden Dogmatismus, und viele der Fragezeichen gäben als Standpunkt in einer Fernsehdebatte Anlass zu einem »Shitstorm« in den sozialen Medien. Durch das Infragestellen läuft der Zweifler Gefahr, ins gesellschaftliche Abseits gedrängt zu werden. Diese Ablehnung von Abweichlern hat sich über die Jahrhunderte nicht geändert, aber sie passt nicht in eine Demokratie. In einer Demokratie geht es um das Zulassen von kritischem Denken und um die Auseinandersetzung mit unterschiedlichen Denkansätzen. Erst im zweiten Schritt geht es darum, ob eine Aussage richtig oder falsch ist. Ist eine Diskussion über kontroverse Fragen in einer Gesellschaft möglich oder nicht? Ein Kennzeichen totalitärer Gesellschaften ist das strikte Verbot, Glaubenssätze der Leitideologie zu hinterfragen.

Das kritische Denken ist eine weitere Facette der Intelligenz, die aber über den anderen Erscheinungsformen der Intelligenz und der Ebene der Triebe steht. Es kann alle Bereiche des Seins kritisch hinterfragen und falls nötig korrigieren. Ein Wissenschaftler kann darüber nachdenken, ob seine Forschung für die Gesellschaft nützlich oder gefährlich ist. Ein Politiker kann kritisch reflektieren, ob er seine soziale Intelligenz verantwortlich oder egoistisch einsetzt. Das gilt auch für einen Künstler und seine Kreativität. Das kritische Denken ermöglicht es dem Menschen, sich über sich selbst zu erheben und seine Handlungen und die seiner Umgebung zu analysieren und zu bewerten. Erst das kritische Denken macht den Menschen zu einem freien Wesen, denn nur dank seiner ist es möglich, sich von vermeintlichen Sachzwängen und gesellschaftlichen Normen zu befreien. Der technischen und sozialen Intelligenz allein kann dies nicht gelingen. Zudem ist das kritische Denken die einzige Waffe des Bürgers gegen Manipulation und Indoktrination.

Auf den ersten Blick ist es unverständlich, warum manche Intellektuelle menschenfeindliche Regime unterstützen. Aber das kritische Denken kann durch Indoktrination, Angst oder Terror unterdrückt werden. In einem totalitären Umfeld verkümmert es, und die Dogmen einer fundamentalistischen Ideologie brennen sich durch ständige Wiederholung in das Gedächtnis ein. Wenn das soziale Umfeld die Dogmen ebenfalls ohne sichtbare Kritik bejaht, wird die Indoktrination zu einer erdrückenden Macht auf den Geist des Einzelnen, und das kritische Denken erlischt. Die technische und soziale Intelligenz und das Wissen bleiben davon unberührt.

Eines der menschenverachtendsten Terrorregime der Menschheitsgeschichte war die Hitler-Diktatur in Deutschland. Hochintelligente Menschen wie der Physiker Werner Heisenberg und der Industriemagnat Alfred Krupp von Bohlen und Halbach unterstützten zumindest zu Beginn das Regime. Die Diktatur machte aber zu keiner Zeit einen Hehl daraus, was für Ziele sie hatte. Schwarz gekleidete SA-und SS-Trupps marschierten durch die Straßen und säten Gewalt. Gleichzeitig erhob die Ideologie des Hitler-Regimes jeden Deutschen zum Übermenschen und blendete mit seinen Einflüsterungen auch viele Intellektuelle. Die Ideologie war verführerisch, weil sie fundamentale Instinkte geschickt ausnutzte. Hinzu kommt, dass kritisches Denken anstrengend ist. Nur zu gern verzichten die Bürger darauf und folgen unkritisch einem charismatischen Politiker. Nach der Machtübernahme durch Hitler wurde es dann auch noch gefährlich kritisch zu denken. Kritisches Denken wird in allen Diktaturen bestraft, häufig mit dem Tod.

Die Wissenschaft hat inzwischen Methoden entwickelt, um Menschen am kritischen Denken vorbei unbemerkt zu manipulieren. Diese Techniken werden unter dem englischen Begriff »Nudging« (»anstoßen, anschubsen«) zusammengefasst. Im Jahr 2017 wurde für diese Entdeckung der Wirtschaftsnobelpreis verliehen. Methoden, die die Kontrolle des kritischen Denkens unterlaufen, sind für die Wirtschaft von großem Interesse. Unter Umgehung des Bewusstseins und der Persönlichkeit werden die Menschen zu Handlungen gedrängt, die sie aus eigenem Antrieb heraus nicht tun würden.

Solche Techniken kommen auch zunehmend in Wahlkämpfen zum Einsatz. Renommierte Politiker wie Barak Obama und Angela Merkel bekennen sich offen zum »Nudging« (https://www.welt.de/wirtschaft/article138326984/Merkel-will-die-Deutschen-durch-Nudging-erziehen.html; https://www.n-tv.de/politik/Regierung-setzt-auf-sanfte-Schubser-article15056221.html; https://www.forbes.com/sites/beltway/2015/09/16/obama-nudge-government/#7e85c5862c99. Die Manipulation, so sagen die Befürworter, geschähe zum Besten der Bürger, die sonst durch falsche Entscheidungen sich selber schaden würden. »Nudging« basiert auf subtilen Veränderungen von Bildern und Texten. Die Veränderungen müssen unauffällig sein, um die Kontrolle durch das kritische

Denken nicht zu aktivieren. Die inhaltlichen Aussagen werden nicht verändert. Es handelt sich also nicht um Fake News. Aber die Informationen werden so aufbereitet, dass der Zuschauer die Nachricht im Sinne der Manipulatoren bewertet. Er schließt sich der Einheitsmeinung an.

Die Techniken finden vielfach im Internet Anwendung. Zwei Beispiele: Bei der Buchung einer Ferienreise wird der Kunde mehrfach in separat sich öffnenden Fenstern gefragt, ob er sich wirklich sicher sei, keine Reiseversicherung abschließen zu wollen. Damit wird suggeriert, dass seine Weigerung, diese Versicherung zu akzeptieren, merkwürdig sei. Im Wahlkampf werden Politiker der gegnerischen Parteien häufig in unvorteilhaften Situationen, beispielsweise mit verzerrtem Gesicht, dargestellt. Die Ursprünge dieser Manipulationstechniken lassen sich in der Geschichte weit zurückverfolgen, aber die Methoden der modernen Psychologie machen es auch aufgeklärten Bürgern zunehmend schwer, sich der Manipulation ihres Geistes bewusst zu werden und sich dagegen zu wehren.

»Nudging« nutzt aus, dass viele Informationen und Bewertungen unkontrolliert im Gedächtnis abgespeichert werden, wenn die rasche Kontextüberprüfung keinen Alarm schlägt. Gewöhnlich wird jede neue Information einer groben Überprüfung unterzogen. Handelt es sich um bekannte Fakten und Vorgänge, die zu erwarten waren, werden die Informationen als unbedenklich eingestuft und im Gedächtnis abgespeichert oder ignoriert. Ein Beispiel: Auf einem öffentlichen Platz geschehen viele Dinge gleichzeitig. Vorgänge, die zum normalen Straßenbild gehören, werden von der Kontextüberprüfung als normal eingestuft und ignoriert. Diese Bewertung erfolgt unterbewusst. Dagegen schlägt die Kontextüberprüfung Alarm, wenn etwas Unerwartetes geschieht. Das kritische Denken wird dann aktiviert und analysiert nun den potenziell als gefährlich eingestuften Vorgang genauer. Ziel des »Nudgings« ist es, diese schnelle Kontextüberprüfung zu überspringen und die bewusste Kontrolle zu unterlaufen. Die folgende Frage enthält eine falsche Information, die die Kontextüberprüfung im Allgemeinen problemlos umgeht:

Wie viele Tiere von jeder Art nahm Moses mit auf seine Arche?

Es sieht aus wie eine harmlose Frage, und die Antwort ist offensichtlich »zwei«. Zwei von jeder Art nahm Moses mit auf seine Arche? Aber möglicherweise hat der Leser das falsche Wort in der Frage bereits entdeckt. Falls nicht, verfügt er über eine effiziente Kontextüberprüfung, die keinen Alarm gegeben hat, weil Moses in den Kontext »Bibel« passt und weil die Namen Noah und Moses kurz sind und beide ein ähnlich klingendes »O« enthalten. Der Fehler wird dem Leser erst auffallen, wenn er aus irgendeinem Grund misstrauisch wird. Das könnte die Frage eines Kindes sein, wer denn Moses sei. Sofort springt das kritische Denken an und erkennt den Fehler. Ähnliches geschieht, wenn eine allzu offensichtlich tendenziöse Nachrichtenmeldung das Misstrauen der Bürger weckt. Ist das aber nicht der Fall und wird der Bürger nicht misstrauisch, erlaubt die kontextkonforme Verpackung manipulativer Informationen die Beeinflussung und letztendlich die Entmündigung der Bürger durch die Medien und die Politik. Nur ein gut trainiertes kritisches Denken kann ihn davor schützen.

Die drei Ebenen der Psyche

Es gibt also mindestens fünf unterschiedliche Erscheinungsformen der menschlichen Intelligenz: technische Intelligenz, soziale Intelligenz, Wissen, Kreativität und das kritische Denken. Diese Einteilung wird durch die Beobachtung unterstützt, dass manche Testkandidaten in einer der Intelligenzarten hervorragend abschneiden, aber in den anderen nur durchschnittliche Werte erreichen. Das ist ein Indiz dafür, dass es sich tatsächlich um unterschiedliche Fähigkeiten handelt.

Die soziale und technische Intelligenz und das Wissen werden als gleichwertig eingestuft. Das kritische Denken nimmt eine Sonderstellung ein, da es eine Kontrolle aller geistigen Fähigkeiten erlaubt. Es wird einer höheren Ebene oberhalb der anderen drei Erscheinungsformen der Intelligenz zugeordnet. Kreativität ist mit dem kritischen Denken eng verwandt und wird ebenfalls der obersten Ebene zugewiesen. Emotionen, Instinkte und Triebe unterliegen nur begrenzt der willentlichen Kontrolle und werden daher einer tieferen Ebene der menschlichen Psyche zugerechnet. Sie liefern aber den primären Antrieb und die Motivation für jegliches Handeln.

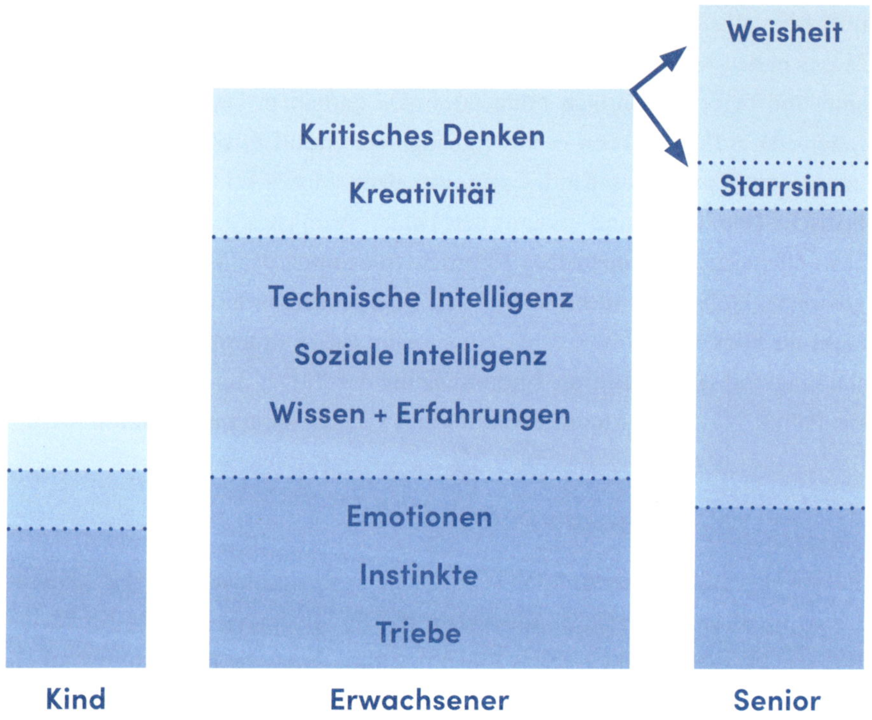

Aufteilung der Psyche in drei Ebenen. Ein Drittel der Gehirnkapazität wird der unteren Ebene der Emotionen, Instinkte und Triebe zugeordnet. Zwei Drittel entfallen auf die Intelligenz. Das kritische Denken wird aufgrund seiner Kontrollfunktion der obersten Ebene zugeordnet. Bei Kindern spielen Emotionen eine große Rolle. Aber auch Kinder müssen kritisch denken können, da sie ständig Neues lernen, das sie verstehen und bewerten müssen. Ältere Menschen können unterschiedliche Entwicklungspfade einschlagen. Menschen, die über Jahre in einer festen Routine leben und festen Überzeugen anhängen, verfallen einem starren Denken. Senioren, die weiterhin Neues lernen und sich neuen Situationen aussetzen, bleiben geistig flexibel. Diese Menschen werden weise.

Das kritische Denken kann im Prinzip auch die Triebe, Instinkte und Emotionen kontrollieren, aber das erfordert eine erhebliche geistige Anstrengung. Insgesamt lassen sich also drei Ebenen der menschlichen Psyche unterscheiden. In den oberen zwei Ebenen ist die Intelligenz beheimatet, die den Menschen vom Tier unterscheidet. Nur sehr wenige hoch entwickelte Tiere zeigen rudimentäre Anzeichen für eine technische oder soziale Intelligenz der mittleren Ebene. Die »Metaebene« des kritischen Denkens und der Kreativität existiert nur beim Menschen. Zu den meisten menschlichen Reaktionen tragen alle drei Ebenen bei.

Der Anteil der kritischen Intelligenz kann stark variieren. Es gibt kritische Menschen, gutgläubige Menschen und Dogmatiker. Die schulische Bildung hat darauf einen großen Einfluss. In einer Diktatur oder einer fundamentalistischen Religion ist kritisches Denken unerwünscht und der Schulunterricht dogmatisch. Menschen aus solchen Gesellschaften haben ein schwach ausgeprägtes kritisches Denken. Ähnliches gilt für ältere Menschen, die über lange Zeit in einer starren Routine nach festen Grundsätzen gelebt haben. Das Denken ist erstarrt, und kritisches Denken ist nur noch rudimentär vorhanden. Umgekehrt können ältere Menschen, die weiterhin aktiv leben und sich neuen Situationen und Denkinhalten aussetzen, ihr kritisches Denken bewahren und sogar weiter entwickeln. Sie werden zu »Weisen« mit einem großen Schatz an Erfahrungen, Wissen und kritischem Denken.

Das animalische Erbe

Triebe, Instinkte und Emotionen steuern das Sozialverhalten und treiben Tiere dazu, in Gruppen mit einer strengen Hierarchie zu leben. Zu den Begleiterscheinungen einer Hierarchie gehören Geltungsdrang, Machtstreben und der Drang, das Leben anderer zu kontrollieren. Der Herdentrieb ist wie die anderen Triebe, Instinkte und Emotionen überlebenswichtig. Die Erfolgsstory der Primaten und auch der Menschen ist die Fähigkeit zur Zusammenarbeit, die maßgeblich vom Herdentrieb gesteuert wird.

Auch Menschen suchen Gemeinschaft, wollen anerkannt sein, streben nach Macht und versuchen, ihre Mitmenschen zu kontrollieren. Der Herdentrieb ist folglich ein Gewebe aus mehreren zusammenhängenden Emotionen, Instinkten und Trieben. Er ist eine Anpassung an eine archaische Stammesgesellschaft mit ihrer ausgeprägten Hierarchie und ihrer nahezu absoluten sozialen Kontrolle. In dieser uralten Form passt der Herdentrieb aber nicht zu einer hoch entwickelten, demokratischen und freien Gesellschaft.

In welchem Ausmaß ist der moderne Mensch von den alten Trieben und Instinkten seines animalischen Erbes bestimmt? Wobei bedacht werden muss, dass es ohne Triebe kein Leben gäbe. Ein Lebewesen, das einfach nur intelligent wäre und keine Wünsche und Bedürfnisse hätte, würde keinen Hunger oder Durst verspüren, es würde sich nicht fortpflanzen, und es hätte keinen Überlebenswillen. Alle heute lebenden Tiere und Pflanzen sind die vorläufig letzten Glieder einer fast unendlichen langen Kette von Lebewesen, die bis zum ersten Lebewesen in grauer Vorzeit zurückreicht. Sie alle mussten einen unbändigen Lebenswillen haben, um gegen die feindliche Umwelt bestehen zu können. Sie mussten sich mit Energie und Wasser versorgen und Nachkommen zeugen. Dafür sorgten Triebe wie Hunger und Durst, die, wenn sie nicht befriedigt wurden, zum Tod führen konnten. Auch der Herdentrieb gehört zu den Überlebensmechanismen. Das Zusammenleben in einer Gruppe erhöht die Überlebenswahrscheinlichkeit drastisch. Im Laufe der Zeit hat die Evolution diesen Trieb immer weiter verfeinert. Bei höher entwickelten Tieren besteht er aus einem Netzwerk von Trieben und Emotionen, die eine immer komplexere Sozialstruktur entstehen ließen.

Das gilt auch für den Menschen. Wie stark sind aber diese Triebe, die auch das menschliche Sozialverhalten steuern, und wie lassen sie sich beherrschen? Aus dem Vergleich des Gehirnvolumens von Mensch und Tier lässt sich abschätzen, dass die menschliche Intelligenz dem animalischen Erbe um ein Mehrfaches überlegen sein sollte. Allerdings zeigt die Erfahrung, dass die animalischen Triebe ohne die Kontrolle durch das kritische Denken übermächtig werden können.

Überblick

Das menschliche Gehirn hat ein rund dreimal so großes Volumen wie das des letzten geneinsamen Vorfahren von Mensch und Affe. Dieses zusätzliche Volumen beherbergt die Intelligenz des Menschen. Das animalische Erbe, zu dem die Triebe, Instinkte und Emotionen gehören, macht also rund ein Drittel der geistigen Prozesse aus, während zwei Drittel auf die Intelligenz entfallen. Es lassen sich fünf Bereiche der Intelligenz unterscheiden, wobei dem fünften Bereich, dem kritischen Denken, eine Kontrollfunktion zukommt. Daraus ergibt sich folgende Aufteilung der Psyche des Menschen:

Oberste Ebene:	Kritisches Denken, Kreativität
Mittlere Ebene:	Soziale Intelligenz, technische Intelligenz, Wissen
Untere Ebene:	Triebe, Instinkte, Emotionen

Zu der unteren Ebene gehört der Herdentrieb, der das Sozialverhalten des Menschen maßgeblich beeinflusst. Er setzt sich aus verschiedenen nachgeschalteten Trieben und Instinkten zusammen, zu denen die Bedürfnisse nach Gemeinschaft, Hierarchie und Kontrolle gehören. Der Herdentrieb war eine Anpassung an die archaische Stammesgesellschaft und ist bis heute die Basis totalitärer Gemeinschaften wie Diktaturen oder fundamentalistische Religionen. Die kritische Intelligenz ist eine Anpassung an eine freie Gesellschaft und verkümmert in einer unfreien Gemeinschaft. Alle Fähigkeiten des Gehirns und insbesondere das kritische Denken können trainiert oder unterdrückt werden. Der Mensch kann sich sowohl einer Diktatur als auch einer Demokratie anpassen. Die soziale und technische Intelligenz bleiben davon weitgehend unberührt. Kreativität und kritisches Denken sind eng verwandt. Kreativität verkümmert ebenfalls in dogmatischen Gesellschaften.

4

Die Geschichte der Kommunikation

Bakterien, Zellen, Tiere und die fünf Revolutionen in der Kommunikation

Das Zusammenleben in einer Gruppe bedeutet einen enormen Überlebensvorteil für die einzelnen Individuen. Das gilt sowohl für Menschen als auch für Tiere. Allerdings erfordert es eine Möglichkeit der Verständigung zwischen den Mitgliedern einer Gruppe. Bei den Tieren mit einer niedrigen Entwicklungsstufe sind die Verständigungsmöglichkeiten stark eingeschränkt. Zum Beispiel können Ameisen nur einfachste Signale über Duftstoffe und den Tastsinn an ihre Artgenossen übermitteln. Bei noch einfacheren Lebewesen wie Bakterien galt es lange als sicher, dass sie nicht miteinander kommunizieren können. Und doch hat die Natur einen Weg gefunden, dass auch die Einzeller über den Austausch von Signalmolekülen koordiniert agieren können. Höher entwickelte Lebewesen verfügen über mehrere Möglichkeiten komplexe Informationen auszutauschen.

Die Evolution der Arten ist auch eine Evolution der Kommunikation. Seit sich die menschliche Entwicklungslinie von der der Menschenaffen getrennt hat, haben sich die Kommunikationsmöglichkeiten zwischen den Individuen sprunghaft verbessert. Die neueste Revolution in der Kommunikation ist das Internet, mit dem Menschen enorme Datenmengen in Sekundenschnelle rund um den Globus austauschen können. Das Internet wird ähnlich wie die Erfindung der Schrift oder des Buchdrucks die Gesellschaft verändern. Beim Internet hat dieser Veränderungsprozess gerade erst begonnen. Nur ein Jahrzehnt nachdem diese neue Technik durch Laptops und Handys massenhafte Verbreitung gefunden hat, sind die ersten Auswirkungen bereits deutlich zu spüren. Das Internet und die sozialen Medien verändern Wirtschaft, Politik und das Privatleben. Ob es letztlich eine Veränderung zum Guten oder zum Schlechten sein wird, ist zurzeit noch nicht abzusehen. Die eigentliche Geschichte der Kommunikation begann jedoch viel früher. Kommunikation ist die Übertragung von Information, und Leben ist ohne Informationsübertragung nicht möglich.

Leben ist Information

Wie das Leben entstanden ist, konnte die Wissenschaft bisher nicht endgültig klären. Aber es gibt eine plausible Theorie: Das erste Lebewesen war vielleicht ein Molekül, das die Fähigkeit hatte, von sich selbst Kopien zu erzeugen. Einfache Moleküle, die nur aus wenigen Atomen bestehen – wie zum Beispiel das Wassermolekül – können dies nicht. Einfache organische Moleküle, die nur wenig komplizierter als das Wassermolekül sind, kommen überall in der Natur vor. Sie haben die Fähigkeit, sich zu langen Ketten zusammenzuschließen, die Biopolymere genannt werden. Diese Biopolymere sind bis heute die Grundlage allen Lebens. Zu ihnen gehören auch die Proteine. Proteine können Kopien von sich selbst herstellen. Allerdings benötigen sie dazu einen »Bauplan«, der ebenfalls ein Biopolymer ist.

In jeder menschlichen Zelle ist der Bauplan des Menschen in speziellen Biopolymeren, den sogenannten Chromosomen, niedergelegt. Diese Chromosomen sind ebenfalls Moleküle, auch wenn sie aus sehr viel mehr Atomen bestehen als das einfache Wassermolekül. Denkbar ist, dass es ein erstes Biopolymer gab, das die Fähigkeit hatte, wie ein Protein eine Kopie von sich selbst zu erzeugen. Gleichzeitig muss es aber auch die Funktion eines Chromosoms gehabt haben.

Heute ist kein Molekül bekannt, das von sich selbst Kopien ohne ein Bauplan-Molekül herstellen könnte. Bisher sind für diesen Prozess immer mindestens zwei Moleküle, ein Protein und ein Chromosomen-Teilstück, notwendig. So kann das Leben aber nicht begonnen haben, denn dass zwei derartig komplexe und trotzdem unterschiedliche Moleküle zufällig gleichzeitig in einer wie auch immer gearteten »Ursuppe« entstanden sind, ist extrem unwahrscheinlich.

Deswegen muss das Leben mit einem möglichst einfachen Molekül, das sich ohne Zutun eines weiteren Moleküls selbst kopieren konnte, begonnen haben. Dieses Molekül könnte in den Jahrmillionen der Urzeit irgendwann zufällig einmal entstanden sein. Ist dieser Prozess einmal gestartet, würde es rasch sehr viele von diesen Molekülen geben. Diese erste Phase des Lebens ist bis heute ungeklärt. Sicher ist aber, dass Information in Form des Bauplans gespeichert und kopiert werden musste. Tote Materie enthält keine Information. Information ist ein sicheres Zeichen für Leben. Kommunikation ist die Übertragung von Information zwischen den Lebewesen, sie entscheidet über das Überleben.

Wie Bakterien miteinander reden

In den ersten zwei Milliarden der 4,6 Milliarden Jahre seit der Entstehung der Erde gab es nur winzige Einzeller. Sie sind bis heute die häufigste Art von Leben auf der Erde. Bakterien und Algen finden sich überall in der Natur. Auch auf der Haut, im Darm und in vielen anderen Teilen des menschlichen Körpers sind sie vorhanden – oft in Symbiose mit dem Menschen und manchmal als Krankheitserreger. Über lange Zeit meinten die Wissenschaftler, dass Einzeller »einsame Wölfe« seien, die nichts von ihren Artgenossen wüssten. Es gebe nur den Informationsfluss über die Chromosomen von einer Bakteriengeneration zur nächsten.

Das Bild des »einsamen Wolfes« mag für die ersten Einzeller vor vielen Millionen Jahren richtig gewesen sein, aber es gilt nicht für die modernen Bakterien. Sie haben gelernt zusammenzuarbeiten. Sie kommunizieren über den Austausch von Signalmolekülen und bilden Netzwerke und Schwärme, in denen sie koordiniert aktiv werden. Diese Kommunikationsmethode wird als »Quorum sensing« (»die Anzahl erspüren«) bezeichnet. Viele Einzeller geben über ihre Zellwand Signalmoleküle ab, die charakteristisch für ihre Art sind. Die Bakterien haben auf der Zelloberfläche Rezeptoren, die die Konzentration dieser artspezifischen Moleküle messen können. Je höher die Konzentration dieses »Duftstoffes« ist, desto mehr Bakterien der gleichen Art müssen sich in der Nähe befinden. Wird eine bestimmte Konzentration überschritten, wird das Bakterium aktiv.

Die Fähigkeit zum »Quorum sensing« wird zum Beispiel zum Aufbau von Biofilmen benötigt. Bakterien können eine Schleimschicht bilden, die sie vor schädlichen Umwelteinflüssen schützt. Dazu sondern sie schleimbildende Substanzen ab. Das ist allerdings nur dann sinnvoll, wenn viele Bakterien mitmachen, um eine dicke Schicht zu formen. Erst wenn sich genug Bakterien auf einer Oberfläche angesammelt haben, löst der Mechanismus des »Quorum sensing« in den Bakterien die Produktion der schleimbildenden Substanzen aus. Biofilme sind in Krankenhäusern ein Problem, da die Bakterien in diesen Filmen auch gegen Antibiotika geschützt sind. Ein Biofilm ist eine der einfachsten Formen der Zusammenarbeit von Lebewesen und erfordert lediglich den Austausch einer minimalen Menge an Information über einfachste Signalmoleküle. Die Wissenschaft ist diesem Signalmechanismus der Bakterien erst vor wenigen Jahren auf die Spur gekommen. Dieses Wissen kann heute dazu genutzt werden, den Aufbau von Biofilmen zu verhindern. Dieser simple Kommunikationskanal über die Konzentration eines Signalmoleküls kann mit einfachen Mitteln blockiert oder gestört werden.

Der »Quorum-sensing«-Mechanismus wird aber von Bakterien auch dazu genutzt, eine Attacke auf einen Wirtsorganismus zu koordinieren. Bei einer Infektion gelangen meist nur wenige Bakterien in den Körper des Wirts. Würden sie sofort mit dem Angriff auf Körperzellen beginnen, würden sie von den Abwehrmaßnahmen des Körpers überwältigt werden. Also verhalten sie sich zunächst, chemisch gesehen, ruhig und vermehren sich nur langsam, ohne großen Schaden anzurichten. Ähnlich wie beim Aufbau eines Biofilms werden die Bakterien dann voll aktiv, wenn die Konzentration der Signalmoleküle des »Quorum sensing« einen Schwellenwert überschreitet. Die schiere Menge überwältigt die Abwehrkräfte des Wirts, und die Bakterien gewinnen den Kampf.

Unterschiedliche Bakterien nutzen unterschiedliche Moleküle zur Kommunikation. Diese Moleküle sind sozusagen die »Sprache« der Bakterien, und

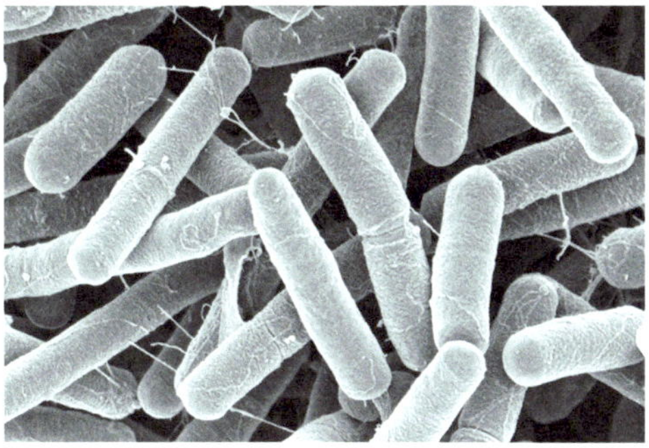

Kolonie von Heubazillen *(bacillus subtilis)* auf einer Agar-Agar Kultur. Viele der Einzeller sind über Nanoröhren verbunden, durch die sie Nährstoffe und informationstragende Botenmoleküle austauschen können.

jede Art »spricht« eine andere Sprache. Es gibt allerdings ein Molekül, auf das die meisten Bakterien reagieren. Damit können mehrere Arten von Bakterien gemeinsam einen Biofilm anlegen. Wenn also die Menge an Bakterien einer Art allein für einen Biofilm nicht ausreicht, wird es mithilfe artfremder Bakterien trotzdem möglich. Die Bakterien besitzen daher zwei Arten von Rezeptoren auf ihrer Zelloberfläche: solche für das artspezifische Molekül und solche für das allgemein verständliche Molekül. Es ist das »Esperanto« der Bakterien.

Die einzige Information, die ein Bakterium über das »Quorum sensing« erhält, ist die ungefähre Anzahl seiner Artgenossen in der Nachbarschaft. Um komplexere Informationen austauschen zu können, haben die Bakterien deshalb eine weitere Methode entwickelt. Sie verbinden sich über dünne Kanäle und können so informationstragende größere Moleküle miteinander austauschen. Das können zum Beispiel Bruchstücke ihrer Erbsubstanz sein. Auf diese Art ist es sogar möglich, dass die Bakterien die Fähigkeit zur Resistenz gegenüber einem Antibiotikum zu ihrem Nachbarn hinüberkopieren. Das Nachbarbakterium »erlernt« die Resistenz durch den Einbau eines Gens in seine eigene Erbsubstanz. Die Verbindungskanäle haben einen Durchmesser von wenigen Nanometern und werden Nanoröhren genannt. Der Aufbau dieser Nanoröhren wird von Rezeptoren gesteuert, die erkennen können, ob es sich um ein artgleiches Bakterium, also um einen Freund, oder um ein artfremdes, feindliches Bakterium handelt. Der Stoffaustausch in den Nanoröhren kann ebenfalls durch

Proteine auf der Innenwand der Nanoröhren gesteuert werden, sodass nur bestimmte Stoffe die Röhre passieren können. Allerdings ist diese Methode nicht ungefährlich. Feindliche Bakterien tarnen sich durch passende Hüllenproteine als freundliche Artgenossen und veranlassen ihr Opfer, dem Bau eines Verbindungstunnels zuzustimmen. Ist der Tunnel fertig, injizieren sie einen Giftstoff in das arglose Opfer und extrahieren alle brauchbaren Nährstoffe. Der Angreifer »frisst« das Bakterium.

Wie Zellen zusammenarbeiten

Abgesehen von Viren, die ohne Wirtszelle nicht lebensfähig sind, sind Bakterien die einfachsten bekannten Lebewesen. Die Tendenz zur Zusammenarbeit zieht sich durch die gesamte Evolution bis hin zum Menschen. Höhere Lebewesen sind Vielzeller. Jede Zelle in einem solchen Vielzeller ist ein kompletter Einzeller mit einem Zellkern und allen für das Überleben notwendigen Bausteinen. In einem Vielzeller arbeiten die Zellen zusammen, indem sie sich zu einem permanenten Verband zusammenschließen. Schon relativ früh in der Evolution bildeten sich lockere Zellverbände aus identischen, als Einzelwesen immer noch lebensfähigen Zellen. In der nächsten Stufe kam es zur Arbeitsteilung, und die Zellen übernahmen unterschiedliche Aufgaben im Verband. Ein Relikt aus dieser frühen Phase des Lebens ist die Grünalge Volvox. Sie besteht aus mehreren Tausend Zellen, von denen sich die meisten an der Oberfläche des hohlkugelförmigen Wesens befinden. Die Oberflächenzellen besitzen je ein Flimmerhärchen, das als Antrieb dient. Diese Geißeln bewegen sich koordiniert, was einen Informationsaustausch zwischen den Hautzellen erfordert. Es lassen sich immerhin schon zwei Zelltypen unterscheiden, denn die kugelförmigen Algen haben ein Vorne und Hinten. Die vorderen Zellen sind lichtempfindlich und steuern die koordinierte Geißelbewegung in Richtung Licht. Im hinteren Bereich gibt es eine zweite Art von Zellen, die wachsen und sich teilen können. Aus ihnen entstehen neue Volvox-Zellkolonien im Innern der Hohlkugel.

Spezialisierte Zellen wie beispielsweise Hautzellen, Verdauungszellen und Nervenzellen in einem höher entwickelten Lebewesen sind ohne den Körper

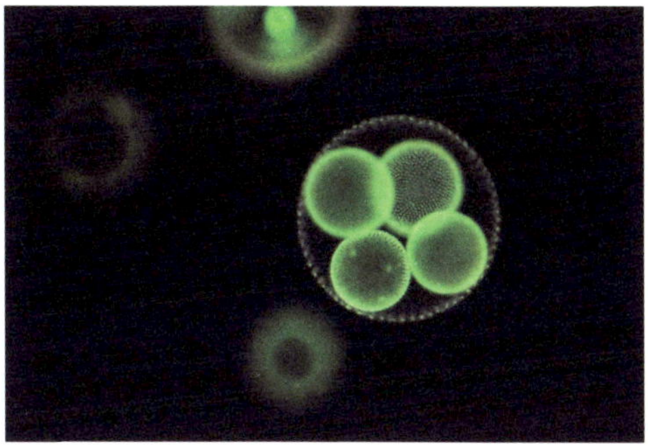

Lichtmikroskopische Aufnahme der Grünalge Volvox.

nicht mehr lebensfähig. Die Zusammenarbeit der unterschiedlichen Zellen erfordert den Austausch einer Vielzahl komplexer Informationen. Ähnlich wie die Bakterien nutzen die hoch entwickelten Köperzellen eines Säugetiers verschiedene chemische Informationskanäle. Bis heute ist es nicht gelungen, die Mechanismen vollständig aufzuklären, wie aus den nicht differenzierten Stammzellen eines Embryos die Vielzahl der hoch differenzierten Körperzellen entsteht. Das Wachstum eines Körpers aus einer befruchteten Eizelle erfordert einen enormen und andauernden Informationsaustausch. Vermutlich werden verschiedene Typen informationstragender Kettenmoleküle (»Micro-DNA« und einsträngige »RNA«) ausgetauscht. Dieser Austausch geschieht bei Pflanzen und Tieren durch Verbindungen zwischen den Zellen, die ihren evolutionären Ursprung in den Nanoröhren der Bakterien haben.

Der menschliche Körper besteht aus rund 10 000 Milliarden Zellen. Jede Zelle ist ein kompletter Einzeller mit Zellkern und einem voll ausgestatteten Innenleben, aber aufgrund der Spezialisierung für sich allein nicht lebensfähig. Die Zusammenarbeit dieser ungeheuren Anzahl an extrem unterschiedlichen Zellen erfordert einen ständigen Austausch sehr großer Informationsmengen. All dies geschieht über Informationsmoleküle. Die Komplexität lässt sich heute allenfalls erahnen, denn nur wenige Prozesse sind bisher im Detail aufgeklärt worden.

Die Zelldifferenzierung aus den embryonalen Stammzellen in die verschiedensten Körperzellen wird von der Epigenetik, einem noch jungen Zweig der

Molekularbiologie, untersucht. Jede Zelle verfügt über den gesamten Bauplan des Menschen, aber eine Leberzelle benötigt nicht die Gene einer Nervenzelle oder einer Hautzelle. Um eine Zelle für eine Aufgabe zu spezialisieren, müssen also ganze Gengruppen in der Erbsubstanz ausgeschaltet werden. Die epigenetische Programmierung sagt der Zelle, welcher Teil des Bauplans für sie zuständig ist. Die bisherigen Forschungsergebnisse offenbaren die Komplexität dieses Informationsflusses zwischen den Zellen in einem höheren Lebewesen.

In der Evolution beruht also jede Weiterentwicklung einer Art auch auf einer Höherentwicklung des Kommunikationsaustausches zwischen den Zellen. Ohne bessere Kommunikation gibt es keine Weiterentwicklung. Es stellt sich die Frage, ob das auch für die menschliche Gesellschaft gilt. Dann wäre zum Beispiel das Internet ein gewaltiger Fortschritt. Allerdings hat der Informationsaustausch im Internet längst noch nicht das Niveau erreicht, das für die Zellen im menschlichen Körper die Regel ist. Aber er ist milliardenfach höher als der Informationsfluss zwischen den Tieren einer Herde.

Wie Tiere miteinander kommunizieren

Tiere verfügen nicht über Kommunikationsmittel, die abstrakte Begriffe wie Ort, Zeit oder die Bezeichnung eines Vorgangs – beispielsweise eines Spaziergangs – übertragen könnten. Dabei wären solche Informationen sehr nützlich, etwa auf der Jagd oder im Kampf mit Artgenossen. Obwohl also auf dem Niveau der Zellen ein enormer und hochkomplexer Informationsaustausch stattfindet, ist der Informationsfluss zwischen den Tieren sehr begrenzt. Insekten kommunizieren ähnlich wie Bakterien über Duftstoffe. Ameisen und Bienen nutzen zusätzlich ihren Tastsinn und ritualisierte Bewegungsmuster. Bei einigen Insekten und Amphibien wie Grillen oder Fröschen kommen Geräusche hinzu, die der Brautwerbung dienen. Säugetiere verfügen über ein etwas breiteres Spektrum an Tönen und Gesten, aber auch damit lassen sich komplexere Informationen nicht mitteilen. Wegen dieser beschränkten Kommunikationsmöglichkeiten sind Tiere nur begrenzt zur Zusammenarbeit fähig. Auch eine Arbeitsteilung ist bei höher entwickelten Tieren so gut wie unmöglich.

Die fünf Revolutionen der Kommunikation

Die Sprache

Die Voraussetzung für jede höhere Form der Zusammenarbeit von Individuen ist die Sprache. Ausgehend von der Sprache hat sich die Kommunikation zwischen den Menschen in mehreren Stufen weiterentwickelt und erreicht mit dem Internet die derzeit höchste Entwicklungsstufe. Der Mensch kann erst seit relativ kurzer Zeit sprechen. Die Evolution vom Affen bis zum Menschen verlief in mehreren Entwicklungsschritten und dauerte insgesamt zwei bis drei Millionen Jahre. Der letzte Schritt zum *Homo sapiens* erfolgte erst vor 300 000 Jahren. Aber auch der erste *Homo sapiens* konnte vermutlich noch nicht im heutigen Sinn »sprechen«.

Ein Gradmesser ist der Wortschatz. Der minimale Wortschatz, um sich einigermaßen verständigen zu können, liegt bei dreitausend Wörtern. Goethe nutzte 90 000 Wörter in seinen Werken. Die Schimpansin Washoe konnte sich mit rund dreihundert Symbolen aus der Zeichensprache verständigen. Denkbar ist also, dass die Entwicklung der Sprache vor drei Millionen Jahren mit vielleicht hundert Wörtern begann, vor 300 000 Jahren tausend Wörter erreichte und nun bei durchschnittlich zehntausend Wörtern angelangt ist. Es lässt sich also kein fester Zeitpunkt angeben, ab dem die Menschen sprechen konnten. Wahrscheinlicher ist, dass die Sprache sich kontinuierlich parallel zu den anderen intellektuellen Fähigkeiten des Menschen entwickelte. Mit der Volumenvergrößerung des Gehirns nahmen das Denken in abstrakten Begriffen und die Gedächtnisleistung zu. Daher wäre es vermutlich schwierig, sich mit einem Menschen aus der Zeit vor 200 000 oder 100 000 Jahren zu unterhalten, während es mit einem Artgenossen aus der Hochphase der letzten Eiszeit vor 50 000 Jahren schon besser gehen sollte. Vorausgesetzt natürlich, man erlernt die Sprache der Urahnen. Über die Ursprache kann die Wissenschaft nur Vermutungen anstellen. Gab es eine einheitliche Ursprache, oder hatte jeder Stamm seine eigene Sprache? Auch das ist unbekannt.

Sprache ist der Schlüssel zur Zusammenarbeit in einer Gruppe, und sie ermöglichte die Entwicklung einer arbeitsteiligen Gesellschaft. Vor der Erfindung der Arbeitsteilung war jeder Einzelne auf sich selbst gestellt und musste alle Dinge des täglichen Bedarfs wie Waffen, Werkzeuge und Kleidung selbst herstellen. Gemeinsame Aktivitäten des Stammes beschränkten sich auf die Jagd und die Verteidigung. Die Sprache ermöglichte es, dass die Menschen sich spezialisierten und Berufe sich entwickelten. Der Prozess der Spezialisierung ähnelt der Differenzierung der embryonalen Stammzellen in die unzähligen Arten von Köperzellen, die zusammen ein hoch entwickeltes Lebewesen ausmachen. Die Höherentwicklung der Gesellschaft basiert auf der Spezialisierung der Menschen. Das ist die Grundlage des heutigen Wohlstands.

Sprache hat noch eine zweite, vielleicht sogar wichtigere Funktion. Mit der Sprache wurde es erstmals in der langen Geschichte der Evolution möglich, Erlerntes von den Eltern an die Kinder weiterzugeben. Ohne Sprache müsste jede neue Generation Erfahrungen und Erfindungen immer wieder aufs Neue selber machen. Ohne Sprache ist es nur möglich, durch Beobachtung und Nachahmung von den älteren Artgenossen etwas zu erlernen. Mit der Sprache kann das ganze Wissen einer Kultur an die nächste Generation weitergegeben werden. Ein Kind kann über die Sprache sehr viel mehr und sehr viel spezifischere Informationen erhalten, die es weit besser auf das Überleben in seiner speziellen Umwelt vorbereiten als die simplen Verhaltensmuster vererbter Instinkte. Ein weiterer Vorteil ist die schnellere Anpassung an Veränderungen. Das erlernte Wissen ist immer aktuell, während vererbte Reflexe viele Jahrtausende alt sind.

Die Entwicklung des neuen Kommunikationskanals der Sprache hat die menschliche Gesellschaft dramatisch verändert. Erst mithilfe der Sprache konnten sich eine Kultur und eine arbeitsteilige Gesellschaft entwickeln, die eine enorme Verbesserung der Lebensqualität zur Folge hatte.

Die Schrift

Es dauerte wieder Zehntausende von Jahren bis zum nächsten Entwicklungsschritt der Kommunikation: der Erfindung der Schrift. Zwischen den Stämmen gab es schon früh Handel. Dabei entstand das Bedürfnis, Vereinbarungen schriftlich zu fixieren. Auch die Buchhaltung über Schulden, Liefermengen und

Bestellungen erforderte schriftliche Aufzeichnungen. Während manche Tiere eine rudimentäre Sprache besitzen, ist Schrift eine ausschließlich menschliche Fähigkeit. Älter als die ältesten Schriftzeichen sind Felszeichnungen. Die ältesten sind knapp 100 000 Jahre alt. Meist zeichneten die frühen Menschen Tiere oder tierähnliche Gottheiten, aber es sind auch geometrisch abstrakte Zeichnungen überliefert. Eine der ältesten erhaltenen Felszeichnungen stammt aus einer Zeit vor 77 000 Jahren und befindet sich in einer Höhle in Südafrika. Es ist noch keine Schrift, aber diese frühen Strichmuster veranschaulichen, wie Schrift entstanden sein könnte.

Die Schrift hat sich vermutlich aus Zeichnungen entwickelt. Die frühen Schriftsymbole für Mensch, Baum oder Kopf ähnelten zunächst den Objekten selbst. Auf abstrakte Begriffe lässt sich dieses Prinzip allerdings nicht anwenden. Eine Schrift, die aus Silben oder Buchstaben besteht, die Sprachlauten zugeordnet werden, ist wesentlich vielseitiger anwendbar. Die ersten wirklichen Schriften waren die sumerische Keilschrift und die ägyptischen Hieroglyphen, die beide etwa 3000 Jahre vor Christi Geburt entstanden. Von der Ur-Keilschrift, die auch Protokeilschrift genannt wird, existieren viele Tontafeln. In der Keilschrift konnten bisher rund 1000 Symbole identifiziert werden, die für verschiedene Objekte und Handlungen stehen. Auch Symbole, die für Zahlen stehen, sind dabei.

77 000 Jahre alte Felszeichnung aus Südafrika.
(Mit freundlicher Genehmigung von Prof. Christopher Henshilwood)

5000 Jahre alte sumerische Tontafel mit Keilschrift-Symbolen.

Die Schrift hat sich in den frühen Hochkulturen entwickelt. Vielleicht war es auch umgekehrt, dass eine Kultur zu einer Hochkultur wurde, weil sie die Schrift als neues Mittel der Kommunikation nutzte. Schriftliche Aufzeichnungen sind heute für eine arbeitsteilige Gesellschaft unverzichtbar. Die Erfindung der Schrift bewirkte eine ähnlich einschneidende Veränderung der menschlichen Gesellschaft wie die Entwicklung der Sprache. Mit der Entwicklung der Schrift ging eine deutliche Verbesserung des Lebensstandards einher.

Der Buchdruck

Sprache und Schrift schufen die Grundlage für die Entwicklung einer Kultur. Die Schrift war aber für mehrere Tausend Jahre nur der Elite vorbehalten, denn es gab keine Möglichkeit zur raschen Vervielfältigung der niedergeschriebenen Texte. Noch im Mittelalter musste jede Kopie mühsam abgeschrieben werden. Vor der Erfindung des Buchdrucks war es für einen totalitären Herrscher einfach, seinem Volk wichtige Informationen vorzuenthalten und nur die Informationen weiterzugeben, die seiner Herrschaft nützlich waren. Das galt auch für die Macht der Priester.

Luther übersetzte die Bibel ins Deutsche, und der Buchdruck ermöglichte es weit mehr Menschen, das Buch der Bücher zu lesen. Mehr Bürger hatten nun direkten Zugang zum Wort Gottes, und das Monopol der Priesterschaft war gebrochen. Der Buchdruck führte zu einer langsamen Entmachtung der Kirche und zur Emanzipation der Bürger.

Die Erfindung der Druckkunst läutete das Ende der Feudalgesellschaft ein. Es dauerte allerdings noch über 150 Jahre, bis die Aufklärung (in Deutschland 1720 bis 1785) die überkommene kirchliche Bevormundung des Denkens und die Autoritätsgläubigkeit durch die selbstständige Entwicklung der Vernunft, der Sinne und der Erfahrung aufzuheben suchte. Die Aufklärung war ein erstes Aufbegehren gegen die Eliten. Sie bereitete der Industrialisierung den Boden, die ab 1850 mit der Dampfmaschine ihren Siegeszug antrat. Dieser erste Anlauf zu einer vernunftbasierten und freien Gesellschaft scheiterte aber. Dieser Geistesbewegung folgte das Zeitalter der Diktatoren. Napoleon, Hitler, Stalin und

Mao waren im wahrsten Sinne des Wortes unchristliche Gewaltherrscher, die das ideologische Vakuum, das die zurückweichende kirchlich gestützte Feudalgesellschaft hinterlassen hatte, ausfüllten. Auch jetzige Diktatoren versuchen ihr Volk vom freien Informationsfluss abzuschneiden. Für den Bürger ist eine Diktatur daran erkennbar, dass unliebsame Bücher und Zeitschriften verboten werden.

Während Sprache und Schrift die Gesellschaft fraglos zum Positiven hin veränderten, zeigt das Beispiel der Druckkunst, dass eine neue Kommunikationstechnik sowohl einen positiven als auch einen negativen Einfluss haben kann. Grundsätzlich bedeutet ein Mehr an Information mehr Emanzipation der Bürger und mehr Demokratie. Aber eine neue Technik kann von totalitären Herrschern auch dazu missbraucht werden, die Menschen zu manipulieren und zu unterdrücken. Sie müssen dazu allerdings die Kontrolle über das neue Medium erlangen. Kommen immer mehr Kommunikationstechniken hinzu, wird dies immer schwieriger.

Radio und Fernsehen

Vor etwas mehr als 100 Jahren wurden in rascher Folge Telefon, Radio und Fernsehen entwickelt. Noch vor 150 Jahren dauerte ein Briefwechsel in die USA viele Monate. Dann gab es plötzlich die Möglichkeit, ein Telegramm zu schicken oder einen Anruf zu tätigen. Telefon, Radio und Fernsehen sind bis heute die Leitmedien, die die öffentliche Meinung maßgeblich beeinflussen. Zeitungen spielen zwar immer noch eine Rolle, aber das Massenmedium mit der größten Reichweite in die Gesellschaft ist das Fernsehen. Bewegte Bilder besitzen eine enorme Macht. In totalitären Systemen ist das Fernsehen daher unter der festen Kontrolle der Machthaber. Es werden nur bestimmte Nachrichten ausgewählt und propagandistisch verzerrt. Politiker feindlicher Staaten werden in boshafter Pose dargestellt. Die Lage der eigenen Bürger wird immer positiv bewertet und die Situation der Bürger in den Nachbarstaaten als bemitleidenswert beschrieben.

In vielen Ländern gibt es neben dem Staatsfernsehen eine Vielzahl privater Fernsehsender. Diktatoren können zwar noch immer die staatlich kontrollierten Medien für die Manipulation ihrer Bürger einsetzen, aber es wird immer schwieriger, den Zugang der Bürger zu anderen Informationsquellen zu behindern. Funkwellen halten sich nicht an Grenzen. Hitler verbot das Abhören ausländischer Sender, und in der sozialistischen DDR war es verboten, westliche Fernsehsender zu empfangen. Aber das war in der Praxis schwer zu kontrollieren, und viele Bürger schauten illegal Westfernsehen. Das trug zur Destabilisierung des diktatorischen Systems bei und war sicherlich ein Mosaikstein, weswegen die DDR 1989 schließlich zusammenbrach.

Bis heute versuchen Diktatoren und andere fundamentalistische Systeme, den Zugang der Bürger zu Massenmedien, die nicht unter ihrer Kontrolle stehen, zu verhindern. Immer haben sie scheinbar überzeugende Argumente dafür, warum ein Bürger Informationen aus fremden Quellen besser nicht anhören sollte.

Das Internet

In Büchern, Zeitschriften, Radiosendern und Fernsehprogrammen fließt die Information nur in einer Richtung: von einem Verlag oder einer Redaktion zum Bürger. Es ist eine Einbahnstraße, und solche Kommunikationssysteme sind schon aus rein technischen Gründen zentralistisch.

Im Internet ist das anders. Jeder Nutzer ist sowohl Sender als auch Empfänger. Ein Bürger kann Filme, Fotos und Texte auf einer eigenen Homepage veröffentlichen, die allen anderen Internetteilnehmern auf der ganzen Welt sofort zugänglich sind. Oder er nutzt die sozialen Medien, um auf Facebook, Twitter, Instagram und ähnlichen Plattformen Erlebnisse, Gefühle und Meinungen mit anderen zu teilen. Gleichzeitig kann er selbst auf alle Seiten im Netz zugreifen und von dort Informationen empfangen. Hinzu kommen die Internetseiten der konventionellen Massenmedien wie Zeitungen und Fernsehsender.

Auch der Inhalt vieler Bücher ist im Netz abrufbar. Wikipedia liefert kostenlos lexikalisches Wissen, und Plattformen wie YouTube eröffnen den Zugang zu schier unbegrenzten Mengen an Filmmaterial. Das Internet fungiert auch als ein gigantischer Supermarkt, in dem fast alles mit einem Mausklick gekauft werden kann. Regierungsnahe Internetseiten informieren über die vorherrschenden Ansichten des Mainstreams, und Dissidentenseiten erklären die Ge-

genpositionen der Kritiker. Blogger betreiben eigene Internetzeitungen und haben einen wachsenden Einfluss auf die öffentliche Meinung. Politische Splittergruppen und Extremisten tummeln sich im Internet und werben um neue Mitglieder. Betrüger versuchen durch trickreiche Emails, an die Zugangsdaten privater Internetkonten heranzukommen. Praktisch alles Wissen der Menschheit ist irgendwo im Internet verfügbar. Das Problem ist, die Wahrheit aus der Werbung, den Falschnachrichten, der Propaganda und den Betrügereien herauszufiltern.

Das Internet ist bunter und lebendiger als die Realität. Es ähnelt einem Fantasieland. Manche Bereiche sind allerdings eng mit der Realität verknüpft. Ein Einkauf oder eine Banküberweisung sind im Internet genauso real wie in einem Supermarkt oder in einer Bank. Aber es gibt auch viele fiktive, irreale und kriminelle Seiten. Hassbotschaften, Pornografie und Fake News haben Stimmen laut werden lassen, das Netz zu zensieren. Problemseiten sollten entweder gesperrt oder mit einem Warnhinweis versehen werden. Allerdings ist Zensur für eine demokratische Regierung ein zweischneidiges Schwert: Sie setzt ein falsches Signal, denn Zensur ist das Kennzeichen diktatorischer Staaten. Ein Diktator bevormundet die Bürger und erlaubt ihnen nur den Zugang zu staatlich kontrollierten Nachrichten.

Die neue Dimension des vernetzten und bidirektionalen Informationsaustauschs ist ein Sprung ähnlich dem Übergang vom simplen »Quorum sensing« der Bakterien hin zum Netzwerk der Nanoröhren. Das Netzwerk des Internets hat ebenso wie das Nanoröhren-Netzwerk der Einzeller große Vorteile:

Dezentralität:

Die Netzwerkstruktur des Internets ist dezentral und damit grundsätzlich demokratisch. Das alte System mit marktbeherrschenden Zeitungen, Radio- und Fernsehsendern ist zentralistisch. Das gilt insbesondere dann, wenn die Redaktionen in engem Kontakt zur Regierung stehen.

Gleichheit:

Jeder Bürger und jede Institution ist im Netz prinzipiell gleichberechtigt. Die Internetseite eines einzelnen Bloggers ist genauso erreichbar wie die Seiten der staatlichen Fernsehsender. Während das alte Mediensystem den Bürger zum bloßen Empfänger vorsortierter Informationen machte, ist nun jeder Internetnutzer gleichzeitig Sender und Empfänger von Informationen.

Freiheit:

Der Bürger hat die freie Wahl an Informationsquellen. Es gibt im Idealfall keine Vorsortierung durch Interessengruppen. Diese Vielfalt an Informationsquellen erschwert es Fundamentalisten, Diktatoren und totalitären Staaten, ihre Anhänger von unerwünschten Informationen abzuschirmen. Einseitige Indoktrination erfordert eine Zensur des Internets, und das würden die Bürger bemerken.

Intelligenz:

Das Internet trainiert die technische und soziale Intelligenz sowie die Kreativität. In den sozialen Medien machen die Nutzer vielfältige Erfahrungen in der Kommunikation mit Menschen. Um im Netz Informationen zu suchen und zu verarbeiten, ist technische Intelligenz notwendig. Computerspiele trainieren das logische und strategische Denken, das räumliche Vorstellungsvermögen und die Fähigkeit, Lösungen zu finden. Auch die Reaktionsfähigkeit und die Koordination von Augen und Hand werden spielerisch trainiert. Das Publizieren von eigenen Texten, Fotos sowie Audio- oder Videodateien in Blogs, Foren oder Newsgroups ist eine Herausforderung an die Kreativität.

Selbstständigkeit:

Das Konsumieren von Fernsehprogrammen und Zeitungen und das Ausführen von Arbeitsaufträgen als Angestellter sind passive Beschäftigungen. Dagegen erfordert das Internet selbstständiges Handeln. Der Nutzer surft aktiv, angetrieben von Neugier und Abenteuergeist. Das Erstellen eigener Posts, die viele Likes erhalten, erfordert Eigeninitiative und Unternehmergeist.

Kritisches Denken:

Im Internet gibt es Falschnachrichten und kriminelle Beiträge. Es erfordert Urteilsvermögen, sich in diesem Dschungel zurechtzufinden und die nützlichen von den nutzlosen oder gefährlichen Beiträgen zu trennen. Das Internet kann das kritische Denken trainieren, sofern der Nutzer sich dieser Probleme bewusst ist.

Das Netzwerk des Internets birgt allerdings auch Gefahren für die einzelnen Nutzer und die Gesellschaft insgesamt. Ähnlich wie durch das Nanoröhren-Netzwerk der Bakterien Giftstoffe von einem feindlichen Bakterium in die Zellen gelangen, können Kriminelle, feindliche Elemente oder Fanatiker eine Gesellschaft über das Internet mit Falschinformationen und Computerviren angreifen und destabilisieren. Aber auch ohne feindliche Elemente kann das Internet eine Gesellschaft schädigen. Zum Beispiel gibt es in der virtuellen Welt keine Aggressionshemmung. Shitstorms und Hassmails fluten die sozialen Medien, und die Betroffenen leiden darunter. Die Gesellschaft beginnt mit Verzögerung, auf diese neuen Phänomene zu reagieren. Ohne Anspruch auf Vollständigkeit werden im Folgenden einige Gefahren aufgezeigt:

- ***Hierarchie:***
  Menschen brauchen eine Rangordnung. Die Verfügbarkeit scheinbar objektiver Daten im Internet hat dem archaischen Hierarchiestreben neuen Auftrieb gegeben. Alles und jedes wird in eine lineare Hierarchie gepresst, egal ob es Politiker, Kaffeekannen oder Universitäten sind. Immer ermittelt das Internet den, die oder das Beste und den, die oder das Schlechteste. Eine lineare Hierarchie ist die Reduktion der menschlichen Vielfalt auf eine animalische Einfalt. Politiker und Verwaltungen sind von den eindimensionalen Rangordnungen begeistert, denn sie erfordern keinerlei Sachkenntnis. Auch der Bürger wird zum Opfer der Evaluierungswut und zu einer Ansammlung von Kennzahlen degradiert.

- ***Google & Co:***
  Demokratie und Gleichheit sind theoretische Eigenschaften des Internets. In der Realität ist der Nutzer auf Suchmaschinen angewiesen, um Informationen zu finden. Die Suchmaschinen sind die neuen Zentren des Netzes, die eine große Macht haben. Sie steuern die Informationsflüsse, indem sie

die Suchanfragen tendenziös beantworten. Sucht ein Nutzer einen Anbieter für ein Produkt, lenkt ihn die Suchmaschine auf die Seite der Firma, die für diese Art der Werbung die höchsten Summen bezahlt. Auch bei Suchaufträgen zu Wissensfragen und politischen Problemen besteht die Gefahr der tendenziösen Auswahl der Suchergebnisse. Das Unternehmen Alphabet Inc., zu dem Google gehört, ist nach Apple der Konzern mit dem zweithöchsten Marktwert der Welt. Die Internetkonzerne sind mächtig, ihre Macht ist ökonomischer Art, und bisher scheinen sie keine politischen Ziele zu verfolgen. Aber es besteht immer die Gefahr des politischen Missbrauchs.

- ***Facebook & Co:***
  Ähnlich wie die Suchmaschinen leben die sozialen Medien von Werbung. Sie verfügen über viele Informationen über ihre Nutzer. Arglose Nutzer posten freudig alle wichtigen Ereignisse in ihrem Leben und können so von den Internetgiganten gezielt beworben werden. Die »Freunde«, die Facebook & Co dem Nutzer vorschlagen, werden von den Algorithmen ausgesucht. Die von Algorithmen gesteuerte Kontrolle des Nutzerverhaltens bewirkt eine Verengung der Vielfalt, die dem jeweiligen Nutzer zur Verfügung steht. Die Nutzer leben daher in virtuellen Biotopen, die wenig voneinander wissen. Die Vielfalt kann so zur Einfalt werden.

- ***Polarisierung:***
  Wissenschaftler fragen sich, welchen Einfluss das Internet auf die Demokratie haben könnte. Bisher gibt es darauf keine eindeutige Antwort, aber ein Effekt zeichnet sich immer deutlicher ab: Das Internet polarisiert. Die meisten Nutzer rufen aus eigenem Antrieb nur Seiten auf, auf denen sie ihre Ansichten bestätigt finden. Die Algorithmen der sozialen Medien verstärken diesen Effekt. Der Bürger lebt in dem Eindruck, dass es gar keine anderen Meinungen gebe als die seine und er absolut im Recht sei. Das Internet erzieht so die Nutzer zum Dogmatismus. Selbstzweifel und Kompromissbereitschaft sind auf dem Rückzug. Das gefährdet die Demokratie und den Zusammenhalt der Gesellschaft.

- ***Wikipedia:***

Wikipedia ist kein Konzern, sondern ein gemeinnütziges Projekt und finanziert sich aus Spenden. Es ist ein virtuelles Lexikon, das nur im Internet existiert. Die Einträge zu den rund 40 Millionen Stichwörtern wurden von der Internetgemeinschaft geschrieben. Jeder Nutzer kann im Prinzip einen Eintrag machen oder bestehende Einträge ändern und erweitern. Wikipedia wird dem Anspruch auf lexikalische Objektivität bei politisch nicht relevanten Themen weitgehend gerecht. Dies ist aber bei gesellschaftlich relevanten und kontroversen Themen keineswegs der Fall. Fanatiker, Aktivisten und Fundamentalisten versuchen dort permanent, die Einträge entsprechend ihren Ansichten zu verändern. Nutzer mit Fachkenntnissen oder moderaten Ansichten kontrollieren und berichtigen zwar teilweise diese Einträge, sind aber gegen die Anzahl und den Eifer der Aktivistengruppen im Nachteil. Daher besteht ein Übergewicht an extremistischen Meinungen. Gefährlich wird es, wenn ein Nutzer glaubt, ein Eintrag bei Wikipedia sei objektiv richtig, obwohl der Eintrag in Wahrheit von einer extremistischen Gruppe stammt. Besonders problematisch sind tendenziöse Wikipedia-Seiten zu noch lebenden Personen. Das Grundrecht auf Unantastbarkeit der Würde des Menschen ist im Internet nicht durchsetzbar.

- ***Hackerangriffe:***

Das Internet wird zunehmend auch zur Abwicklung gesellschaftlicher und technischer Prozesse genutzt. Dazu gehören Internetbanking, Internetshopping und politische Wahlen. Flughäfen, Eisenbahnen und die Stromversorgung werden ebenfalls zunehmend über vernetzte Computer gesteuert. Kriminelle oder terroristische Hacker können diese Prozesse stören oder umprogrammieren. Damit können sie den Ausgang von Wahlen verändern, Gelder von Bankkonten abbuchen und Flugzeuge zum Absturz bringen. Die Gesellschaft muss sich gegen solche Angriffe durch technische Maßnahmen schützen.

- ***Extremismus:***

Fundamentalistische Gruppierungen nutzen das Internet, um ihre Propaganda zu verbreiten und neue Anhänger anzuwerben. Ihre Propaganda ist von diskriminierenden Äußerungen und Hassreden geprägt. Schlagworte wie »Hate Speech«, »Shitstorm« und »Radikalisierung im Netz« umschreiben das Problem. Verbote sind schwierig durchzusetzen, denn die Versuchung wäre groß, alle Beiträge Andersmeinender zu verbieten. Damit würde die verbietende Institution selber fundamentalistisch. Um die Freiheit zu bewahren, müssen die Nutzer lernen, mit solchen Internetseiten eigenverantwortlich und kritisch umzugehen.

- ***Kontrolle:***

Eine ernste Gefahr, die vom Internet und den damit verknüpften Technologien ausgeht, ist die Möglichkeit der totalen Kontrolle der Bürger. Sollte die Demokratie in eine Diktatur umschlagen, könnte ein Diktator den absoluten Überwachungsstaat realisieren. Jede Bewegung eines Handybesitzers wird mit einer Genauigkeit von zehn Metern aufgezeichnet. Die Zentralcomputer wissen zu jeder Zeit, wo sich ein Bürger aufhält. Sie wissen, welche Vorlieben er hat und mit welchen Menschen er in Kontakt steht. Über Laptops und Handys können Gespräche auch dann abgehört werden, wenn das Gerät scheinbar ausgeschaltet ist.

- ***Gewalt:***

Die menschliche Entwicklung war immer von Gewalt geprägt, und unter der Tünche der Zivilisation existiert die Tendenz zur Gewalt nach wie vor. Das Internet bietet diesem archaischen Trieb eine neue Plattform. Im »Happy Slapping« publizieren Nutzer selbst gedrehte Filme, in denen Personen geschlagen, verletzt oder vergewaltigt werden. »Cybermobbing« verzichtet auf körperliche Gewalt, ist aber nicht weniger belastend. Ein Mob sucht sich ein wehrloses Opfer, das er mit Hassmails, erniedrigenden Fotos und üblen Filmen zu zerstören trachtet. Die Täter stammen meist aus dem persönlichen Umfeld des Opfers. Die für eine menschliche Gemeinschaft typische Aggressionshemmung wird durch die Anonymität des Internets außer Kraft gesetzt. Auch bei Nutzern, die die erniedrigenden Beiträge lediglich konsumieren, wird die Hemmschwelle zum Ausleben ihrer animalischen Triebe herabgesetzt. Diese Menschen werden für andere gefährlich.

- ***Fake News:***
  Gezielte Falschnachrichten als politisches Mittel sind uralt. Ein Beispiel ist die Dolchstoßlegende. Umgekehrt wurden schon immer unbequeme Wahrheiten als Fake News diffamiert. Falschnachrichten sind also keine Erfindung des Internets. Das moderne Modewort gehört wohl eher zum Arsenal der Nudging-Techniken und behindert die inhaltliche Diskussion wichtiger Themen. Unterschiedslos werden wirkliche Falschnachrichten und überprüfbare Fakten, die gerade nicht in die Diskussion passen, als Fake News bezeichnet, um inhaltliche Debatten zu vermeiden. Ohne eigenes kritisches Denken ist ein Nutzer diesen Manipulationsversuchen, ob im Internet oder in den klassischen Medien, hilflos ausgeliefert.

Trotz dieser Nachteile ist das globale Internet heute aus dem Leben der Bürger nicht mehr wegzudenken. In einer Massengesellschaft eröffnet es eine neue Dimension der Kommunikation zwischen den Menschen. Der eindimensionale und unidirektionale Informationsfluss von Massenmedien hin zum Bürger wird durch ein multidimensionales Netzwerk ersetzt, das einen Bürger mit allen anderen Internetnutzern und allen gesellschaftlichen Institutionen verbindet. Das Internet bietet enorme Möglichkeiten für selbstständige und kritisch denkende Menschen, aber es kann auch zum Werkzeug eines totalitären und menschenverachtenden Systems werden. In der freien Welt werden die Menschen lernen müssen, mit dem Internet umzugehen. Dazu benötigen sie das kritische Denken.

Die Zukunft

Ein offensichtlicher Trend in der Geschichte der Kommunikation ist die Beschleunigung. Die Entwicklungssprünge folgen immer schneller aufeinander, und der nächste Schritt wird nicht lange auf sich warten lassen. Bisher hatten Innovationen in der Kommunikation immer gesellschaftliche Veränderungen zur Folge. Für totalitäre Systeme, die auf einseitige Propaganda angewiesen sind, werden die Bedingungen immer schwieriger. Die Welt ist demokratischer geworden, und das ist zweifellos auch eine Folge der verbesserten Kommunikationsmöglichkeiten.

Es wird weitere Revolutionen geben. Wissenschaftler arbeiten bereits an der Gedankensteuerung von Maschinen, und vielleicht ist es sogar möglich, Gedanken in elektrische Impulse umzuwandeln. Dann wird ein direkter Datenaustausch zwischen Gehirn und Computer möglich werden. Heute klingt dies fantastisch, aber vor 100 Jahren war auch ein Fernseher undenkbar.

Der verbesserte Nachrichtenaustausch führt zu einer wachsenden Spezialisierung, die inzwischen globale Ausmaße erreicht hat. Ganze Staaten spezialisieren sich auf die Herstellung bestimmter Produkte oder auf die Lieferung von Rohstoffen. Bangladesch produziert Kleidung für die Industriestaaten, Solarzellen kommen aus China, große Autos sind das Markenzeichen Deutschlands, und die USA ernähren mit ihrem Weizen einen Großteil der Welt. Die Idee der Arbeitsteilung ist global geworden. Sie ist nach wie vor eine Erfolgsstory, denn überall wächst der Lebensstandard.

Die neue, mehrdimensionale Kommunikationsebene, die das Internet eröffnet hat, wird aber in Zukunft zu noch gravierenderen Veränderungen führen als nur einem erhöhten Lebensstandard. Vielleicht wird sich auf der Basis des Internets eine neue, bessere Gesellschaftsform jenseits der Demokratie entwickeln. Denkbar wäre zum Beispiel eine Konsensgesellschaft, in der nicht mehr gnadenlos abgestimmt wird und in der die Verlierer nicht mehr geschlagen und frustriert die Bühne verlassen. In einer Konsensgesellschaft wird nach einem Kompromiss gesucht, dem alle Bürger zustimmen können. Das Internet ermöglicht basisdemokratische Diskussionen und Abstimmungen, an denen sich alle beteiligen. Das geht aber nur mit kompromissbereiten und undogmatischen Menschen, die auch sich selbst kritisch hinterfragen können. Eine gesellschaftliche Weiterentwicklung weg von der Gefahr einer sich wiederholenden diktatorischen Stammesgesellschaft erfordert das eigenständige kritische Denken der Bürger.

Wie in den folgenden Kapiteln gezeigt wird, liegt es in der Natur des Menschen, eine totalitäre Gesellschaft zu errichten. Die neuen Kommunikationstechniken könnten dafür missbraucht werden. Es ist aber auch möglich, sie für die Stabilisierung der Demokratie einzusetzen. In welche Richtung die Entwicklung gehen wird, hängt entscheidend davon ab, dass die Bürger die Zusammenhänge, die im Folgenden beschrieben werden, erkennen und sich bewusst für den Erhalt einer demokratischen Gesellschaft entscheiden. Mit den heutigen Möglichkeiten der Überwachung und Kontrolle würde eine Diktatur einen Grad an Kontrolle des Einzelnen erreichen, von dem frühere Diktatoren nur träumen konnten. Nur die Gedanken wären noch frei, aber selbst diese Freiheit wird es vielleicht in der Zukunft nicht mehr geben.

5

Im Zweifel mit der Masse

Wie viel Herdentier steckt im Einzelnen?

Unser Verhalten wird durch das Bedürfnis, Teil einer Gemeinschaft zu sein, stärker beeinflusst, als es uns bewusst ist. Politik und Wirtschaft wissen das und nutzen die unterbewussten Reflexe des Sozialverhaltens aus, um Wähler und Käufer zu manipulieren. Die Wissenschaftler der Verhaltensökonomie haben die Macht, die der uralte Herdentrieb noch immer über die Menschen hat, in eindrücklichen Experimenten bewiesen. Unbewusst verhält sich der Mensch immer gruppenkonform. Dabei spielt es zunächst keine Rolle, ob die Gruppe aus Fremden oder Freunden besteht. Sich anders zu verhalten als die Mehrheit kostet Kraft und erfordert Mut.

Die Tendenz zum gruppenkonformen Verhalten ist ein Resultat der Anpassung an eine extrem feindliche Umgebung, in der Menschen nur überleben konnten, wenn sie zusammenhielten. Dies ähnelt in vielen Punkten dem Sozialverhalten höher entwickelter Tiere. Diese Verhaltensmuster, die zu der unteren Ebene der Triebe, Instinkte und Emotionen zählen, machen rund ein Drittel der Prozesse im menschlichen Gehirn aus. Emotionen wie Angst, Einsamkeit, Lust oder Trauer können zeitweise sogar den Geist dominieren. Dieser Teil der Psyche wird über die Gene vererbt und stammt noch aus den Anfängen der menschlichen Evolution. Die einzelnen Komponenten des Herdentriebs beeinflussen auch die Struktur größerer Gemeinschaften bis hin zu ganzen Nationen. Darum gleichen sich Ideologien von Religionen, Politik und Diktaturen in vielen Punkten. Es gibt aber eine Ausnahme, die nicht in dieses Triebschema passt: die Demokratie.

Der Drang zur Gemeinschaft

Tiere und Menschen schließen sich zu Gruppen zusammen, weil sie einem tief im Unterbewusstsein verankerten Drang folgen. Der Einzelne braucht eine Gruppe, zu der er sich zugehörig fühlen kann. Dieser Drang oder Impuls ist die Basis des Herdentriebs, ohne den es keine Herden, Schwärme oder Stämme geben würde.

Wie viel Macht dieser Urtrieb auch noch über den modernen Menschen hat, zeigt ein einfaches Experiment. Zu Beginn wurden Schauspieler mitten in einer Fußgängerzone platziert, die auf eine Stelle hoch an einer Hauswand starren sollten. Es war nichts als die monotone Hauswand zu sehen, und die Schauspieler waren angewiesen, nicht zu sprechen. Es sollte getestet werden, ab welcher Anzahl von Akteuren sich weitere Passanten zu der Gruppe gesellen und ebenfalls die leere Hauswand anstarren würden. Wenn nur ein Schauspieler dort stand und nach oben blickte, blieb keiner der Passanten stehen. Auch bei zwei Personen gab es keine Veränderung im vorbeiströmenden Menschenfluss. Aber ab drei Personen blieben weitere Passanten stehen und schauten nach oben. Die Gruppe wuchs rasch weiter an. Drei nach oben starrende Personen reichen also selbst dann als Keim für einen Menschenauflauf aus, wenn beim besten Willen keine Ursache für die Versammlung auszumachen ist.

Im nächsten Schritt wurde ermittelt, wovon es abhängt, dass die Passanten stehen bleiben. Wenn die Ursache für die Menschenansammlung offensichtlich und wohlbekannt war, wie etwa die Schlange vor einem Geldautomaten, blieben die Passanten nicht stehen. Nur wenn das Verhalten der Gruppe rätselhaft erschien, gesellten sich andere zu ihnen. Neugier wäre eine Erklärung für den Effekt, aber Neugier allein erklärt nicht, warum der Effekt erst auftritt, wenn die Gruppe aus mehr als drei Personen besteht. Neben der Neugier folgen die Passanten vermutlich einem Verhaltensmuster, das Teil des Herdentriebs ist. Es fällt ihnen schwer, an einer Gruppe, die ohne offensichtlichen Grund versammelt ist, vorbeizugehen. Instinktiv versuchen die Passanten, die Ursache für die Versammlung herauszufinden. Es kostet eine bewusste Anstrengung, bei einem unerklärlichen Menschenauflauf nicht stehen zu bleiben.

Für die Frühmenschen war dieses Verhalten vermutlich überlebenswichtig. In ihrem Lebensraum lauerten überall Gefahren. Liefen die Menschen irgendwo plötzlich zusammen, war es wichtig, den Grund dafür herauszufinden. Es konnte eine Bedrohung oder eine Notlage sein, die gemeinsam bekämpft werden musste.

Dieser Reflex erklärt zum Teil auch die »Gaffer« auf der Autobahn. Trotz wiederholter Ermahnungen durch die Medien und die Polizei bilden sich bei Unfällen immer wieder Staus auf der Gegenfahrbahn. Sensationslust ist vermutlich das primäre Motiv. Aber dieses Verhalten folgt zusätzlich einem tief verwurzelten Instinkt, der sich nur schwer unterdrücken lässt.

Gruppendruck

Die Verhaltensforscher haben in Testreihen genauer analysiert, wie das Verhalten einzelner Personen in einer Gruppe verändert wird.

Eines dieser Experimente ist besonders beeindruckend. Es wurde das Verhalten einer einzelnen Testperson untersucht, die sich in einer Gruppe von neun Schauspielern befand, die sich gemäß den Anweisungen der Tester verhielten. Der echten Testperson wurde vorgegaukelt, dass die anderen neun Personen ebenfalls Testpersonen seien. Außerdem wurde ihr erklärt, in dem Test ginge es darum, wie genau Menschen den Größenunterschied zwischen zwei Objekten schätzen könnten. Den insgesamt zehn Personen wurden in einem Vorführsaal Bilder von jeweils zwei unterschiedlich großen Gegenständen gezeigt. Jede Person musste erklären, welches Objekt ihrer Meinung nach das größere sei. Die tatsächliche Testperson war »zufällig« immer die letzte, die ihre Wahl bekannt geben musste. In allen Bildern war offensichtlich, welche Antwort die richtige war, und jeder in der Gruppe einschließlich der echten Testperson gab erwartungsgemäß die richtige Antwort.

Diese ersten Tests dienten dazu, bei der echten Testperson Vertrauen aufzubauen. Aber dann kam das letzte entscheidende Bild. Es wurden zwei unterschiedlich lange Balken gezeigt, wobei ein Balken unzweifelhaft länger war als der andere. Die Schauspieler waren angewiesen, in diesem Fall die falsche

Antwort zu geben. Die wirkliche Testperson musste wieder als Letzte ihr Urteil abgeben. Sie hatte beobachtet, wie neunmal gegen den gesunden Menschenverstand verstoßen wurde. Nun war sie gezwungen, entweder anders als die anderen neun Mitglieder ihrer Gruppe zu entscheiden oder ebenfalls die offensichtlich falsche Antwort zu geben. Der Test wurde mit 100 US-Bürgern durchgeführt. 80 Prozent der Testpersonen gaben dem Gruppendruck nach und wählten die offensichtlich falsche Antwort. Auf die spätere Frage hin, warum sie das getan hätten, gaben die meisten an, dass sie nicht gegen die Mehrheit aufbegehren wollten. Es war ihnen peinlich. 10 Prozent gaben an, dass sie glaubten, sie lägen aus irgendeinem Grund diesmal falsch, und die Mehrheit hätte vermutlich recht. Sie glaubten tatsächlich, dass die kürzere Linie die längere war, weil es alle anderen behaupteten und diese anderen vorher immer das Richtige gesagt hatten.

Das Experiment zeigt, wie stark das Verhalten einer Gruppe das Verhalten des Einzelnen beeinflussen kann. Es ist regelrecht schwierig, gegen die Mehrheit in einer Gruppe zu handeln, selbst wenn diese Mehrheit offensichtlich falsch liegt. Die meisten Probanden beugten sich dem Gruppendruck, um Ärger zu vermeiden, aber sie glaubten in Wahrheit, dass die Gruppe diesmal unrecht hatte. Bei einer Minderheit hatte der Gruppendruck eine so starke Wirkung, dass sie das Falsche für das Richtige hielt. Sie wären die perfekten Untertanen. Bedenklich ist allerdings, dass nur 20 Prozent nach ihrer wirklichen Meinung abstimmten und die große Mehrheit Mitläufer waren, die keinen Ärger wollten.

Die archaischen Wurzeln des Herdentriebs

Menschen gehorchen unbewusst einem vererbten Herdentrieb. Sie neigen dazu, sich Gruppen anzuschließen. Innerhalb dieser Gruppen herrscht eine soziale Ordnung, die auf einfachen Regeln beruht. Die Ähnlichkeit zu tierischen Verhaltensmustern ist manchmal verblüffend. Was ist der Grund für die Existenz dieser tief verwurzelten Instinkte, die offenbar auch das Verhalten des Menschen trotz seiner Intelligenz maßgeblich beeinflussen? In der Biologie wird jede körperliche Eigenart und jedes Verhalten der Tiere durch eine erhöhte Überlebenswahrscheinlichkeit erklärt. Oder präziser ausgedrückt: Körperliche Eigenarten und Verhaltensmuster müssen die Wahrscheinlichkeit erhöhen, viele Nachkommen zu haben. Zu diesem Grundprinzip der Evolution gibt es eine individuelle, nur auf das einzelne Tier bezogene Sichtweise und eine Sichtweise, die das Überleben der Art insgesamt betrachtet.

In der einfacheren Sichtweise muss nur das einzelne Tier möglichst viele Nachkommen haben. Damit lässt sich allerdings ein altruistisches Verhalten nicht erklären, denn einzelne Tiere müssten sich in dieser Logik immer egoistisch verhalten. Sie schaden sich selbst, wenn sie anderen ohne Eigennutz helfen. Zulässig wäre höchstens, im Rahmen einer »Wie du mir so ich dir«-Logik kurzfristig eigene Nachteile in Kauf zu nehmen, um später Gegenleistungen einzufordern. Diese Betrachtungsweise greift aber zu kurz, weil es in der Evolution nicht um einzelne Tiere, sondern um die Arterhaltung geht. Dabei kann die Natur aus menschlicher Sicht ein enormes Leid einzelner Tiere in Kauf nehmen, solange es der Erhaltung der ganzen Art dient. Mit dieser erweiterten Zielsetzung der Arterhaltung wird die Zusammenarbeit innerhalb einer Gruppe plötzlich zu einem entscheidenden Überlebensfaktor. Auch altruistisches Verhalten, das in der Natur häufig beobachtet wird, lässt sich nun problemlos erklären. Ein Beispiel dafür sind die Ameisen, die die Nahrung nicht nur für sich selbst, sondern für das Kollektiv sammeln. Aus der Sicht der Erhaltung der ganzen Art ist Zusammenarbeit eine erfolgreiche Strategie.

Die klassische Sichtweise auf die Evolution als ein Überleben des Stärkeren muss durch die erweiterte Zielsetzung des Überlebens der Art modifiziert werden. Im Kampf um das Überleben lassen sich drei Ebenen unterscheiden:

- der Kampf gegen Umweltgefahren und Freßfeinde
- die Konkurrenz zwischen Tierherden der gleichen Art
- die Konkurrenz zwischen den Tieren innerhalb einer Herde.

Fressfeinde und Umweltgefahren können zum Aussterben der Tierart führen. In beiden Fällen ist die Abwehr in organisierten Gruppen wirkungsvoller als der

Kampf der Einzeltiere. Auch Nahrung lässt sich in Gruppen besser beschaffen wie zum Beispiel in den Jagdrudeln von Delfinen oder Wölfen. Ein Nachteil des Lebens in Herden ist jedoch die höhere Anfälligkeit gegenüber Krankheiten und Parasiten, aber dieses Risiko wird durch die genannten Vorteile aufgewogen.

Gruppen der gleichen Tierart stehen in Konkurrenz um den Zugang zu Ressourcen. Meist geht es um Land, Wasser oder Nahrung. Schimpansenstämme verteidigen ihr Territorium gegen Nachbarstämme. Bei ihnen gibt es auch kriegerische Auseinandersetzungen um Nahrungsquellen wie zum Beispiel fruchttragende Bäume. Eine einzelne Schimpansenfamilie, die nicht zu einer Gruppe gehört, hat deshalb im Dschungel keine Überlebenschance. Dazu ist es erforderlich, Artgenossen aus konkurrierenden Stämmen von Angehörigen des eigenen Stamms zu unterscheiden. Die Ablehnung von nicht gruppenzugehörigen Artgenossen ist ein Urinstinkt aus diesem innerartlichen Wettbewerb konkurrierender Stämme.

Innerhalb einer Herde stehen die einzelnen Tiere in einem Wettbewerb um den höchsten Reproduktionserfolg. Bei vielen Arten führt dieser zu Rangkämpfen zwischen den Männchen. Die Gewinner sind die Alphamännchen, die bei Arten wie den Löwen und Seeelefanten sogar ein Monopol auf die Weibchen haben. Die untergeordneten Männchen können sich nur noch in unbeobachteten Momenten mit Weibchen paaren.

Der Mensch hat in den hoch entwickelten Ländern den Kampf gegen Fressfeinde und Umweltgefahren weitgehend gewonnen. Fressfeinde gibt es nur noch in Zoos, und Umweltgefahren wie Dürren, Stürme, Überflutungen und Fehlernten fordern im Vergleich zu den Katastrophen der Vergangenheit nur noch wenige Todesopfer.

Die menschliche Gesellschaft wird vom Konkurrenzkampf zwischen den Stämmen dominiert, die noch immer häufig in Kriege ausarten. Auch der Einzelne befindet sich nach wie vor im permanenten Konkurrenzkampf um den gesellschaftlichen Aufstieg innerhalb seiner »Herde«.

Die vier Tiere (Esel, Hund, Katze, Huhn) der Bremer Stadtmusikanten stehen für die Vielfalt verschiedener sozialer Lebensformen, wobei aber fast immer eine Hierarchie in der einen oder anderen Form vorliegt. Die lineare Hierarchie, wie sie eine Pyramide symbolisiert, ist die simpelste Form. Hühner leben in dieser klassischen »Hackordnung«. Das andere Extrem sind Hauskatzen, die nur zur Paarung Kontakt zu Artgenossen suchen. Sie sind die Individualisten unter den höheren Tieren. Hunde sind ähnlich wie der Mensch auf soziale Kontakte angewiesen und können sich unterschiedlichen Partnerschaften anpassen. Die lineare Hierarchie ist eine davon, aber in einer Familie kann ein Hund auch komplexere soziale Bindungen eingehen. Wilde Esel leben in Herden mit einem Leittier und nahezu gleichberechtigten Herdenmitgliedern.

Die Evolution verfügt über kein Mittel, den einzelnen Tieren Verhaltensrichtlinien für die vielfältigen Situationen des Alltagslebens mitzugeben. Sie muss mit unspezifischen Trieben, Instinkten und Emotionen arbeiten, die über die Gene vererbt werden. Im Laufe der Evolution werden die Gene ständig optimiert, aber es kommt häufig zu Fehlentwicklungen. Ein Beispiel ist die monströse Schere der Winkerkrabbe. Es lässt sich leicht vorstellen, dass in der Vergangenheit Arten aufgrund solcher Fehlentwicklungen im innerartlichen Wettbewerb ausgestorben sind. Auch bei der Konkurrenz der Stämme gegeneinander sollte es nicht zum Auslöschen ganzer Tierherden kommen, denn das würde die Arterhaltung gefährden.

Aggressionshemmung

Die Natur muss die Aggressivität so weit begrenzen, dass der innerartliche Wettbewerb nicht bis zur Auslöschung eskaliert. Die Aggression und ihre Begrenzung werden über das Triebsystem geregelt. Ein zu hoher Aggressionslevel kann zum Aussterben einer Art führen. Warum beispielsweise der *Neandertaler* ausgestorben ist, konnte bisher nicht geklärt werden. Über das Verhalten dieser Urmenschen ist wenig bekannt, aber eine Theorie besagt, dass sie extrem aggressiv waren. Möglicherweise handelt es sich also um eine weitere Korrektur einer Fehlentwicklung gegenüber einer etwas weniger aggressiven Art, dem *Homo sapiens*, weil eine geringere Aggressivität die Zusammenarbeit erleichtert. Zwei der Mechanismen, die zur Begrenzung der innerartlichen Aggression bei Tieren und Menschen führen, werden im Folgenden vorgestellt.

Benachbarte Stämme konkurrieren um die zur Verfügung stehenden Ressourcen. Dabei geht es in erster Linie um Nahrung und Lebensraum. Es liegt im Interesse einer Herde, sich die Ressourcen der Nachbarn einzuverleiben. Um die Auslöschung einer Nachbarherde zu verhindern, regelt die Natur den Aggressionstrieb nach unten, je weiter sich Tiere von ihrem eigenen Territorium in ein fremdes Territorium vorwagen. Das Wissen um die wachsende Entfernung vom eigenen Territorium lässt die Eindringlinge immer mutloser werden. Bei den Gegnern geschieht das Gegenteil. Dringt der Feind nur wenig in das eigene Revier ein, stößt er zwar auf Gegenwehr, diese ist aber noch schwach und unentschlossen. Dringen die Angreifer weiter vor, wird die Gegenwehr der Verteidiger heftiger. Es ist eine doppelte Regelung: Abnahme der Aggressivität bei den Eindringlingen und Zunahme der Abwehr bei den Angegriffenen. Damit reguliert die Natur die Konkurrenz zwischen benachbarten Herden, sodass es nicht zur totalen Vernichtung einzelner Stämme kommen kann.

Auch der Mensch kennt das Unbehagen, das ihn beschleicht, wenn er in fremdes oder verbotenes Territorium eindringt. Je weiter er eindringt, umso stärker wird das Unbehagen. Auch ein angegriffener Staat wird sich immer heftiger verteidigen, je mehr er in die Enge getrieben wird. Die Mechanismen, die verhindern sollen, dass sich die Angehörigen einer Art gegenseitig töten, ähneln sich zwischen Mensch und Tier.

Ein weiterer Mechanismus zur Regulierung der Aggression betrifft die Rangordnungskämpfe innerhalb einer Tierherde. Jedes Tier strebt innerhalb der Hierarchie der Herde zu einem höheren Rang. Unreguliert würde dieses Streben zu ständigen Auseinandersetzungen führen. Bei männlichen Pavianen und Schimpansen sind Rangordnungskämpfe an der Tagesordnung. Bei

Herden, die aus hundert oder mehr Tieren bestehen, könnten die Kämpfe so weit eskalieren, dass die männlichen Tiere nur noch mit internen Auseinandersetzungen beschäftigt wären. Fressfeinde hätten ein leichtes Spiel, und die Suche nach Nahrung würde vernachlässigt werden. Die Natur hat für dieses Problem eine elegante Lösung gefunden. Hat ein Tier mehrfach hintereinander Rangordnungskämpfe verloren, entwickelt es eine Verlierermentalität: Es wird unterwürfig, mutlos und ängstlich. Diese Verhaltensumstellung wird durch eine permanente Veränderung im Hormonhaushalt ausgelöst. Das Tier wird dauerhaft auf »Verlierer« umgestellt und akzeptiert seinen niedrigen Rang in der Hierarchie.

Diese Aggressionsregelung lässt sich auch beim Menschen nachweisen. Das männliche Sexualhormon Testosteron steuert unter anderem den Grad an Aggressivität. Der Testosteronlevel kann ähnlich einfach wie der Blutzuckerspiegel gemessen werden. Bei Fußballfans wurde der Testosteronlevel vor und nach einem Fußballspiel gemessen. Es stellte sich heraus, dass die Fans einer Gewinnermannschaft nach dem Spiel einen erhöhten Level aufwiesen. Sie waren euphorisch, aggressiv und optimistisch. Diese Steigerung der Hormonausschüttung hielt für einige Tage an. Umgekehrt sank der Testosteronlevel bei den Fans der Verlierermannschaft. Sie waren für einige Tage mutlos, ängstlich und unterwürfig. Diese Veränderungen sind nicht dauerhaft.

Anders sieht es aus, wenn Menschen in kritischen Phasen ihrer Entwicklung ständig gedemütigt werden. Da besteht die Gefahr, dass der Hormonhaushalt dauerhaft auf »Verlierer« umgestellt wird. Menschen in diesem Zustand werden von ihren Mitmenschen sofort als untergeordnet angesehen. Dieses Erkennen eines unterlegenen Artgenossen ist eine archaische Fähigkeit aus der fernen Vergangenheit. Kinder und Jugendliche, die häufig gedemütigt werden, erleiden dadurch großen Schaden. Diese eigentlich vernünftige Regelung der Natur, die den Zweck hat, innerartliche Rangkämpfe nicht ausarten zu lassen, kann Kinder im Extremfall für den Rest ihres Lebens zu Verlierern werden lassen. Sportlicher Wettkampf und berufliche Konkurrenz sind das Lebenselixier der menschlichen Gesellschaft. Es gilt, Kämpfe durchzustehen, aber jedes Kind und jeder Jugendliche sollte die Chance haben, gelegentlich zu gewinnen.

Wenn dies nicht geschieht, droht die Gefahr, dass den jungen Menschen bleibender Schaden zugefügt wird.

Im Extremfall führt die Aggressionshemmung zu einer Abhängigkeit des misshandelten Menschen gegenüber seinem Peiniger. Die Menschen akzeptieren ihren niedrigen Rang und bewundern ihre Peiniger. Manche Opfer sind der Meinung, dass sie zu Recht misshandelt werden, weil sie fehlbar und ungenügend seien. Es sind Auswüchse der Aggressionshemmung, die durch lang andauernde und tiefe Demütigung entstehen können. Im Normalfall werden solche Abhängigkeiten durch die kritische Vernunft und das kulturelle Umfeld verhindert.

Die Komponenten des Herdentriebs

Relativ wenige einfache Verhaltensreflexe führen in Gruppen oder Herden zur Entwicklung einer meist komplexen Sozialstruktur. Es handelt sich um ein typisches kollektives Phänomen: Einfache Regeln bewirken in einer großen Menge komplexe Reaktionen. Im Folgenden werden einige dieser Regeln, nach denen sich das menschliche Sozialverhalten richtet, beschrieben. Dabei wird immer wieder auf die Ähnlichkeit mit dem Verhalten von Tieren hingewiesen.

Gemeinschaft und Aufgabe

Bei Weitem nicht alle Tierarten leben in Gemeinschaften oder Herden. Raubtiere neigen zum Einzelgängertum oder leben in Kleinfamilien, Füchse und Bären führen ein Einzelgängerdasein. Sie haben kaum Feinde und benötigen daher nicht den Schutz einer Herde. Die nächsten Verwandten des Menschen, die Menschaffen, leben in Gruppen zwischen zehn und hundert Tieren. Ihre natürlichen Feinde sind Raubkatzen und die Nachbarstämme der eigenen Art. Das Leben eines Schimpansen ist gefährlich, und das erklärt den stark ausgeprägten Herdentrieb.

Auch viele Menschen empfinden in der sozialen Isolation eine schmerzliche Einsamkeit. Zusätzlich haben sie das Gefühl von Leere und Sinnlosigkeit.

Unsere nächsten Verwandten, die Schimpansen, sind gesellige Tiere. Das liegt vielleicht auch daran, dass ihre Überlebenschancen als Einzelgänger im Dschungel gering sind.

Viele Ideologien bieten daher nicht nur die Aufnahme in eine Gemeinschaft, sondern beinhalten auch einen Auftrag für den Einzelnen wie beispielsweise die Rettung der Welt, die Verbreitung des jeweiligen Glaubens oder der Kampf gegen einen Feind.

Menschen besitzen einen Intellekt, und manchmal schaffen sie es, sich von der Sehnsucht nach einer Gemeinschaft und der Suche nach einem Auftrag zu befreien. Obwohl in der modernen Welt das Leben ungefährlich ist und daher keine Notwendigkeit mehr besteht, sich einer Gruppe anzuschließen, können sich nur wenige Menschen ganz von diesem Bedürfnis unserer Urahnen befreien. Die Tatsache, dass die meisten Menschen heute eingebettet in ein privates soziales Netzwerk von Familienmitgliedern, Freunden und Bekannten leben oder Mitglieder in Vereinen oder Parteien sind, kann als Ausdruck des Bedürfnisses, sich einer Gruppe anzuschließen, interpretiert werden. Ist der Mensch einmal Teil einer Gruppe, werden weitere Mechanismen wirksam. Wie in den meisten Tiergemeinschaften etabliert sich auch beim Menschen fast unvermeidlich eine Hierarchie mit allen ihren Nebenwirkungen.

Die Individuen einer Kaste eines Insektenstaates sind alle gleich. Eine Ameise weiß nicht, dass sie selbst eine Ameise in einer Menge anderer Ameisen ist. Sie kann aber eine Sammlerin von einer Kriegerin unterscheiden und erkennt eine fremde Ameise sofort am Geruch. Die Angehörigen der eigenen Kaste sind aber für sie alle gleich.

Die meisten Schwarmfische leben ebenfalls in einer anonymen Gemeinschaft. Fische wie die Heringe haben »keine Freunde«, denn ihnen ist jeder wie der andere. In solchen Tiergemeinschaften gibt es keine Hierarchie, sondern nur mehr oder weniger automatische Reaktionen der Individuen aufeinander.

Höher entwickelte Tiere wie einige Vogelarten und viele Säugetiere leben zumindest zeitweise in Gemeinschaften. Wenn die Tiere ein Minimum an kognitiven Fähigkeiten besitzen, bildet sich fast immer eine Hierarchie. Es gibt einen Anführer, es gibt Tiere mit einem hohen sozialen Rang und Tiere am Ende der »Hackordnung«. Für eine Hierarchie ist es nicht unbedingt notwendig, dass sich die Tiere gegenseitig als Individuen erkennen. Beispielsweise qualifiziert sich derjenige mit dem größten Geweih als Anführer, und alle anderen sind die Untertanen. Eine höher entwickelte Hackordnung, wie sie bei vielen Vogelarten und bei Säugetieren wie Wölfen und Affen existiert, erfordert es allerdings, dass sich die Tiere identifizieren können. Jedes Tier weiß, welche Artgenossen einen höheren Rang und welche einen niedrigeren Rang einnehmen. Treffen zwei Tiere erstmalig aufeinander, muss die Rangordnung geklärt werden. Häufig läuft das auf einen Kampf hinaus, der je nach Tierart gewalttätig oder unblutig ritualisiert ablaufen kann. Das Bedürfnis nach der Klärung der Rangordnung ist tief im Instinktverhalten einer Art verankert. Wenn die Positionen geklärt sind, klingen die Rangordnungskämpfe ab, bis junge aufstrebende Tiere die Position der älteren wieder infrage stellen.

Theoretisch wäre es denkbar, dass im Tierreich in einer Herde mehrere Hierarchien parallel existieren, die sich in der Art der Talente und Fähigkeiten der Individuen unterscheiden: Manche Tiere finden weit entfernte Wasserstellen, andere spüren Beutetiere auf und wieder andere haben ein Talent im Auffinden von frischen Früchten. Aber solche mehrdimensionalen Hierarchien gibt es im Tierreich nicht. Die Palette der Fähigkeiten der einzelnen Tiere wird in eine lineare Hierarchie gepresst, die durch Körperkraft, ein großes Geweih oder lautstarkes Imponiergehabe beim Brunstruf festgelegt wird. Die so ausgewählten Alphatiere führen die Herde an.

Auch in der modernen Welt eines Industriestaats ist die lineare Hierarchie allgegenwärtig. Hierarchien gibt es bei Unternehmen, beim Militär, in der Verwaltung, beim Sport, in der Forschung und in den Schulen. Künstler werden nach dem Verkaufspreis ihrer Kunstwerke gerankt und Wissenschaftler nach der Anzahl ihrer Publikationen. Jeder hat einen Rang in irgendeiner Hierarchie. Hierarchie ist etwas Animalisches, denn alle höher entwickelten Tiere sind einen Großteil ihrer Zeit damit beschäftigt, ihren Rang in ihrer Herde zu verbessern. Sie wollen den Artgenossen überlegen sein.

Das gilt auch für den Menschen und ist ein weiteres Indiz dafür, dass der Herdentrieb das menschliche Verhalten trotz der Vernunft noch immer stark beeinflusst. Auch die Hierarchien der Menschenwelt sind eindimensional, obwohl es angesichts der Komplexität der Wirklichkeit bisweilen lächerlich anmutet. Ein Beispiel ist die Abiturnote. Nach ihr werden alle Gymnasiasten Deutschlands auf einer Skala zwischen eins und vier einsortiert. Diese Zahl entscheidet auch über den Zugang zu bestimmten Studienfächern. Auch Wissenschaftler aus so unterschiedlichen Disziplinen wie Philosophie, Psychologie, Physik, Biologie, Chemie, Wirtschaft, Informatik und Mathematik werden nur nach der Anzahl ihrer Veröffentlichungen bewertet. Die Forschungsthemen und intellektuellen Inhalte sind weniger wichtig. »Je mehr umso besser« – das gilt auch für das Geweih eines Leithirschs. Der Herdentrieb lässt die Menschen eindimensional denken und reduziert die vielfältigen Fähigkeiten des menschlichen Gehirns auf eine simple lineare Skala.

Besonders wichtig ist die Hierarchie im Militär: Jeder Soldat trägt seine Rangabzeichen auf den Schultern und ist sofort als Unteroffizier oder General erkennbar. In jedem Unternehmen gibt es einen Chef und ein Leitungsgremium. Es gibt Abteilungsleiter, Unterabteilungsleiter, Angestellte und Arbeiter. Ganz unten am Ende der Rangordnung stehen zum Beispiel die Reinigungskräfte.

Auch hier gibt es eine einfache Zahl, die die Position in der Hierarchie festlegt: das Einkommen. Die Hierarchie wird auch in der menschlichen Gesellschaft durch permanente Rangordnungskämpfe ausgefochten. Sie erscheint dem Menschen als selbstverständliches Produkt seiner Zivilisation und Intelligenz – und doch ist sie animalischen Ursprungs und instinktgetrieben.

Selbst in Kleinstgruppen im Kindergarten bildet sich fast sofort eine Hierarchie aus. Sobald Menschen alt genug sind, dass sie miteinander kommunizieren können und ein Ich-Bewusstsein entwickelt haben (etwa ab zwei Jahren), etablieren sie im Kontakt mit Gleichaltrigen automatisch eine Hierarchie. Es gibt Kinderpersönlichkeiten mit einem Führungsanspruch, die bestimmen, welche Spiele gespielt werden, und die von den anderen Kindern um Rat gefragt werden. Die Mechanismen, wie sich diese Hierarchien ausbilden, sind für Mädchen und Jungen unterschiedlich. Bei den Jungen sind es eher aggressive Handlungen wie »Bullying« (eng. bully – »brutaler Kerl«), während die Mädchen mehrheitlich verbal vorgehen. In jedem Fall etabliert sich rasch eine Hierarchie, die sich zwar im Grad der Kultiviertheit, nicht aber im Endergebnis von den Hierarchien in anderen Primatengruppen unterscheidet.

Ein mächtiger Antrieb des menschlichen Verhaltens ist der Wunsch nach Anerkennung und Überlegenheit. Gesellschaftliche Anerkennung ist oft mit einem Aufstieg in der Hierarchie verbunden. Es gibt aber noch eine andere Form der Anerkennung. Ein Kind erwartet für eine besondere Leistung die Anerkennung der Eltern. Ein Mitarbeiter freut sich über ein kleines Lob. Auch der Chef hat einen guten Tag, wenn die Mitarbeiter einmal ein gutes Wort für ihn übrig haben. Ein Familienmitglied freut sich über ein unerwartetes kleines Geschenk. Diese sanfte Art der Anerkennung spielt im zwischenmenschlichen Bereich eine große Rolle und ist nicht mit dem Konkurrenzverhalten verknüpft, sondern ist ein Ritual der Zusammengehörigkeit. Solche sanften Rituale findet man auch bei Tieren.

Das Bedürfnis nach Etablierung einer Hierarchie ist den meisten höheren Tieren und insbesondere den Primaten eingeprägt. Auch der Mensch wird immer eine Hierarchie errichten – unabhängig davon, ob diese Ordnung sinnvoll ist oder nicht. Es ist ein Urinstinkt.

Macht und Kontrolle

Das vielleicht wichtigste Privileg eines hohen Rangs ist Macht. Ein ranghohes Tier oder ein ranghoher Mensch kann Entscheidungen treffen, nach der sich alle Mitglieder der Gruppe richten müssen. Totalitäre Macht in einem Staat manifestiert sich in der Möglichkeit, den Alltag der Untertanen zu bestimmen. In solchen Gesellschaften wird den Bürgern vorgeschrieben, wo sie wohnen und welchen Beruf sie ergreifen müssen. Viele fundamentalistische Ideologien haben Vorschriften für die Ernährung, die Kleidung und den Tagesablauf. Diktatoren und Sektenführer versuchen sogar, die Gedanken ihrer Anhänger zu kontrollieren, und jede unbedachte Äußerung kann drastische Folgen haben.

Die Kontrolle des Alltags der Untertanen ist ein Machtmittel und dient zur Bekräftigung der Unterwerfung. In einer menschlichen Gesellschaft wird zwar jede Vorschrift begründet, aber in Wirklichkeit geht es um die Demonstration der Macht. In einer Tiergemeinschaft ist eine Begründung nicht notwendig. Ranghohe Tiere demonstrieren ihre Macht immer wieder durch Willkürakte gegenüber Rangniederen. Sie beanspruchen den Vorrang bei der Ernährung und lassen den Rangniederen nur minderwertige Nahrung. Oder sie verdrängen Rangniedere auch dann von einem bevorzugten Platz, wenn sie gar nicht im Weg stehen. Der Begriff »Herumschubsen« umschreibt treffend das Verhalten ranghoher Tiere, wobei es durchaus zu ernsten Verletzungen der Rangniederen kommen kann.

Kontrolle anderer ist ein archaischer Trieb, der zum Hierarchiestreben gehört. Ökonomische Vorteile, die häufig mit höherer Macht verbunden sind, sind nicht die primäre Motivation dieser Kontrolle. Machthungrige Menschen wollen selbst dann, wenn die Bevormundung ihnen keine persönlichen Vorteile bringt, über das Leben ihrer Mitmenschen bestimmen. Kontrolle hat eine Tendenz zur Willkür. Gibt es sachliche Gründe für eine Anordnung, folgen die Untertanen nicht den Befehlen des Mächtigen, sondern den Sachzwängen. In diesem Fall wäre es keine wirkliche Unterwerfung unter den Willen des Mächtigen. Verbote müssen also Dinge betreffen, auf welche die Untertanen nur ungern verzichten, wie etwa das Verbot von Reisen in Diktaturen. Nur dann ist es eine wirkungsvolle Machtdemonstration. Ein übersteigertes Machtstreben führt also zu sinnlosen Regeln, Zwängen und Vorschriften. Solche Regeln und Vorschriften finden sich in vielen totalitären Gesellschaften. Sie haben keinen anderen Zweck als den der Unterwerfung.

Die Kontrolle des Alltags der Gläubigen ist ein gemeinsames Merkmal vieler Religionen. Häufig gibt es diverse Rituale, die den Tagesablauf regulieren. In Klöstern müssen Mönche und Nonnen einem genauen Stundenplan mit Gebeten und vielerlei Pflichten folgen. In den meisten Glaubensgemeinschaften gibt es Vorschriften für die Nahrungsaufnahme. Besonders häufig ist das Verbot bestimmter Speisen und Getränke. Umgekehrt gibt es auch Gebote für eine ritualisierte Nahrungsaufnahme an Festtagen. Auch Christen kennen Beschränkungen des Alltagslebens, allerdings hat diese Art der Kontrolle im modernen Christentum stark an Bedeutung verloren.

Heute tauchen in den westlichen Demokratien neue Strömungen auf, die wieder eine stärkere Kontrolle des Alltags der Bürger fordern. Ein Beispiel sind die Veganer, denen der Genuss vieler Speisen verboten ist. Solche starken und umfangreichen Verbote schaffen eine starke Gruppenidentität. Kontrolle des Individuums in der Gruppe durch die Gruppe ist eine fundamentale Erscheinungsform des Herdentriebs sowohl in Tiergemeinschaften als auch in menschlichen Gesellschaften. Dass diese Art der Kontrolle in Wirklichkeit eine Machtausübung ist, zeigt sich daran, dass die Vorschriften meist nur für die Rangniederen gelten. Selbst im Fall von religiösen Gemeinschaften halten sich die ranghohen Mitglieder nicht an die eigenen Vorschriften. Das gilt auch für andere fundamentalistische Gesellschaften wie beispielsweise die frühen kommunistischen Diktaturen, deren Funktionäre im Luxus lebten. Im Übergang zu einem totalitären Staat weitet sich die Kontrolle ins Unermessliche aus. Diktatoren verlangen die totale Überwachung jeder Aktivität des Einzelnen. Die besondere Aufmerksamkeit der Diktatoren gilt immer den Bildungsinstitutionen. In Schulen und Universitäten dürfen nur noch vom Regime gebilligte Inhalte gelehrt werden. Die Kontrolle eines Diktators und seiner Anhänger reicht bis in jede Nische der Gesellschaft.

Verbote, Vorschriften und Regulierungen, die das Leben der Mitmenschen kontrollieren, müssen in einer freien Gesellschaft begründet werden. Das min-

Parkplatz in einer von Kontrolle dominierten Gesellschaft. Die farbig markierten Flächen sind für Minderheiten und Teilgruppen vorgesehen. Es gibt spezielle Parkplaketten und unterschiedliche Parkgebühren. Die kaum noch erkennbare Funktionalität steht im keinen Verhältnis zum bürokratischen Aufwand.

dert das Überlegenheitsgefühl, das dann maximal ist, wenn die Kontrolle keinen anderen Zweck verfolgt als die Demonstration der Überlegenheit.

Machthungrige Menschen lösen dieses Problem, indem sie Scheinbegründungen erfinden. Für jede noch so unsinnige Regulierung lässt sich eine Begründung finden. Ein reales, aber harmloses Beispiel ist das EU-weite Verbot von Glühbirnen. Mit der gleichen Begründung (Klimaschutz) ließe sich allerdings auch ein Verbot des Autofahrens durchsetzen. Ein derartig drastisches Verbot würde tief in den Alltag der Bürger eingreifen und den Übergang in ein fundamentalistisches System markieren. Die Parlamente vieler westlicher Länder verabschieden im Rekordtempo neue Vorschriften. Es wird zwar immer ein Vorwand angegeben, warum die eine oder andere Vorschrift notwendig sei, aber eine vernunftbasierte Kosten-Nutzen-Analyse fehlt. Mit Schlagworten wie »Sparen«, »Umwelt«, »Gender«, »Gesundheit« oder »Sicherheit« lässt sich jede Vorschrift oder Kontrolle begründen. Natürlich braucht eine komplexe moderne Hochleistungszivilisation Vorschriften, aber die Vorschriften müssen einen echten Nutzen haben, der den Schaden – die Einschränkung der Freiheit – aufwiegt.

Ist der Nutzen vernachlässigbar gering, handelt es sich um eine Machtdemonstration zum Zweck der Unterwerfung. Dem Bedürfnis, seine Mitmenschen um der Kontrolle willen zu kontrollieren, sollte Einhalt geboten werden. Die Anzahl der Vorschriften erreicht sonst absurde Größenordnungen, und das ist ein weiterer Hinweis darauf, dass es sich um einen Trieb mit einem animalischen Ursprung handelt.

Gefolgschaft und Gleichschaltung

Der Wille zur Anhängerschaft gehört auch zum Herdentrieb. Um ständige Rangordnungskämpfe zu vermeiden, akzeptieren Individuen eine einmal etablierte Rangfolge. Die Position der Ranghohen wird nicht mehr infrage gestellt. Innerhalb der Anhängerschaft kommt es aber weiterhin zu Rangordnungskämpfen. Die Bewunderer versuchen, in den inneren Kreis der Führungselite vorzudringen: Das Idol selbst wird zur Identifikationsfigur der ganzen Gruppe und unantastbar. Im menschlichen Bereich kann die Akzeptanz bis hin zur glühenden Verehrung gehen. Ein Führer, ein Vorbild oder ein Idol werden bewundert, die Anhänger imitieren das Verhalten, die Kleidung, die Gesten des Vorbilds. In politischen oder religiösen Bewegungen vertreten die Anhänger die gleichen dogmatischen Grundsätze.

Die äußerliche und innerliche Gleichschaltung ist ein Identifikationsmerkmal, an dem sich Gleichgesinnte gegenseitig erkennen. Rituale, die spezifisch für die jeweilige Gruppe sind, helfen bei der Unterscheidung von Gruppenmitgliedern und Fremden. Die Gleichschaltung kann eine ganze Nation erfassen und markiert den Übergang in ein totalitäres System. Kritisches Denken widerspricht der Gleichschaltung und wird nicht zugelassen. Abweichler sind potenzielle Feinde. Die Medien verbreiten die immer gleichen Parolen, und die Anhänger nutzen die immer gleichen alternativlosen Argumente. Die Gleichschaltung erzeugt ein Gefühl von Zugehörigkeit, Sicherheit und Heimat. Die Führungspersönlichkeit gibt dem einzelnen Menschen Ziel und Inhalt für sein Leben. Es gibt eine Vielzahl von Beispielen von Idolen und Führern. Die Skala reicht von Rocksängern über charismatische Sektengründer bis hin zu Diktatoren. Alle haben sie ihre Fans, Gläubige und Anhänger. Manchmal ist es ein ganzes Volk, das einem Führer folgt. Es ist ein Verhaltensmuster, dessen Wurzeln weit zurück reichen bis in die archaische Vergangenheit der Menschheit.

Intoleranz und Feindbilder

In der Vorzeit lebten die Menschen in einer Stammesgesellschaft. Benachbarte Stämme bekämpften sich gegenseitig. Um zu überleben, war es notwendig, dass die Mitglieder des Stammes zusammenarbeiteten. Abweichler konnten in der permanenten Bedrohungslage nicht geduldet werden. Daraus resultiert bis heute eine instinktive Abneigung gegen Andersdenkende. Es ist die stammesgeschichtliche Wurzel der Intoleranz.

Die Neigung zu stereotypen Feindbildern und Vorurteilen gehört ebenfalls zu den vererbten Instinkten. In einer feindlichen Umgebung, wo der gewaltsame Tod allgegenwärtig ist, ist Misstrauen gegenüber Fremden überlebenswichtig. In der Urgesellschaft waren die Angehörigen des Nachbarstamms automatisch Feinde, da sie auf die gleichen Ressourcen zurückgreifen mussten. Feindbilder und Vorurteile waren also durchaus berechtigt und erhöhten die Überlebenswahrscheinlichkeit in dieser frühen Phase des Übergangs vom Menschenaffen zum Menschen. Auch hier zeigt sich wieder, dass die Verhaltenssteuerung über die Vererbung zu langsam ist, um sich einer rasch veränderlichen Umwelt anzupassen. Die menschliche Kultur, die über Sprache und Schrift von Generation zu Generation weitergegeben wird, kann sich dagegen in kurzer Zeit an Veränderungen anpassen. Das erklärt, warum die Triebe, Instinkte und Emotionen mit der kulturellen Entwicklung nicht Schritt halten.

Die Ablehnung gegenüber Fremden und Andersdenkenden hat noch eine weitere Funktion: Sie trägt dazu bei, eine Gruppenidentität aufzubauen. Eine Gemeinschaft muss sich von anderen Gemeinschaften abgrenzen, damit sich die Individuen mit ihr identifizieren können. Zur Gruppenidentität tragen viele Faktoren bei: eine gemeinsame Sprache, gemeinsame Traditionen, gemeinsame Umgangsformen, ähnliche Kleidungs- und Essgewohnheiten. Auch ein gemeinsamer Feind kann den Zusammenhalt einer Gruppe fördern und eine stabilisierende

Wirkung haben. Das Gleiche gilt für Vorurteile. Eine starke Identität ist ein Vorteil, denn jeder Einzelne ist hoch motiviert, sich für diese Gemeinschaft einzusetzen.

Überblick

Der Herdentrieb ist ein Gewebe mehrerer instinktiver Verhaltensweisen, die sich gegenseitig bedingen. Tiere und Menschen zeigen dabei ganz ähnliche Verhaltensmuster. Der Herdentrieb zerfällt in mehrere Komponenten, die zusammen das Sozialverhalten steuern:

Gemeinschaft und Wirkungsauftrag:
Im menschlichen Bereich veranlassen das Gefühl der Einsamkeit und die Sinnsuche die Menschen, sich einer Gruppe anzuschließen.

Hierarchie, Anerkennung und Überlegenheit:
Menschen wie Tiere leben in hierarchischen Gemeinschaften. Jedes Individuum möchte in der Hierarchie aufsteigen. Das Streben nach Anerkennung und Überlegenheit über andere sind wesentliche Antriebe menschlichen Handelns.

Macht und Kontrolle:
Das Streben nach Macht und Kontrolle über das Leben der Artgenossen ist ein Grundantrieb menschlichen Handelns. Auch Tiere streben nach Macht und Kontrolle über ihre Artgenossen.

Gefolgschaft und Gleichschaltung:
Zum Herdentrieb gehören die Gefolgschaft zu einem Führer oder einer Idee und die innerliche und äußerliche Gleichschaltung der Anhänger.

Intoleranz und Feindbilder:
Um ein tragfähiges Gefühl der Zusammengehörigkeit zu schaffen, werden Abweichler und Fremde ausgegrenzt.

Diese miteinander verwobenen Antriebe bestimmen das Verhalten der einzelnen Menschen in einer Gruppe. Das Sozialverhalten einer Gesellschaft ist wesentlich komplexer und entsteht als kollektives Phänomen aus diesen einfachen Grundmustern, die die Wechselwirkungen zwischen den einzelnen Mitgliedern einer Gruppe bestimmen.

6

Die Weisheit der Vielen

Auswirkungen des Herdentriebs auf die Gesellschaft

Der große Überlebensvorteil einer aufkeimenden Intelligenz der gemeinsamen Vorfahren der Menschen und Menschenaffen startete das lawinenartige Wachstum des Gehirns. Die soziale Intelligenz befähigte die Menschen zur Zusammenarbeit, und die technische Intelligenz gab ihnen Waffen und Werkzeuge in die Hand. Die Frühmenschen lebten in kleinen, eng zusammengeschweißten Gemeinschaften. Raubtiere, ständiger Nahrungsmangel, extreme Klimaschwankungen und der Kampf mit benachbarten Stämmen um Territorien und Ressourcen erhöhten den Selektionsdruck und beschleunigten die Entwicklung. Die wachsende Intelligenz besiegte zwar schließlich die Bedrohung durch Raubtiere und Umweltgefahren, aber Stammeskriege und spätere Kriege zwischen den Nationen durchziehen die Geschichte des Menschen bis in die moderne Zeit. Die rudimentäre Intelligenz der frühen Menschen war zunächst nur ein kleiner Vorteil im Überlebenskampf, aber sie entwickelte sich rasch zum alles entscheidenden Faktor.

Der geborene Krieger

Die Intelligenz des Menschen ist eine Anpassung an das Überleben in einer feindlichen Umgebung. Hauptfeind war und ist der Mensch selbst. Die Menschen haben mit der Entwicklung der letzten zwei Millionen Jahre alle anderen Spezies weit hinter sich gelassen und sind heute die dominierende Art auf der Erde. Diese Evolution hat aber nicht die friedliebenden Individuen bevorzugt. Auch Einzelgänger hatten in der Frühzeit keine Überlebenschance. Einen Kampf gewinnen große und gut organisierte Gruppen von Kriegern. Der perfekte Krieger war aggressiv, liebte die Gemeinschaft und lebte in einer strengen Hierarchie. Krieger gehorchten Befehlen, strebten nach Anerkennung und Aufstieg in ihrer Hierarchie und hatten ein klares Feindbild. Ihre Welt teilte sich auf in »wir« und »die anderen«. »Die anderen« waren feindlich. Auch das moderne Militär lebt nach diesen Grundsätzen.

Die Frühmenschen hatten diese Eigenschaften, die sie zu erfolgreichen Kriegern werden ließen, nicht intellektuell reflektiert und eine kriegerische Gesellschaft nicht planvoll aufgebaut. Die Natur geht anders vor. Sie steuert das Verhalten des Einzelnen über die Triebe. Allgemeine Verhaltenstendenzen, die jedem Individuum aufgeprägt sind, genügen, um eine optimierte Sozialstruktur als kollektives Phänomen entstehen zu lassen. Die vererbten Triebe und Instinkte sind in den 30 Prozent des Gehirnvolumens angesiedelt, das der Mensch

Die Ureinwohner Papua-Neuguineas sind ein Beispiel dafür, wie die Frühmenschen möglicherweise lebten. Die Männer waren Krieger. Ansehen und Stellung in der Hierarchie waren ihr Lebensinhalt.

von seinen Urahnen geerbt hat. Die Soziologie hat menschliche Gesellschaftsformen wie Diktaturen und Religionsgemeinschaften auf gemeinsame Merkmale hin untersucht. Das erstaunliche Ergebnis ist, dass sich alle Gemeinschaften in bestimmten Punkten ähneln: Es sind Merkmale, die sich auf den Herdentrieb zurückführen lassen.

Der archaische Herdentrieb des Menschen

Im Allgemeinen sind Triebe nicht etwas Negatives, sondern überlebensnotwendig. Ohne Triebe wäre der Mensch apathisch. Unter dem Begriff »Herdentrieb« werden im Folgenden die Triebe, Instinkte und Emotionen zusammengefasst, die das Sozialverhalten steuern. Das Triebsystem ist in den Genen kodiert und hat sich über die Jahrtausende hinweg nur sehr langsam geändert. Daher existieren bis in die Neuzeit Gesellschaftsformen, die wesentliche Merkmale der archaischen Stammesgesellschaft aufweisen. Ein drastisches Beispiel für eine vom Herdentrieb dominierte Gesellschaft aus der jüngeren Geschichte ist das Naziregime. Zehntausende von Bürgern standen stramm und jubelten Hitler zu. Sie begingen unvorstellbare Untaten und folgten ihm bis in den Untergang. Ähnliches geschah in der Neuzeit auch in anderen Ländern: Mao Zedong und Stalin haben ebenfalls Millionen von Todesopfern zu verantworten.

Immer wieder gleiten Länder in den Fundamentalismus ab. Die Bürger geben ihren archaischen Trieben nach und suchen ihr Glück in einer totalitären Ideologie. Ein Abrutschen in eine unfreie Staatsform erfolgt häufig dann, wenn eine Nation in eine gesellschaftliche oder ökonomische Krise gerät. Hitler löste die kriselnde Weimarer Republik ab, Mao das versteinerte Kaiserreich und der Kommunismus das Zarentum, das die Industrialisierung versäumt hatte.

Gemeinsame Eigenschaften aller Ideologien

Das wichtigste Merkmal, weshalb sich Menschen überhaupt in Gemeinschaften organisieren, ist die tief in der Psyche verankerte Sehnsucht nach Gemeinschaft. Dieses Bedürfnis ist Teil des Herdentriebs. Der Mensch ist grundsätzlich gesellig, und um dieses Bedürfnis zu stillen, kann er sich einer oder mehreren Gruppierungen als Mitglied anschließen. Er kann einer Kirche angehören und gleichzeitig in einem Sportverein und einer politische Partei aktiv sein. Auch Unternehmen haben eine Sozialstruktur mit einer meist ausgeprägten Hierarchie und vielfältigen sozialen Aktivitäten.

Die Gruppierungen unterscheiden sich im Grad der Intensität, mit der sie ein Individuum vereinnahmen. Vereine lassen den Mitgliedern in allen Belangen des Lebens absolute Freiheit. Auch Unternehmen haben nur einen begrenzten Einfluss auf das Leben des Einzelnen. Ihre Aktivitäten konzentrieren sich auf die Aspekte des Soziallebens, die für das Unternehmen wichtig sind. Was der Einzelne glaubt und welche Werte er vertritt, spielt am Arbeitsplatz in einer freien Gesellschaft kaum eine Rolle. Die meisten kleineren Gruppierungen schränken die Freiheit des Einzelnen also lediglich in den Bereichen ein, die unmittelbar mit dem Zweck der Vereinigung verknüpft sind. Daher können sie aber auch nur in geringem Maß die über die reine Geselligkeit hinausgehenden Bedürfnisse nach sozialer Einbindung, Orientierung und nach einem Lebenszweck erfüllen.

Die Sehnsucht nach einer sinngebenden Gemeinschaft erfüllen Sekten, Religionen und politische Ideologien. Sie können die alte Rolle des »Stammes« übernehmen. Bei einer vergleichenden Analyse von Sekten, Weltanschauungen, Religionen und politischen Bewegungen zeigen sich viele Gemeinsamkeiten. Im Folgenden werden die verschiedenen Gruppierungen vereinfachend unter dem Begriff »Ideologien« in der Bedeutung einer gemeinsamen »Idee« zusammengefasst, die die Anhänger vereint. Fast jede menschliche Gemeinschaft, die über den Kreis der Familie hinausgeht, braucht eine solche verbindende Idee. In diesem allgemeinen Sinn ist eine »Ideologie« eine gesellschaftliche Notwendigkeit. In einer pluralistischen Gesellschaft wird heute manchmal die »Freiheit von jeder Ideologie« propagiert. Es ist fragwürdig, ob das möglich ist.

Trotz der behaupteten Ideologiefreiheit muss es eine gemeinsame Wertebasis (z. B. Demokratie, soziale Marktwirtschaft, Freiheit des Einzelnen, Gleichberechtigung von Mann und Frau usw.) geben. Aber auch für sich alleine betrachtet ist die Idee der Ideologiefreiheit auch wieder eine Ideologie. Im weiteren

Sinn ist auch die Demokratie eine Ideologie, wenn auch eine besonders tolerante und wenig dogmatische. Im engeren Sinn geht es im folgenden Vergleich hauptsächlich um Großideologien, die viele Millionen Anhänger begeistern. Bei ihnen sind die Mechanismen, die solche Bewegungen antreiben, besonders deutlich erkennbar. Großideologien zeigen viele Gemeinsamkeiten, die sich aber auch bei kleineren Gruppierungen wie Sekten oder kleineren politischen Bewegungen wiederfinden.

Die wichtigste Grundlage für den Erfolg einer Ideologie ist das Gefühl der Gemeinsamkeit. Die Bewegung vermittelt eine Identität, ein »Wir-Gefühl«. Die Zugehörigkeit zu einer *Gemeinschaft* muss sowohl für Mitglieder als auch für Außenstehende leicht erkennbar sein. Solche gemeinsamen Merkmale können

Merkmale einer Ideologie

Gemeinschaft
Sprache, Kleidung, Rituale,
Regeln, Feinbild

Hierarchie
Anerkennung, Überlegenheit,
Kontrolle, Gefolgschaft, Führer

Merkmale einer Ideologie, die sich auf den animalischen Herdentrieb zurückführen lassen: Der primäre Antrieb ist die Suche nach Geborgenheit in einer Gemeinschaft, in der sich dann automatisch eine Hierarchie etabliert.

beispielsweise die *Sprache*, die *Kleidung*, gemeinsame Rituale oder einzuhaltende *Regeln* sein. Das Militär löst das Problem mit Uniformen und Rangabzeichen. Ein klares *Feindbild* verstärkt den Zusammenhalt einer Gruppe. Ein wesentliches Element jeder Gemeinschaft ist die *Hierarchie*. Menschen streben nach einem hohen Rang, *Anerkennung* und dem Gefühl der *Überlegenheit*. Machtmenschen verlangt es nach *Kontrolle* über die Mitmenschen. Bevormundung und Kontrolle sind die hervorstechendsten Merkmale fundamentalistischer Systeme. Die Rangniederen leisten als willige Untertanen den Anführern *Gefolgschaft*. Erfolgreiche Großideologien haben charismatische *Führer*. Im Folgenden werden diese Bausteine typischer Ideologien, die sich auf den archaischen Herdentrieb zurückführen lassen, an Beispielen erläutert.

Merkmale der Gemeinschaft

Der vielleicht wichtigste Antrieb, sich einer Sekte, einer Bewegung oder Gruppierung anzuschließen, ist das Gefühl von Einsamkeit und Leere. Diese Emotionen führen dazu, dass Tiere und Menschen sich zu Familien, Clans, Herden, Schwärmen, Stämmen oder noch größeren Gruppierungen zusammenschließen. Die Einbindung in ein soziales Netzwerk von Freunden und Nachbarn, einer Familie oder einem Verein ist für viele Menschen ausreichend, um ein starkes »Wir-Gefühl« zu empfinden. Allerdings fehlen diesen kleineren Gruppierungen meist viele wichtige Merkmale, wie sie größere Gemeinschaften haben. Dazu gehören ein Dogmensystem, eine Mission und eine Utopie. Vielen Menschen genügen daher die kleinen Gemeinschaften nicht als Lebensinhalt. In Aktivistengruppen, Sekten, fundamentalistischen Religionen oder Diktaturen wird der Einzelne in eine strenge Organisation eingebunden. Sein Alltag wird von vielen Pflichten strukturiert, und es gibt häufig Versammlungen und gemeinsame Aktivitäten, bei denen er Gleichgesinnte trifft. Großideologien mit Millionen von Anhängern legen größten Wert auf eine enge Gemeinschaft, und das macht sie so attraktiv. Der Einzelne geht in der Organisation auf.

Sprache

Neben der Beherrschung des Feuers ist die Sprache die wichtigste Errungenschaft des Menschen im Daseinskampf. Erst die Sprache ermöglicht es einer Gruppe, planvoll zusammenzuarbeiten. Sie ist dabei nicht nur Kommunikationsmittel, sondern wird selbst zu einem sozialen Band zwischen den Stammesmitgliedern, die sich gegenseitig an ihrer Sprache erkennen. Bis in die Neuzeit hinein hatte jedes Dorf einen eigenen Dialekt. Der Mensch kann sehr feine Unterschiede in der Aussprache erkennen. Diese tragen maßgeblich zur Identitätsbildung einer Gruppe bei.

Viele Teilgruppen der Gesellschaft wie Jugendliche, Sportfans, Politaktivisten oder Computerspezialisten entwickeln eine eigene, mit Abkürzungen und Spezialbegriffen gespickte Sprache, mit der sie sich von anderen abgrenzen und gegenseitig erkennen können. Die katholische Kirche und die Bildungselite sprach über Jahrhunderte Latein, um sich vom gemeinen Volk abzuheben. Mitglieder von Widerstandsbewegungen erkennen einander an Codewörtern und doppeldeutigen Formulierungen. Eine blasierte Ausdrucksweise der Oberschicht hatte nicht nur die Funktion, die Zugehörigkeit zu einer Gruppe zu demonstrieren, sondern auch den Überlegenheitsanspruch geltend zu machen. Extremisten aller Couleur bedienen sich einer eigenen Ausdrucksweise, um sich vom Mainstream abzusetzen. Eine gemeinsame Sprache ist der vielleicht wichtigste Baustein zur Identitätsformung einer Gruppe.

Kleidung

Menschen erkennen sich als Angehörige einer Gruppe auch an der Kleidung. Soldaten tragen Uniform, um im Gefecht Freund von Feind unterscheiden zu können. Im Frieden genügt eine Kopfbedeckung oder ein Tuch, um die Anhänger einer Ideologie, einer Religion oder eines regionaltypischen Kleidungsstücks zu erkennen: Die Bayern haben die Lederhose, die Schotten den Schottenrock, und männliche Parteimitglieder erkennen sich an der Farbe ihrer Krawatte. Bedienstete großer Unternehmen tragen Uniformen im Corporate

Design. Hare-Krishna-Anhänger kleideten sich in Orange, und Existenzialisten trugen Schwarz. Einige Großideologien legten größten Wert auf eine Einheitskleidung. Hitlers Parteigänger trugen braune Hemden und Mao Zedongs Anhänger den blauen Mao-Anzug. Kleidung ist also ein weiteres Hilfsmittel zur Kenntlichmachung einer Gruppenidentität.

Rituale

In einer Gesellschaft haben Rituale mehrere Funktionen. Ein wichtiger Zweck ist, die Zugehörigkeit zu einer Gemeinschaft nach außen sichtbar zu dokumentieren. Obwohl sie an Bedeutung verloren haben, sind Rituale auch aus dem Alltag der Industriestaaten nicht wegzudenken. In der westlichen Welt geben sich Menschen bei der Begrüßung die Hand, und eine Verweigerung der dargebotenen Hand wird als Affront angesehen. Eine Geste aus den USA ist der »High five«, bei der zwei Personen als Ausdruck gemeinsamer Zufriedenheit über einen Erfolg jeweils eine Hand heben, um sie in die erhobene offene Handfläche des Gegenübers zu schlagen. In manchen östlichen Ländern muss eine Verbeugung zur Begrüßung in einem Winkel erfolgen, der dem Hierarchieunterschied entspricht. Inder falten die Hände vor dem Körper und verbeugen sich ebenfalls leicht.

Im Gegensatz zu diesen kleinen Alltagsritualen der freien Welt müssen Anhänger fundamentalistischer Ideologien vielfältige strenge Rituale befolgen. Je fundamentalistischer eine Ideologie ist, umso ausgeprägter beherrschen Rituale den Alltag. Der Zeitaufwand kann von einem Gottesdienst oder einer Schulung pro Woche bis zu mehreren täglich zu absolvierenden Übungen reichen. Politische Bewegungen legen größten Wert auf Schulungen, in denen die Anhänger zum einen auf die Gemeinschaft und zum anderen auf die Lehrmeinungen eingeschworen werden.

Häufige und anspruchsvolle Rituale haben auch den Zweck, den Alltag der Anhänger zu strukturieren. Sie vermitteln den Menschen Inhalt und Beschäftigung. Neulinge werden mit Initiationsriten in die Gemeinschaft aufgenommen. Im Nationalsozialismus war es die »Hitler-Jugend«, im italienischen

Faschismus warn es die Jugendorganisation »Balilla«, in der DDR dienten die »Jungen Pioniere« und die »Freie Deutsche Jugend« (FDJ) als ideologische Kaderschmiede.

Aufnahmerituale kennen auch die meisten Religionen. Mit Initiationsriten wurden schon in urzeitlichen Stämmen Jugendliche in die Welt der Erwachsenen aufgenommen. Traditionen und Bräuche gehören ebenfalls zu den identitätsstiftenden Ritualen. Weihnachten ist das vielleicht wichtigste Fest in den christlichen Ländern. Städte und Dörfer werden im Vorfeld mit großem Aufwand geschmückt: Weihnachtsmärkte sind Teil des kulturellen Lebens im Dezember. Weitere lebendige Bräuche sind Karneval und Fassnacht. Rituale, Traditionen und Bräuche definieren auch in den Industriestaaten noch immer das »Wir-Gefühl«, auch wenn die Regeln lockerer geworden sind.

Regeln

Anhänger einer Ideologie müssen verschiedene Regeln beachten. Das betrifft alle Aspekte des Alltags. Die Regeln geben den Anhängern Halt und Orientierung. Auch lässt sich mit ihnen eine Hierarchie aufbauen. Je genauer ein Gläubiger die Regeln befolgt, umso höher ist sein Ansehen. Die Regeln haben meist keinen wirklichen Nutzen. Sie erscheinen dem Außenseiter oft sinnlos. Denn hätten Verbote oder Gebote einen Sinn, wären sie nicht identitätsstiftend, denn auch Außenseiter würden sie einhalten. Ein Verbot oder Gebot einer Ideologie muss etwas betreffen, dessen Einhaltung die Anhänger Überwindung kostet. Bei religiösen Gemeinschaften sind solche Verbote besonders häufig. Manche Gläubige dürfen an Feiertagen kein Feuer machen und keine Motoren ein- oder ausschalten. Andere Gruppierungen lehnen moderne Technik ab und nutzen noch immer Pferdekutschen. Besonders Frauen unterliegen in fundamentalistischen Gemeinschaften drastischen Einschränkungen und dürfen beispielsweise nicht Autofahren. In manchen Religionen werden heilige Tiere verehrt, die auf keinen Fall zu Schaden kommen dürfen. Die meisten Religionen kennen Verbote von Speisen, die entweder permanent oder zu bestimmten Zeiten gelten. Gesundheitsaktivisten bekämpfen Fast-Food-Ketten und Umweltaktivisten

Getränkedosen. Andere versuchen, allen das Rauchen zu verbieten. Veganern sind alle tierischen Produkte verboten.

Die heimische Mülltrennung ist ein modernes identitätsstiftendes Ritual, das früher einmal einen Nutzen hatte. Heute kann Haushaltsmüll schnell und fehlerfrei von Maschinen sortiert werden, aber trotzdem wird daran festgehalten. Verbote aus ideologischen Gründen können sich auf jedes noch so kleine Detail des Alltags erstrecken. Allerdings darf ein ideologisches Verbot keinen objektiven Zweck haben. Erst die Willkür macht ein Verbot zu einer Aufforderung, ein Opfer zu bringen und damit die Zugehörigkeit zu einer Gruppe zu beweisen.

Feindbilder

In den Stammesgesellschaften der Vorzeit waren benachbarte Stämme vermutlich häufig verfeindet, darum war es für einen Stamm überlebenswichtig, in einer engen Gemeinschaft gemeinsam zu kämpfen. Daraus resultiert bis heute das instinktive Verhalten, angesichts einer Bedrohung zusammenzurücken.

Viele Ideologien nutzen imaginäre Gefahren oder vermeintliche Feinde als Argumente, um neue Anhänger anzuwerben. Propheten aller Zeitalter drohten mit dem Weltuntergang, wenn die Menschen nicht von ihrem unguten Lebenswandel ablassen und sich ihrer Bewegung anschließen würden. Bis heute sind Drohungen dieser Art eine gängige Methode, um neue Parteimitglieder oder Gläubige anzuwerben. Andere Ideologien machten Minderheiten für Missstände verantwortlich. Ein typisches Beispiel für ein imaginäres Feindbild ist die »jüdische Weltverschwörung«, die Hitler für die Armut in Deutschland verantwortlich machte. Im Kalten Krieg der Nachkriegszeit schuf die Propaganda der beiden Großmächte USA und UdSSR die Feindbilder vom diktatorischen Kommunisten und ausbeuterischen Kapitalisten.

Beispiele für aktuelle Feindbilder sind Großindustrielle, Rassisten, Umweltsünder, Sozialbetrüger, Wähler rechter Parteien und Steuerflüchtlinge. Ein Feindbild ist ein typisches Merkmal des animalischen Herdentriebs. Der Herdentrieb sieht in allen Individuen, die nicht zur eigenen Gruppe gehören, potenzielle Feinde. Nicht alle Ideologien predigen den Kampf gegen einen Feind, aber um zu einer Massenbewegung zu werden, ist ein überzeugendes Feindbild für eine Großideologie unverzichtbar.

Merkmale der Hierarchie

Die meisten sozial lebenden Tiere einschließlich der Primaten leben in streng hierarchisch gegliederten Gruppen. Es gibt einen Anführer, eine Oberschicht privilegierter Tiere, die dem Alphatier nahestehen, und es gibt die rangniederen Tiere am unteren Ende der Hierarchie. Letztere werden von allen anderen schikaniert. Die Hierarchie ist die mit Abstand häufigste Sozialstruktur für alle in Herden lebenden höheren Tiere. Das wichtigste Ziel im Leben der männlichen Tiere ist der Aufstieg zu einem höheren Rang. Das gilt in ähnlicher Weise auch für die Menschen.

Bereits in Gruppen von Kindergartenkindern bildet sich in kurzer Zeit eine Hierarchie heraus. Ein oder zwei dominante Kinder bestimmen, was gespielt wird, und die anderen ordnen sich unter. In vielen Bereichen des menschlichen Lebens gibt es eine lineare Hierarchie mit einer präzisen Rangordnung. Dazu gehören das Militär, viele Unternehmen und der öffentliche Dienst. In einigen wenigen Gesellschaften gibt es eine egalitäre Mittelschicht, deren Mitglieder gleichberechtigt sind, aber immer gibt es eine Ober- und eine Unterschicht. Das gilt für Tiere genauso wie für Menschen. Das Prinzip der Hierarchie und das Streben nach »oben« sind wichtige Merkmale des menschlichen und tierischen Herdenverhaltens und feste Bestandteile des Sozialverhaltens des Menschen.

Mit Ausnahme der Demokratie sind alle menschlichen Gesellschaftsformen Hierarchien. Dazu gehören die Stammesgesellschaft, die mittelalterliche Feudalgesellschaft, die Monarchien und die Diktaturen. Ein besonders prägnantes Beispiel ist das indische Kastensystem. Oft wird die Hierarchie mit technischen Notwendigkeiten begründet. In einem Unternehmen müsse es Vorgesetzte, Abteilungsleiter und Untergebene geben, so scheint es jedenfalls. Die Auslese der Führungselite sollte nach Eignung und Qualifikation erfolgen. Tatsächlich unterscheiden sich die Menschen in ihren vielfältigen Talenten und Fähigkeiten. Die Besetzung einer leitenden Position nach objektiver Eignung

Hierarchie der römisch-katholischen Kirche

Hierarchie-Pyramide in der katholischen Kirche. Ähnliche eindimensionale Hierarchien finden sich in vielen Organisationen und Gruppen der menschlichen Gesellschaft. Besonders ausgeprägt ist die lineare Hierarchie im Militär.

ist also sinnvoll und dient dem Erfolg des Unternehmens. Aus dem gleichen Grund bevorzugt vermutlich die Evolution eine hierarchische Struktur in einer Tierherde. Es ist eine erfolgreiche Organisationsform, wenn es um die Lösung konkreter Aufgaben geht.

Wenn sich jedoch im menschlichen Bereich eine Hierarchie spontan etabliert, geschieht das nicht nach Eignung und Qualifikation. Dann ist es ein instinktgesteuerter Prozess, der bei Kleinkindern ähnlich abläuft wie in einer Reisegruppe oder im Altersheim. Es ist fragwürdig, ob eine instinktgesteuerte menschliche Hierarchie der menschlichen Intelligenz gerecht wird, oder ob es nicht ein Rückfall in archaische Zeiten ist. Eine lineare Hierarchie ist immer eindimensional. Sie kann der Vielfalt der menschlichen Fähigkeiten nicht gerecht werden.

Das Verlangen nach einer Hierarchie ist im Menschen offenbar übermächtig. Es gibt den besten Abiturienten, die schönste Frau, den stärksten Gewichtheber, die beste Schule, den schönsten Song, das schnellste Auto, den schönsten Zuchtpudel, den ökologischsten Staubsauger, den beliebtesten Politiker, den unbeliebtesten Showmaster, die energiesparendste Glühlampe, die teuerste Luxuslimousine, das sauberste Hotel und die schnellste Reparaturwerkstatt, das teuerste Gemälde und den bedeutendsten Wissenschaftler. Nur in wenigen Fällen erfolgt die Einordnung nach überprüfbaren Kriterien. Bei Sportlern ist das relativ einfach, aber in den meisten Fällen ist es die subjektive Einschätzung eines Auswahlgremiums.

Oft ist es nicht möglich, mit objektiven Methoden festzustellen, ob eine eindimensionale Rangordnung dem jeweiligen Objekt gerecht werden kann. Ist es wissenschaftlich gesehen möglich, den »schönsten« Zuchtpudel zu identifizieren? Oder die beste Schule? Die Zwanghaftigkeit, mit der alles in eine eindimensionale Rangordnung gepresst wird, ist eher ein Hinweis auf den triebhaften Charakter dieses Verhaltens. Menschliche Vielfalt wird auf animalische Einfalt reduziert.

Anerkennung

Menschen suchen Anerkennung. Es ist ein Teilaspekt des Herdentriebs und gehört zum Streben nach Aufstieg in der Hierarchie. Das Bedürfnis nach Anerkennung ist vielleicht der wichtigste Antrieb allen menschlichen Handelns. Kinder bemühen sich um gute Noten in der Hoffnung auf Anerkennung durch die Eltern. Lehrlinge arbeiten fleißig und erwarten vom Meister dafür gelobt zu werden. Angestellte freuen sich über ein Lob vom Chef, und ein Chef freut sich über eine positive Rückmeldung von seinen Mitarbeitern. Es geht nicht immer um eine Beförderung oder eine Lohnerhöhung, sondern häufig nur um ein erhöhtes Ansehen und um Akzeptanz in der Gruppe.

Anerkennung gehört zu den Mechanismen, die eine Gruppe zusammenhalten. Das Militär verleiht aus dem gleichen Grund Orden. Die Anerkennung durch die Organisation wird so für alle erkennbar. Anerkennung bewirkt, dass Menschen sich uneigennützig für die Gemeinschaft einsetzen. Dieses altruistische Verhalten ist ein Grund dafür, dass die Menschen eine so erfolgreiche Spezies sind. Allerdings handelt es sich um einen Trieb, ein Streben, das seine Ursache im Unbewussten hat. Die Verweigerung von Anerkennung, ob berechtigt oder unberechtigt, führt zu Frustration und Aggressivität. Auch das zeigt die triebhaften Wurzeln dieses Aspekts menschlichen Sozialverhaltens.

Überlegenheit

Das Streben nach einem höheren Rang ist ein tief verwurzelter Drang im Menschen. Ein hoher Rang bedeutet Überlegenheit über die Rangniederen. Ein Gefühl von Überlegenheit ist einer der wichtigsten Gründe, einer Sekte, Religion oder politischen Bewegung beizutreten. Viele Ideologien richten sich an Menschen aus der Unterschicht und versprechen ihnen einen höheren Status. So können sie sich vielleicht zum ersten Mal anderen Menschen gegenüber überlegen fühlen. Beispiele aus der Geschichte sind die kommunistische Revolution, die die Arbeiterklasse verherrlichte, oder die Nazis, die die Arier zur überlegenen Rasse erklärten. Auch Religionen locken mit dem Versprechen, zu den Auserwählten zu gehören und folglich auf die Ungläubigen herabblicken zu können. Heute geht es oft um moralische Überlegenheit, und Aktivisten verschiedenster Gruppierungen fühlen sich als die besseren Menschen. Das Streben nach Überlegenheit ist ein weiteres grundlegendes Element des Herdentriebs.

Kontrolle

Innerhalb einer Hierarchie haben die Ranghohen die Befehlsgewalt und erteilen den in der Hierarchie tiefer stehenden Individuen Befehle: Ranghohe können das Leben ihrer Mitmenschen kontrollieren. Der Drang, über das Leben anderer zu bestimmen, ist ein fundamentaler Trieb des Menschen, der das Verhalten im Unterbewussten beeinflusst und selten bewusst reflektiert wird.

Totalitäre Ideologien entwerfen Vorschriften, die kaum einzuhalten sind, und entwickeln ein ausgefeiltes Überwachungssystem, um die Einhaltung der Vorschriften zu überprüfen. Es gibt unzählige Beispiele: In der kommunistischen Diktatur der Sowjetunion war der KGB für die Bespitzelung der eigenen Bürger zuständig. Er misstraute jedem, der sich nicht an die Vorgaben der Partei hielt. In der DDR wurden Briefe aus und in den Westen geöffnet und auf subversives Gedankengut überprüft. Wohnungen wurden den Menschen zugeteilt, und Besuch aus dem Westen musste gemeldet werden. In China verlaufen Abstimmungen auf Parteitagen bis heute praktisch ohne Gegenstimmen und ohne Enthaltungen.

Die Angst diszipliniert auch die hohen Parteikader. Im Nationalsozialismus war jede Abweichung verdächtig: Bunte Kleidung, ausländisches Essen, amerikanische Musik – alles war gefährlich, denn es bedeutete, andere Vorlieben zu haben als der Führer. Auch bei fundamentalistischen Religionsgemeinschaften führt allein schon der Genuss verbotener Speisen oder unpassende Kleidung zum Ausschluss. In manchen Ländern ist es ein Vergehen, an bestimmten Tagen Wäsche zu waschen oder einen Laden zu öffnen. In anderen Ländern wird jede noch so vorsichtige Sympathieäußerung für die Opposition geahndet.

Eine Kontrolle des freien Denkens kann indirekt auch durch eine ideologisch gesteuerte Sprachregelung geschehen. Ein extremes Beispiel ist das »Neusprech« aus dem Roman *1984* von George Orwell. Auch heute gibt es solche Ansätze. In einem Merkblatt des Bundesverwaltungsamts in Berlin wird den Staatsangestellten erklärt, wie die deutsche Sprache nach den neuen Regeln der Political Correctness zu nutzen sei. Beispielsweise wäre demnach der Ausdruck »Studentenwohnheim« nicht mehr zulässig: Es muss genderkonform Studierendenwohnheim heißen.

In der modernen Welt wird die Kontrolle durch Verwaltungen ausgeübt. Im Laufe der Zeit wächst die Zahl der Vorschriften immer weiter an, weil ständig neue Vorschriften hinzukommen und alte kaum abgeschafft werden. Parallel dazu wird immer mehr Verwaltungspersonal eingestellt. Dadurch wird der Gestaltungsspielraum der Bürger und Unternehmen stetig kleiner und der Arbeitsaufwand für die Erfüllung der Verwaltungsauflagen immer größer. Es wird als Angriff gegen die herrschende Ideologie gewertet, wenn die Bürger den Sinn der Vorschriftenflut hinterfragen. Für jede neue Vorschrift, jede neue Steuer oder jedes neue Verbot gibt es offizielle Begründungen. Aber die Maßnahmen haben auch den Zweck, die etablierten Machtstrukturen zu festigen. Die Vorschriftenflut ist ein Kristallisationsprozess, der im Endstadium alle Aktivität und Innovation lähmen wird. Dieses Streben nach Kontrolle ist eine Facette des Herdentriebs.

Gefolgschaft

Die Evolution verhindert permanente Rangordnungskämpfe, indem rangniedere Individuen nach mehreren verlorenen Kämpfen ihre niedrige Stellung akzeptieren und zu Untertanen werden. Bei Tieren geht diese Umstellung mit Veränderungen im Hormonhaushalt einher, die Aggressivität, Neugierde und Mut reduzieren. Die rangniederen Tiere werden ängstlich und unterwürfig. Auch Menschen akzeptieren nach einiger Zeit eine niedrigere Position und versuchen, durch unterwürfiges Verhalten und Gehorsam Aggressionen ranghöherer Personen zu mildern. Bei Soldaten geht der Gehorsam so weit, dass sie Befehle akzeptieren, die ihr eigenes Leben gefährden. Im Krieg ist dieses Verhalten notwendig und sinnvoll. Totalitäre Ideologie und fundamentalistische Sekten nutzen dieses Verhaltensmuster.

Eine extreme Form der Gefolgschaft gegenüber einer charismatischen Führerschaft ist der Terrorismus. Gefolgsleute stellen die Dogmen ihrer Ideologie niemals infrage und verherrlichen ihre Anführer. In diesem Wahn können sie sogar dazu gebracht werden, gegen andere fundamentale Verhaltensprogrammierungen wie die Tötungshemmung gegenüber Kindern zu verstoßen. Über

Jahrhunderte waren Gefolgsleute die perfekten Untertanen. Ihr Verhaltensmuster passte zuerst in die archaische Stammesgesellschaft, später in die mittelalterliche Feudalgesellschaft und in der Moderne in die neuzeitlichen Diktaturen. Auch für kleinere extremistische Vereinigungen aus dem politischen oder religiösen Spektrum sind Untertanen die perfekten Anhänger. Doch für die Demokratie sind Untertanen und Mitläufer eine Gefahr.

Anführer

Die meisten Großideologien, die viele Millionen Menschen begeistern, haben eine Gründerfigur, die als Brennpunkt der Aufmerksamkeit dient. Der verherrlichte Anführer ist Vorbild, Orientierung und Symbol der Bewegung. Das trifft für die Diktatoren Hitler, Stalin und Mao Zedong zu. Die Diktatoren der Antike machten sich nicht die Mühe, eine aufwendige Ideologie oder Weltanschauung zu entwickeln und strebten auf der Basis eines simplen Nationalismus direkt die Weltherrschaft für ihr Volk an. Dazu gehörten Alexander der Große, Attila und Napoleon. Nationalismus kann als eine frühe Form des Herdentriebs angesehen werden, wobei in diesem Fall die Nation die Rolle des Stammes übernimmt.

Auch in neuerer Zeit gibt es wieder Führer wie Fidel Castro, Hugo Chavez und Kim Jong-un, die einen mystischen Status als Führer erlangt haben. Jim Jones hatte eine derartige Macht über die Anhänger seiner Sekte »Peoples Temple«, dass er sie 1978 zu einem kollektiven Selbstmord zwingen konnte. Die rund 1000 Toten, davon etwa ein Viertel Kinder, beweisen, welch ungeheure Macht eine charismatische Person über seine Anhänger haben kann. Die kritische Intelligenz kann durch brutale und lang anhaltende Indoktrination bis zur Selbstvernichtung ausgelöscht werden.

In einer totalitären Ideologie muss ein Führer permanent eine gottgleiche Sicherheit und Stärke ausstrahlen, ähnlich wie Kinder es vom Vater erwarten. Mit dieser Suggestivkraft löst er bei vielen Menschen den Untertanenreflex aus, der sie zu seinen bedingungslosen Anhängern werden lässt.

Eine ähnliche bedingungslose Anhängerschaft findet sich auch bei Fans von Popsängern und Fußballmannschaften. Die Unterordnung unter einen Führer

Szene aus einem Dokumentarfilm zur Geschichte des Sektenführers Jim Jones. 1978 zwang er seine Anhänger zum kollektiven Selbstmord.

gibt dem Menschen Sicherheit, Orientierung, Schutz und Selbstbewusstsein, indem er sich mit den Eigenschaften seines Vorbilds identifiziert.

Gründerfiguren großer Ideologien können aber auch Bewegungen ins Leben rufen, die die Gesellschaft zum Guten verändern. Auch in diesem Fall ist der Gründer die Personifikation der Ideologie oder Weltanschauung. Die Vorbildfunktion, die so oft von Diktatoren und religiösen Fundamentalisten missbraucht wird, kann auch Bewegungen anführen, die für Freiheit und Gerechtigkeit stehen. Eine charismatische Gründerfigur ist eine Komponente des Herdentriebs und kann große Menschenmengen bewegen – und wie jedes Werkzeug zum Schlechten oder zum Guten eingesetzt werden.

Beispiele für Gründerfiguren, die die Gesellschaft zum Guten veränderten, waren Buddha, Konfuzius, Jeanne d'Arc, Mahatma Gandhi und Martin Luther King. Sie initiierten große Bewegungen und Reformen in der Gesellschaft. Ihre Anhänger bewunderten sie, und auch lange nach ihrem Tod steht ihr Name für die Ideen, die sie vertraten. Ihre Fähigkeit, Menschen zu begeistern und hinter sich zu scharen, ist ein Mechanismus des Herdentriebs, der hier eingesetzt wird, um die Menschen und die Gesellschaft zu verbessern. Wie in der Zusammenfassung am Schluss des Buches erläutert wird, gibt es eine Übereinstimmung zwischen den Thesen im vorliegenden Buch und einigen Aspekten des Buddhismus und des Konfuzianismus.

Menschliche Merkmale einer Ideologie

Die beiden wichtigsten Merkmale aller Sekten, Weltanschauungen, Glaubensgemeinschaften und politischen Ideologien sind Gemeinschaft und Hierarchie. Diese beiden Basiskomponenten haben ihren Ursprung im animalischen Herdentrieb. Auch Herden, Schwärme und Rudel höher entwickelter Tiere zeigen diese Merkmale. Menschliche Gemeinschaften müssen aber noch weiteren Anforderungen genügen, die ihren Ursprung in der menschlichen Intelligenz haben. Für diese Merkmale gibt es keine Parallelen in der Welt der Tiere. Sie sind ebenso wie die animalischen Komponenten des Herdentriebs charakteristisch für totalitäre Ideologien, aber auch eine Demokratie kann sie nicht ignorieren.

Um die westlichen Demokratien zu stabilisieren, sind gerade die menschlichen Komponenten des Herdentriebs relevant. Es lassen sich sechs solcher zusätzlicher Merkmale identifizieren. Praktisch alle Ideologien verfügen über *Dogmensysteme*, die den Anhängern eine Orientierung im Alltag geben. Alle Ideologien haben eine *Mission.* Die Mission ist der Lebensinhalt der Anhänger, ihre Lebensaufgabe. In vielen Fällen hat die Mission das Ziel, die *Utopie*, die ferne Vision einer idealen Welt, Realität werden zu lassen. Teil dieser Utopie ist häufig auch das Versprechen von Wohlstand und einem sorgenfreien Leben. Ideologien schaffen sich eine *Pseudorealität*, denn sie würden eine Konfrontation mit der Wirklichkeit meist nicht überstehen. Eine Ideologie hat eine Lebenskurve und unterliegt einer *Alterung*. Ein gefährliches Merkmal vieler Ideologien ist der *Fundamentalismus.* Das Schema der Merkmale typischer Ideologien muss also um diese sechs rein menschlichen Komponenten ergänzt werden. Sie werden im Folgenden an Beispielen erläutert.

Dogmen

Tiere sind größtenteils instinktgesteuert. Ihre Triebe und Instinkte sagen ihnen, was sie in jeder Situation tun sollten. Menschen haben dagegen die Möglichkeit einer freien Entscheidung. Freiheit kann aber auch zur Orientierungslosigkeit führen. Eine wichtige weitere Funktion einer politischen Ideologie,

Merkmale einer Ideologie

Merkmale	Ursprung
Gemeinschaft Sprache, Kleidung, Rituale, Regeln, Feindbild **Hierarchie** Anerkennung, Überlegenheit, Kontrolle, Gefolgschaft, Führer	animalischer Ursprung
Dogmen **Missionen** **Utopien** **Pseudo-Realitäten** **Alterung** **Fundamentalismus**	rein menschlich

Übersicht über die gemeinsamen Merkmale menschlicher Ideologien. Die Sehnsucht nach Gemeinschaft, die Etablierung einer Hierarchie und die Notwendigkeit eines Anführers sind Merkmale, die auch für Tiergemeinschaften typisch sind. Andere Merkmale wie ein Dogmensystem, eine Mission, eine ferne Utopie oder eine Pseudorealität erfordern intellektuelle Fähigkeiten, die nur der Mensch hat.

einer Weltanschauung oder eines Glaubens ist die Vorgabe eines Regelwerks, das die Aufgabe der alten Triebe, Instinkte und Emotionen übernimmt. Dogmen und ihre Ausführungsbestimmungen liefern für jede Situation eine Orientierung. Praktisch jede Großideologie verfügt über ein solches Dogmensystem. Für den Kommunismus sind es zum Beispiel das *Kapital* von Marx und die *Mao Bibel*, die noch durch vielfältige Detailbestimmungen der Parteiapparate ergänzt und erweitert werden. Auch Religionen haben umfangreiche Dogmensysteme. In extremen Fällen gibt es für jedes Detail des Alltags Vorschriften und Anweisungen. Auch Weltanschauungen wie die Lehren des Buddhismus und die Weisheiten des Konfuzius unterweisen ihre Anhänger, wie sie sich gegenüber ihren Mitmenschen und bei ihren Alltagsverrichtungen verhalten sollten. Die Grundlage dieser Vorschriften und Unterweisungen ist meist ein ausgefeiltes System von Grundwerten, aus dem sich die vielen Detailvorschriften ableiten lassen.

Mission

Ein wichtiger Antrieb, sich einer Ideologie oder Sekte anzuschließen, ist ein Gefühl der Sinnlosigkeit. Ideologien haben daher immer eine Mission, deren Erfüllung zum Lebensinhalt ihrer Anhänger wird. Eine naheliegende Aufgabe ist oft die Anwerbung neuer Anhänger. Gläubige der verschiedensten Religionen entwickeln missionarischen Eifer in dem Bemühen, Ungläubige und Mitglieder konkurrierender Glaubensgemeinschaften von ihrem Glauben zu überzeugen.

Das Gleiche gilt für politische Aktivisten, die jeden in ihrer Umgebung dazu bewegen wollen, ihrer Partei beizutreten. Lässt sich jemand überzeugen und schließt sich ihr an, ist dies eine Bestätigung für den Anwerbenden. Es ist ein psychologischer Effekt: Je mehr Menschen sich einem Glauben oder einer politischen Bewegung anschließen, umso mehr fühlen sich diejenigen, die bereits Anhänger der Bewegung sind, bestätigt und anerkannt.

Eine Mission kann aber weit mehr sein als nur das Anwerben neuer Mitglieder. Viele politische und religiöse Ideologien haben Visionen einer idealen Gesellschaft. Ihre Anhänger haben die Aufgabe, diese Utopie Wirklichkeit werden zu lassen. Radikale Aktivisten schrecken dabei nicht vor Gewaltanwendung zurück.

Gewalttätige Globalisierungsgegner während des G20-Gipfels im Hamburg im Jahr 2017. Es sind Gruppen vornehmlich junger Leute, die für ihre Mission auch vor Straftaten nicht zurückschrecken.

Die Kommunisten des 20. Jahrhunderts hatten das Ziel, ihre Vorstellung einer gerechten Gesellschaft allen Ländern der Erde aufzuprägen. Ähnliches gilt für die missionarischen Religionen. Eine Mission kann ein ganzes Volk zusammenschweißen und ungeheure Kräfte freisetzen. Der selbstlose Einsatz der Anhänger und die bedingungslose Zusammenarbeit können eine Massenbewegung extrem erfolgreich und in der Hochphase fast unbesiegbar machen. Allerdings setzt diese Zusammenarbeit willige Untertanen voraus, und das schadet dem kritischen Denken und der Kreativität. Diese beiden intellektuellen Fähigkeiten sind in der modernen Welt des 21. Jahrhunderts wichtiger geworden als die vorbehaltlose Zusammenarbeit befehlsgewohnter Untertanen.

Die Einheit einer ganzen Nation wird durch eine gemeinsame Mission stabilisiert. Es muss nicht der Kampf gegen einen Feind sein. Es kann auch eine große Aufgabe sein, die alle Kräfte einer Nation beansprucht. Kluge Politiker wissen um diesen Effekt, denn in einer Krise steht das Volk zusammen und stellt seine Führer nicht infrage. Eingebildete oder tatsächliche Bedrohungen sind für die Herrschenden nützliche Instrumente. Sollte ein Volk aber keine gemeinsamen Herausforderungen, keine Ziele und keine Visionen haben, gefährdet dies die Stabilität. In einer Atmosphäre der Leere kann eine neue extreme Ideologie plötzlich aufblühen und das alte Staatssystem ablösen.

Utopie

Ein wichtiger Grund, sich einer neuen Ideologie anzuschließen, ist die Hoffnung auf ein besseres Leben. Großideologien wie der Kommunismus und der Faschismus richten sich an die Armen und die Unzufriedenen und versprechen ihnen Wohlstand und ein Ende ihres Leidens. Die meisten Religionen, politischen Ideologien und Sekten verfügen über eine Vorstellung von einer glänzenden Zukunft, in der es allen gut geht. Die Utopie des Christentums ist der Jüngste Tag, an dem die Gläubigen das Paradies erwartet. Auch Muslime, die ein in den Augen Allahs gerechtes Leben führen, werden nach ihrem Tod im Himmel ein paradiesisches Leben führen. Die kommunistische Doktrin strebt eine klassenlose Gesellschaft ohne Regierung und ohne Privatbesitz an, in der jeder alles hat, was er zum Leben braucht. Es ist ein idealer Staat im Diesseits, der erstaunliche Ähnlichkeiten mit dem Himmel im Jenseits aufweist.

Es gibt auch utopische Vorstellungen von einer fernen Vergangenheit. Viele Ideologien glauben, dass die Menschen vor dem Entstehen der Zivilisation in einem paradiesischen Urzustand lebten. Die Zivilisation habe diesen Urzustand zerstört, und das sei der Grund für alles Unglück. Zu diesem Typus gehören die christliche Vorstellung von der Vertreibung aus dem Paradies und der Glaube der Umweltschützer an einen natürlichen Urzustand, als die Menschen noch im Einklang mit der Natur lebten. Die Vorstellung einer idealen Zukunft, die einem lange vergangenen unschuldigen Urzustand ähnelt, ist ein sich häufig wiederholendes Muster.

In gewisser Hinsicht gab es den paradiesischen Urzustand, auf den so viele Ideologien, Religionen und Weltanschauungen verweisen, tatsächlich. Die gemeinsamen Vorfahren von Menschen und Primaten waren frei von Schuld, denn ein von Instinkten dominiertes Wesen ist für seine Handlungen nicht verantwortlich. Auch Sorgen waren unbekannt, denn sie erfordern einen planenden Intellekt. Bei genauerer Betrachtung hatte dieser Urzustand jedoch wenig Paradiesisches an sich. Zu jedem Zeitpunkt ihrer Existenz waren die frühen Menschen vom Tod durch Hunger, Artgenossen, Raubtiere und Krankheiten bedroht.

Auch Buddha und Konfuzius verkündeten eine Utopie, die aber einen wesentlichen Unterschied zu den Ideologien westlicher Prägung aufweist. Ihre Lehren konzentrieren sich auf den Einzelnen und seine Einstellung zum Leben und zur Gesellschaft. Die Struktur der Gesellschaft ist nicht von Bedeutung. Daher ist der Begriff »Ideologie« hier irreführend. Auch die Bezeichnung als Religion ist nicht passend, da es sich in beiden Fällen nicht um den Glauben an ein übernatürliches Wesen handelt. Buddha und Konfuzius konzentrierten sich auf die geistige Haltung des Einzelnen. Die Utopie des Konfuzius ist der »edle«

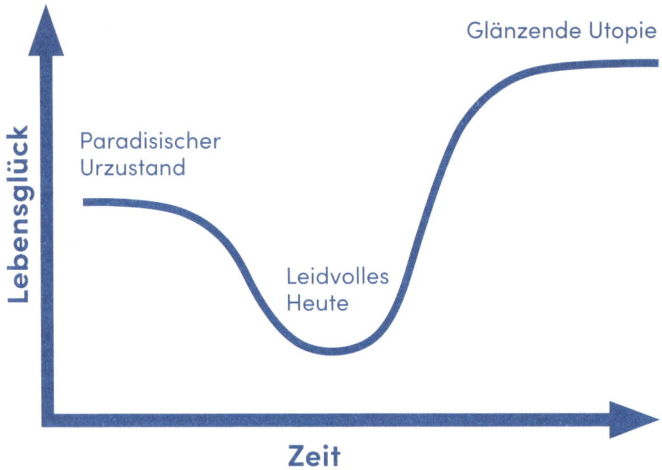

Viele politische Ideologien, Weltanschauungen und Religionen haben ein verklärtes Bild von einem paradiesischen Urzustand, den der Mensch durch sein Fehlverhalten zerstört hat. Der alte Mythos von der Vertreibung aus dem Paradies ähnelt der modernen Vorstellung einer unberührten Natur, die durch die Zivilisation zerstört wird. Auch der Kommunismus und die Umweltschutzbewegungen streben eine ferne Utopie an, die wieder einem Urzustand ähnelt.

Mensch, der sich durch Mitmenschlichkeit und Gerechtigkeit auszeichnet. Der Weg zu diesem Ideal ist Bildung und lebenslanges Lernen. Ein zentrales Element des Buddhismus ist der achtfache Pfad, zu dem ein »rechtes« Denken und ein »rechter« Lebenswandel gehören, wobei »recht« – ähnlich dem Konfuzianismus und den Lehren von Jesus Christus – ein Leben ohne Hass und ohne Habgier bedeutet. Ein wichtiges Element ist die Großzügigkeit, die dem Dogmatismus von Fundamentalisten entgegensteht. Es scheint fast so, als hätten Buddha und Konfuzius erkannt, dass das animalische Erbe der Menschen die Ursache von Unglück und Leid ist. Sie ermutigen ihre Anhänger, ihre Triebe durch geistige Kontrolle zu beherrschen. Sowohl im Buddhismus als auch im Konfuzianismus stehen Weisheit und lebenslanges Lernen im Mittelpunkt.

Pseudorealität

Ideologien, Sekten oder Religionen haben ein eigenes Bild von der Realität. Um einen Bürger zur Anhängerschaft zu verleiten, werden die Missstände der aktuellen Gesellschaft überzeichnet und die eigenen Ziele verherrlicht. Überprüfbare Fakten, die nicht zu diesen Vorstellungen passen, werden ignoriert oder verzerrt. Die Weitergabe von Informationen, die den Glauben an die Doktrin der Bewegung beeinträchtigen könnten, wird unter Strafe gestellt. Sachliche und faktenbasierte Gespräche sind mit Anhängern einer Ideologie schwierig, da sie ihr Weltbild nicht infrage stellen wollen und nicht passende Informationen ablehnen. Die Realität wird nur in den Teilen akzeptiert, die ihre Ideologie bestätigen. Allerdings wird sich die Realität letztlich immer durchsetzen. Sie kann kurzfristig verleugnet oder verzerrt werden, aber sie wird immer gegen die Pseudorealität einer Ideologie gewinnen.

Heute können Fakten, die nicht passen, kurzerhand als Fake News eingestuft werden. Das Schlagwort genügt, um eine Information als gefälscht zu brandmarken. Beliebt sind auch Verschwörungstheorien, um Fantasievorstellungen plausibel erscheinen zu lassen. So sind beispielsweise Ufologen der Überzeugung, dass die Regierungen Kontakte zu Außerirdischen geheim halten. Für einen Teil der Bürger der DDR war die Mauer ein antiimperialistischer

Schutzwall gegen den Feind im Westen. Die seit den 1990er-Jahren verbreitete Theorie der »Chemtrails« besagt, dass den Abgasen von Verkehrsflugzeugen Chemikalien beigemischt werden, um mit langlebigeren Kondensstreifen eine Klimakühlung zu erreichen. Gegner der Nanotechnologie behaupten, außer Kontrolle geratene Nanomaschinen könnten die Erde erobern.

Erfundene Weltuntergangsvisionen der unterschiedlichsten Spielarten beschäftigen seit Jahrtausenden den Menschen. Sprüche wie »Wenn letzte Baum stirbt, stirbt auch der Mensch« oder »Der Untergang des Euro ist der Untergang des Abendlandes« sind Versuche, die Bürger mit Drohungen einzuschüchtern. Wunderheiler machen sich die Leichtgläubigkeit der Menschen zunutze, um ökonomische Vorteile zu erlangen. Auch die Mythen von Wünschelrutengängern, die Wasseradern finden, und Hagelfliegern, die Unwetter verhindern, überleben bis heute alle wissenschaftlichen Untersuchungen, die ihre Unwirksamkeit beweisen. Wissenschaft hat kaum eine Chance gegenüber der Pseudorealität einer Ideologie, wenn die Menschen der Ideologie folgen wollen.

Es gibt viele Gruppierungen in der Gesellschaft, die an der Realität nicht interessiert sind, weil sie sich im Besitz einer höheren Wahrheit wähnen. Sie können ihren Glauben an eine Pseudorealität nicht aufgeben, ohne die Integrität ihrer Gruppe zu gefährden.

Alterung

Manche Ideologien, Weltanschauungen und religiöse Bewegungen ähneln Modeerscheinungen. Für eine Weile sind sie »in«, aber dann verlieren sie an Attraktivität. Eine Ideologie hat eine Lebenskurve, die mit einem Umsturz beginnt. In jeder Gesellschaft gibt es zu jedem Zeitpunkt Abweichler, die einen Umsturz anstreben. Auch in einer modernen Demokratie gibt es überzeugte Anarchisten, religiöse Fundamentalisten, fanatische Kommunisten, ultratolerante Liberale, naturliebende Umweltschützer, technologiekritische Puritaner, Armut verherrlichende Bußprediger, nationalistische Konservative und supranationale Intellektuelle. Ihnen allen schwebt eine utopische Zukunftsgesellschaft vor, die ganz anders ist als die aktuelle Gesellschaft. Zurzeit sind es nur Minderheiten, aber wenn die Gesellschaft in eine Krise gerät und die Leitideologie an Faszination verliert, kann eine dieser kleinen Bewegungen plötzlich großen Zulauf erhalten. Welche das ist, hängt von vielen Faktoren ab: von der Art der Krise, dem Zeitgeist, der Situation in den Nachbarstaaten und dem Bildungsstand der Bevölkerung. Es kann dann zu einem Übergang in eine neue Gesellschaftsform kommen. Ist der Übergang abrupt und gewalttätig, wird er Revolution genannt. Auf eine Revolution folgt meist eine Phase der Euphorie und des nationalen Aufbruchs.

Der Enthusiasmus für die neue Ideologie kennt keine Grenzen, und es werden riesige Fortschritte gemacht. Ein Beispiel ist die Wirtschaftsblüte nach der Machtübernahme durch Hitler. Ein weiteres Beispiel ist das sogenannte deutsche Wirtschaftswunder, der rasante Aufschwung Deutschlands unter Ludwig Erhard nach dem Zweiten Weltkrieg. Auch Russland erlebte nach der kommunistischen Revolution am Ende der Zarenzeit einen wirtschaftlichen Aufschwung. Das Land, das sich unter dem Zaren noch im tiefsten Mittelalter befand, übersprang einige Jahrhunderte und katapultierte sich mitten in die Industrialisierung. Die Kraft solcher Aufbruchsphasen ist enorm. Allerdings werden die Träume nach einiger Zeit von der Realität eingeholt.

In vielen Fällen, in denen eine Revolution ein altes System abgelöst hat, etabliert sich ein Personenkult um einen Diktator, der seine Macht mit den immer gleichen Unterdrückungsstrukturen aus Militär und Geheimpolizei sichert. Das Endergebnis ist ähnlich, egal ob die Revolution einen religiösen, nationalistischen oder kommunistischen Hintergrund hatte. Dafür stehen Namen wie Napoleon, Hitler, Stalin, Mao, Chavez, Mugabe, Gaddafi, Saddam Hussein, Chomeini, Pinochet, Pol Pot, Honecker, Franco und viele andere. Ihr ideologischer Hintergrund war jeweils unterschiedlich, aber ihre Diktaturen ähnelten einander.

Diktatoren nutzen die Triebe der uralten Stammesgesellschaft, um ihre Macht zu sichern. Mit der Zeit bemerken die Bürger die zunehmende Unfreiheit und dass die tatsächliche Entwicklung wenig mit der Utopie zu tun hat, der sie anfänglich so begeistert zugestimmt hatten. Es kommt zu einer Ernüchterung, dann Enttäuschung, und schließlich wiederholt sich das Muster von Unzufriedenheit und Umsturz.

Darüber hinaus gibt es einen Alterungsprozess, dem jede Gesellschaftsform, egal ob Diktatur oder Demokratie, unterliegt. Mit der Zeit werden immer mehr Institutionen geschaffen, die jedes und alles regeln. Ein Gewebe von Vorschriften und Regulierungen überzieht die Gesellschaft wie eine Eisschicht. Das gilt in besonderem Maße für totalitäre Staaten, aber es ist auch die Krankheit der westlichen Demokratien. Permanent werden neue Ministerien und neue Verwaltungsapparate installiert, aber selten werden alte Verwaltungen und Institutionen abgeschafft. Es ist eine Auswirkung des Urtriebs zur Kontrolle, der ohne intellektuelle Überwachung oder Begrenzung ausufert. Die übermäßige Kontrolle wirkt wie ein Kristallisationsprozess der Gesellschaft, der schließlich zur Erstarrung führt.

Jede Leitideologie läuft Gefahr, langsam an Zuspruch durch das Volk zu verlieren, bis schließlich die Zeit reif für einen weiteren Umsturz ist. Viele politische Parteien, Glaubensrichtungen und Weltanschauungen durchliefen einen Aufstieg, eine Hochphase und einen langsamen Zerfall. Ein weiterer Grund dafür ist, dass ihre Utopien niemals erreicht werden können. Religionen haben den Vorteil, dass ihre Utopien im Jenseits liegen. Das erklärt vielleicht die Langlebigkeit der großen Weltreligionen. Politische Ideologien verlieren immer irgendwann ihren Zauber. Die Frage, die sich auch heute wieder stellt, ist, was als Nächstes kommt.

Der Zyklus aus Revolution, Euphorie, Alterung, Verhärtung und wachsender Unzufriedenheit sieht aus wie eine unendliche Geschichte. Eine tiefere Erklärung für diese zyklischen Wiederholungen liefert der Zwiespalt zwischen dem Freiheitsdrang der Intelligenz und den Automatismen des Herdentriebs. Eine totalitäre Gesellschaft ist die natürliche Gesellschaftsform der archaischen Triebe. Solange diese Ebene der menschlichen Psyche dominiert, kann jede Gesellschaft immer wieder in eine totalitäre Form abrutschen. Aber viele Menschen sehnen sich nach einer anderen, freien Gesellschaft, die ihrer kritischen Intelligenz und ihrem freien Willen gerecht wird. Die Demokratie ist eine Gesellschaftsform, die zu dieser höheren Ebene der menschlichen Psyche passt. Eine wirkliche Demokratie verfügt allerdings über keine stabilisierenden Machtstrukturen und ist daher grundsätzlich instabil. In ihrer Sachlichkeit ist sie prinzipiell schwach.

Eine Hauptthese des vorliegenden Buches ist, dass das kritische Denken die Demokratie stabilisieren kann. Das kritische Denken ist der Feind jeder fundamentalistischen Religion und jeder totalitären politischen Bewegung, denn es kann unrealistische Utopien und falsche Fakten entlarven sowie Manipulation und Willkür erkennen und bekämpfen. Das kritische Denken immunisiert die Bürger gegen totalitäre Ideologien und kann den Alterungsprozess der Demokratie aufhalten.

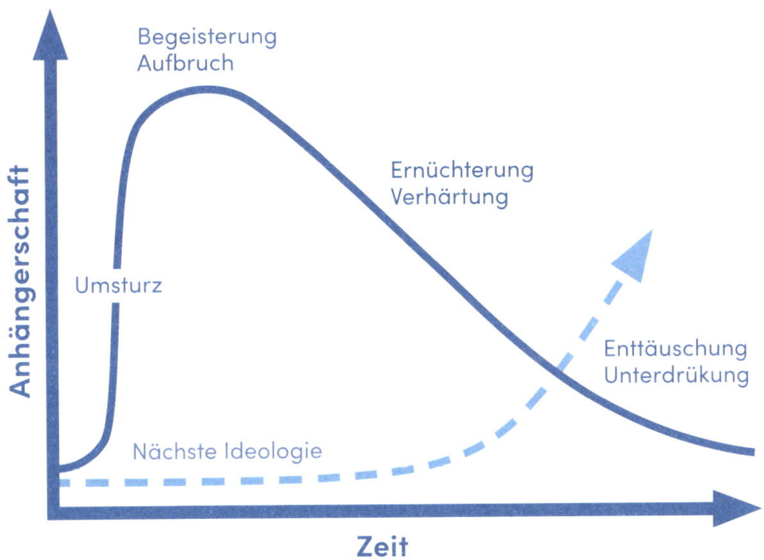

Mit einem Umsturz löst eine neue Leitideologie eine veraltete Ideologie ab. Es folgt eine Phase der Begeisterung und des Aufbruchs. Mit der Zeit tritt eine Ernüchterung ein. Langsam entwickeln sich ähnliche Machtstrukturen wie vor dem Umsturz, und die Gesellschaft verhärtet. Schließlich dominieren wieder Enttäuschung und Unterdrückung. Die nächste Ideologie steht bereit, und der Zyklus droht, sich zu wiederholen.

Fundamentalismus

Es gibt für viele Weltanschauungen, Sekten, Religionen oder politische Ideologien eine gemäßigt-tolerante und eine fundamentalistisch-dogmatische Version. Fundamentalismus aller Schattierungen duldet keine abweichenden Ansichten und strebt nach Kontrolle über das Leben der Menschen. Fundamentalistische Religionen haben Regeln für jedes Detail des Alltags und betrachten Andersgläubige als Feinde. Das Gleiche gilt für fundamentalistische politische Ideologien, die das Leben der Bürger in jedem Detail überwachen und den politischen Gegner bekämpfen. Auch in den westlichen Demokratien ist Fundamentalismus zwar nicht dominant, aber allgegenwärtig. Fundamentalisten wollen ihre Prinzipien allen anderen Menschen aufzwingen. Kontrolle der anderen im Sinne ihrer Überzeugungen ist für sie das oberste Ziel.

Auch eine staatliche Bürokratie kann zu einer fundamentalistisch-diktatorischen Macht innerhalb einer eigentlich freien Gesellschaft entarten. Der Übergang einer Bürokratie von einer unterstützenden Institution hin zu einer diktatorischen Macht ist schleichend. Da Verwaltungen ohnehin Kontrollaufgaben ausüben, ist für sie Versuchung groß, die Kontrolle zu einer Bürokratie-Diktatur auszubauen. Es ist ein schleichender Trend zur Unfreiheit.

Toleranz erfordert die intellektuelle Kontrolle der Triebe und Instinkte, die zum Herdentrieb gehören. Das erklärt die enge Korrelation zwischen Bildungsgrad und Fundamentalismus. Allerdings sind auch manche Menschen mit einem hohen Bildungsgrad dogmatisch. Sie geben dem Trieb nach, sich als die besseren Menschen zu fühlen, und fordern von ihrer Umgebung, ihren Postulaten Folge zu leisten. Kraft ihres Intellekts verfügen sie über schlagkräftige Argumentationen. Doch ihre dogmatische Auslegung verrät ihre wahren Motive: Macht, Kontrolle und Überlegenheit. Ein gebildeter Mensch kann entweder diesen animalischen Impulsen widerstehen oder seine Intelligenz dazu einsetzen, seine Triebe noch effektiver umzusetzen.

Überblick

Großideologien haben viele gemeinsame Merkmale. Auch kleinere Gemeinschaften wie Sekten, Protestbewegungen oder Fanclubs zeigen einige dieser Merkmale. Grundlegende Elemente einer Ideologie sind Gemeinschaft und Hierarchie. Beide sind auch typisch für Tiergemeinschaften. Darüber hinaus besitzen Ideologien weitere Eigenschaften, die rein menschlichen Ursprungs sind. Ideologien verfügen über ein Dogmensystem, eine Mission, eine Utopie, und sie entwickeln eine Pseudorealität. Ideologien altern und neigen zum Fundamentalismus. All ihre Merkmale finden sich in vielen totalitären Bewegungen und Gesellschaftsformen. Sie basieren auf Trieben, Instinkten und Emotionen der menschlichen Psyche und waren ursprünglich eine Anpassung an die archaische Stammesgesellschaft. Moderne Diktaturen ähneln in ihrem Aufbau dieser alten Gesellschaftsform. Die höheren Formen der Intelligenz passen jedoch nicht zu diesen totalitären Gesellschaftsformen. Die Demokratie ist bisher die einzige Gesellschaftsform, die der Intelligenz gerecht wird und ihr ein Umfeld bietet, in dem das kritische Denken und die Kreativität gedeihen können.

Die Demokratie muss, wenn sie langfristig stabil sein soll, auf den alten Herdentrieb Rücksicht nehmen. Das Wissen um die Merkmale des Herdentriebs erlaubt es, gezielte Maßnahmen zu ergreifen. Jedes Merkmal sollte dabei bedacht werden. Besonders wichtig ist das tief eingeprägte Bedürfnis nach Gemeinschaft, das nicht vernachlässigt werden darf. Auch besteht immer die Gefahr, dass das Hierarchiestreben die Demokratie mit Bevormundung und Kontrolle unterwandert. Nur allzu leicht etabliert sich eine neue Elite, die die Demokratie in eine verkappte Aristokratie verwandelt. Ein Übermaß an Gesetzen, Dogmen und Vorschriften kann eine Demokratie in ein unfreies System umgestalten, in der eine Wahl nur noch symbolischen Charakter hat.

Auch eine Demokratie muss die Menschen mit Missionen und Utopien motivieren können. Visionslosigkeit gefährdet jede Gesellschaft. Pseudorealitäten müssen mit Fakten und freier Diskussion bekämpft werden. Ausgangspunkt aller Maßnahmen ist das kritische Denken.

7

Demokratie in Gefahr

Bedrohung durch die Mechanismen des Herdentriebs

Der Herdentrieb ist eine Anpassung des grundlegenden Sozialverhaltens des Menschen an eine archaische Stammesgesellschaft. Er besteht aus wenigen genetisch programmierten Reflexen, die das Verhalten des Individuums in einer Gemeinschaft steuern. Die komplexe Sozialstruktur einer menschlichen Gemeinschaft entsteht als kollektives Phänomen aus diesen Reflexen. Diese Reflexe des Herdentriebs sind heute die gleichen wie vor Jahrtausenden. In der modernen Zeit bilden sie die Grundlage für alle totalitären Gesellschaftsstrukturen angefangen bei den Sekten bis hin zu den Diktaturen. Sie alle ähneln in ihren Grundstrukturen der archaischen Stammesgesellschaft.

Aus Sicht der genetischen Programmierung des Menschen ist die Diktatur also die »natürliche« Staatsform: Sie ist hierarchisch gegliedert, und ihr Wunschbürger ist ein willenloser Untertan. Ihr Feind ist der kritische Denker. Aber der kritische Denker ist der Idealbürger der Demokratie. Die zwei Ebenen der menschlichen Psyche – der Herdentrieb und das kritische Denken – entsprechen den zwei Typen menschlicher Gemeinschaften, der Diktatur und der Demokratie. Das kritische Denken kann die Triebebene beherrschen, aber es kostet Mühe. Die triebhaften Reflexe versuchen ständig, menschlichen Gemeinschaften eine totalitäre Struktur aufzuprägen. Es erfordert eine permanente Anstrengung, diese Reflexe zu unterdrücken oder zu kanalisieren, um einen Rückfall in eine totalitäre Gesellschaft zu vermeiden.

Auch die westlichen Demokratien in Europa und Nordamerika werden von den Mechanismen des Herdentriebs bedroht. Diese Demokratien wirken auf den ersten Blick stabil, und ein Kollaps in eine Diktatur erscheint unwahrscheinlich. Aber dieser Eindruck könnte täuschen. Es gibt Veränderungen, die sich als schleichende Unterminierung der Demokratie durch den Herdentrieb interpretieren lassen. Wie rasch ein stabil erscheinendes Staatssystem entgegen den Voraussagen der Politikwissenschaft zusammenbrechen kann, illustriert folgende kleine Geschichte: Vier Jahrzehnte lang weigerte sich *Die Welt*, eine der führenden Zeitungen der Bundesrepublik, die Existenz eines ostdeutschen Staates, der Deutschen Demokratischen Republik, anzuerkennen. In der Annahme, dass das kommunistische bzw. realsozialistische Regime innerhalb weniger Jahre zusammenbrechen würde, setzten sie, um die Vorläufigkeit dieses Staatsgebildes hervorzuheben, die Initialen immer in Anführungszeichen: »DDR«. Im August 1989 beschloss die Geschäftsleitung der *Welt* schließlich, diese Vorgehensweise aufzugeben. Die Kommunisten waren schon so lange an der Macht und schienen so gut in der Gesellschaft verankert zu sein, dass die Anführungszeichen einer Verleugnung der Realität gleichkamen. Drei Monate später fiel die Berliner Mauer, und am 3. Oktober 1990 hörte die DDR auf zu existieren. Die Geschäftsleitung der Zeitung hatte die Zeichen der Zeit völlig falsch eingeschätzt. Genau zu dem Zeitpunkt, als sie hätte erkennen müssen, dass das kommunistische Regime zusammenbrach, glaubte *Die Welt* endlich an dessen Dauerhaftigkeit. Dieser Fehleinschätzung unterlagen aber auch viele Sozialwissenschaftler, Politiker und andere Journalisten.

Das Beispiel des Zusammenbruchs der DDR zeigt, dass Schwächen und Fehlentwicklungen eines Systems ernst genommen werden sollten. Dabei ist eine Demokratie besonders gefährdet, da sie nicht von Emotionen und Instinkten stabilisiert wird. Ein Beispiel dafür, wie schnell eine kraftlos gewordene Demokratie von einer totalitären Ideologie abgelöst werden kann, ist das schnelle Ende der Weimarer Republik. Der Wähleranteil von Hitlers Nationalsozialisten stieg innerhalb von nur zwei Jahren von etwa 4 auf knapp 50 Prozent. Heute würde Hitler mit seiner Partei der Nationalsozialisten als »Populist« bezeichnet werden: Er bediente sich grundlegender Verhaltensreflexe des Herdentriebs, und das erklärt den anfänglichen Erfolg seines Schreckensregimes. Dass ein solcher Kollaps eines freien Systems auch heute wieder möglich ist, zeigt der wachsende Einfluss von Populisten und undemokratischen Parteien in vielen Ländern der westlichen Welt.

Anzeichen einer Schwächung der Demokratie

In Europa und den USA mehren sich derzeit die Anzeichen einer wachsenden Instabilität und eines Abrückens der Gesellschaften von demokratischen Prinzipien. Besonders auffällig sind der Populismus und die politische Polarisierung, der wachsende Dogmatismus, der grassierende Egoismus und die Bürokratisierung. Sie sind eine Folge der Abschwächung der Leitideologie.

Populismus und Polarisierung

Ein erstes Anzeichen für eine Schwäche der Demokratie ist die politische Polarisierung in vielen westlichen Demokratien und das Auftreten von Populisten. Die demokratischen Mitteparteien verlieren über Jahre an Zuspruch, während die Parteien am rechten und linken Rand Wähleranteile zugewinnen. Über lange Zeit dominierte ein Zwei-Parteiensystem aus einer bürgerlichen und einer sozialdemokratischen Partei in vielen Parlamenten. In den USA sind das die Democratic Party und die Republican Party, in Großbritannien die Conservative Party (Tories) und die Labour Party, in Deutschland die Sozialdemokratische Partei Deutschlands (SPD) und die Christlich Demokratische Union (CDU), in Frankreich die Parti Socialiste (PS) und Les Républicains (LR) und in Österreich die Sozialdemokratische Partei Österreichs (SPÖ) und die Österreichische Volkspartei (ÖVP). Diese Ordnung ist heute instabil geworden.

Die Schwächung der Mitte-Parteien lässt sich am Beispiel Deutschlands illustrieren. In allen Bundestagswahlen zwischen 1965 und 1983 erzielten SPD und CDU zusammen mehr als 85 Prozent der Stimmen. Im Jahr 2018 sank ihr gemeinsamer Anteil auf rund 50 Prozent. Die anderen 50 Prozent der Stimmen verteilen sich auf ein buntes Spektrum linker und rechter Parteien. Die Situation erinnert an die Endphase der Weimarer Republik. Aber es gibt einen wesentlichen Unterschied: den Wohlstand. Solange es keine schwere Wirtschaftskrise gibt, bedroht die politische Polarisierung vermutlich nicht die Existenz der Demokratie. Aber sie ist ein Warnzeichen.

Ähnliches gilt auch für andere Länder. In den Parlamenten vieler demokratischer Staaten sitzen neu Ein-Personen-Parteien, Ein-Thema-Parteien und Protestparteien. Die Stimmenverluste der Mitte-Parteien und das Aufkommen exotischer Gruppierungen führen dazu, dass Regierungsbildungen immer schwieriger werden.

Dogmatismus

Ein zweites Anzeichen für den Abbau demokratischer Prinzipien ist der wachsende Dogmatismus. In öffentlichen Diskussionen kommt es immer weniger zu einem sachlichen Austausch von inhaltlichen Argumenten. Stattdessen bedienen sich die Kontrahenten immer häufiger Diskussionstechniken, wie sie eher für religiöse oder politische Fundamentalisten typisch sind. Der Diskussionsgegner wird pauschal verunglimpft, ohne auf seine Argumente einzugehen. Kritiker der Geldpolitik werden als Europagegner tituliert, Kritiker der Migrationspolitik als Rassisten und Kritiker der Energiepolitik als Klimaleugner. Entscheidungen der Regierung werden als »alternativlos« deklariert, wodurch eine Debatte unterbunden wird. Oppositionelle und Andersdenkende sind im Internet zunehmend Hasskampagnen und Shitstorms ausgesetzt. Aber Demokratie basiert auf dem Verständnis für andere Meinungen und der Fähigkeit, auch die eigenen Überzeugungen kritisch zu hinterfragen. Dogmatismus ist hingegen ein Kennzeichen totalitärer Gesellschaften. Zunehmender Dogmatismus, Intoleranz und die Verachtung von Andersdenkenden sind Anzeichen eines schleichenden Übergangs in ein undemokratisches System.

Egoismus

Das »Wir« tritt in den westlichen Demokratien immer mehr gegen das »Ich« zurück. Medien und Politik diskutieren zwar ständig über Hilfsmaßnahmen für notleidende Menschen in aller Welt, aber im Alltag dominiert der Egoismus. Die Menschen machen »Selfies« mit »Ich-Telefonen« (iPhones). Die sozialen Medien sind Plattformen der Selbstinszenierung, bei der jeder den anderen mit noch besseren Fotos und Infos über sein Ego zu übertrumpfen sucht. Im Straßenverkehr wird der Bürger zum »Krieger« und betrachtet jeden anderen als Gegner. Im Bildungssystem geht es nur noch um Punkte, die jeder erringen muss. Zusammenarbeit findet allenfalls zum persönlichen Vorteil statt. Die Menschen sind zu Punkte zählenden Egorobotern mutiert. Das gilt auch für die Universitäten. Im Bachelor- und Mastersystem werden nur noch Punkte gezählt, die Inhalte sind austauschbar. Das Ergebnis ist eine im wortwörtlichen Sinn »trostlose« Ich-Gesellschaft, denn »Trost« spenden sich Menschen in einer menschlichen Gemeinschaft.

Bürokratisierung

Ein viertes Indiz für die Abschwächung der Lebendigkeit der Demokratie ist die langsame Erstarrung in immer mehr Bürokratie. Jedes Jahr kommen neue Vorschriften hinzu, und die alten bleiben bestehen. Der Deutsche Bundestag verabschiedet in jeder Legislaturperiode rund 1000 Gesetze. Zu jedem Gesetz kommen rund zehn Ausführungsbestimmungen hinzu, sodass sich alljährlich eine Flut von Tausenden neuer Gesetze und Bestimmungen über die Bürger ergießt. Hinzu kommen die Vorschriften und Regulierungen der Bundesländer, der Städte und der EU aus Brüssel.

Ein vergleichsweise harmloses Beispiel ist der immer weiter anwachsende Schilderwald am Straßenrand, der in manchen Innenstädten die Grenze zur Absurdität überschreitet. Weitere eher erheiternde Details sind die Raucherzonen auf zugigen Bahnsteigen und die Paraden verschiedenfarbiger Mülltonnen vor den Haustüren besonders Recycling-bewusster Nationen. Inzwischen gibt es warnende Stimmen, die auf die enormen Kosten der Regulierungsflut hinwei-

Schilderwald in einer deutschen Innenstadt. Aus der richtigen Perspektive fotografiert, wirken die unzähligen Schilder wie die Karikatur einer in Vorschriften erstarrten Gesellschaft.

sen. Aber Verwaltungen und Überwachungsinstitutionen leben davon und befürworten immer neue Detailvorschriften, für deren Kontrolle immer neue Verwaltungsangestellte benötigt werden.

Die vier aufgelisteten gesellschaftlichen Veränderungen sind indirekte Auswirkungen der Verhaltensprogrammierungen des Herdentriebs. Die tiefere Ursache für die Probleme der westlichen Demokratien ist aber ein Alterungsprozess, der jede Ideologie und jede Staatsform treffen kann.

Die Alterung der Demokratie

Jede menschliche Gemeinschaft braucht eine verbindende Idee, für die sich die Menschen begeistern. Es kann eine Mode, eine Glaubensrichtung oder eine politische Bewegung sein. Alle Ideen und Ideologien unterliegen einem Alterungsprozess. Modetrends kommen und gehen und auch die Begeisterung für ein politisches System verblasst unweigerlich mit der Zeit. Der Mechanismus, der für die Alterung verantwortlich ist, hat animalische Wurzeln.

Im innerartlichen Wettbewerb ist es wichtig, zu den Ersten zu gehören, die sich einem neuen Trend anschließen. Das gilt für Frösche in einem Teich genauso wie für Grillen im nächtlichen Zirpwettbewerb. Es gilt auch für Menschen. Es spielt keine Rolle, ob der neue Trend besser oder schlechter ist als der alte. Es geht nur darum, dass etwas neu ist. Der Prozess wird von der Ebene der Triebe und Instinkte gesteuert, Vernunftüberlegungen spielen zunächst keine Rolle.

Diese Alterung bedroht auch die westlichen Demokratien, denn sie sind in die Jahre gekommen und haben in den Augen vieler junger Menschen ihren Glanz verloren. Die Umfragen bestätigen diesen Effekt. Eine mögliche Erklärung ist, dass die Menschen die Demokratie und den Wohlstand für nicht mehr für so wichtig halten, weil sie selbstverständlich geworden sind. Allerdings hinterlässt die Alterung der Leitideologie ein ideologisches Vakuum, das die Menschen für neue Ideologien empfänglich macht.

Die These von einer Alterung der westlichen Demokratien wird durch die Dissonanzen zwischen West- und Osteuropa unterstützt. Zwischen Ost und West gibt es nicht nur beim Thema Migration Meinungsunterschiede, sondern auch bei der Religion, dem Umweltschutz und der Eurorettung. Während in den westlichen Ländern die Demokratien ideologisch gealtert sind, sind die Osteuropäer gerade erst demokratisch geworden. Darum sind ihre Erwartungen an die westliche Wohlstandsgesellschaft anders als die der westlichen Staaten. Sie sind froh, der Diktatur entkommen zu sein, und wollen die Vorteile der Industriegesellschaft genießen, die sie nie leben konnten. Das sind zum Beispiel schnelle Autos, Reisen in ferne Länder und großen Wohnungen. Heute sollen die Bürger im Westen wie im Osten aber auf übermäßigen Konsum verzichten und notleidenden Ländern helfen. Im Osten kommt das nicht gut an. Die heutige Politik der Europäischen Union wäre im Deutschland der 1950er- und 1960er-Jahre auch nicht gut angekommen.

Der Verlust der Mission, der Utopie und der Gemeinschaft

Obwohl Alterung ein Phänomen ist, das sich aus dem Wunsch der Menschen nach etwas Neuem heraus erklärt, gibt es zusätzlich konkrete Gründe für die Schwächung der Demokratie. Der wichtigste Grund ist vielleicht der Verlust der »Mission«. Jede Großideologie, die Millionen hinter sich zu scharen vermag, hat eine Mission, die den Anhängern einen Lebensinhalt gibt. In den westlichen Demokratien war die Mission über lange Jahre das Streben nach Wohlstand. Die Industriegesellschaften waren dabei sehr erfolgreich, und es

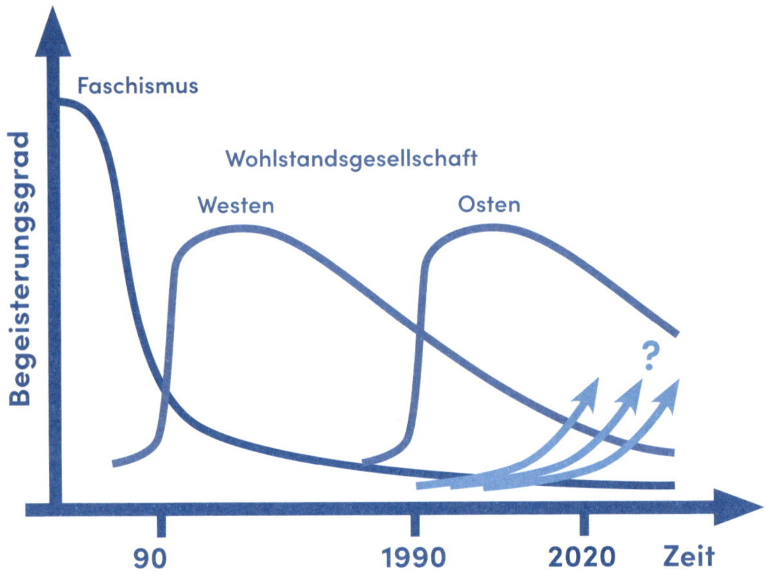

Die Meinungsverschiedenheiten zwischen West- und Osteuropa lassen sich als Zeitversatz in der Lebenskurve der Leitideologie erklären. Bis zum Ende des Zweiten Weltkriegs waren viele Menschen in Deutschland Anhänger des Nationalsozialismus (dunkelblaue Kurve). Nach dem Zusammenbruch wurden Demokratie und Markwirtschaft (blaue Kurve) zur Leitideologie. Als undogmatische Gesellschaftsform konnte sie nicht den hohen Begeisterungsgrad einer fundamentalistischen Großideologie erreichen. Im Jahr 2018 halten immer mehr Bürger die Wohlstands- und Konsumgesellschaft für überholt oder sogar schädlich. Parallel entstehen neue Ideologien (türkisene Kurven). Der Osten (hellblaue Kurve) durchläuft die gleiche Entwicklung mit einer Zeitverzögerung von rund 45 Jahren.

ging den Bürgern jedes Jahr merklich besser. Aber seit der Jahrtausendwende ist das Wachstum zum Stillstand gekommen. Auch verkünden manche Intellektuelle und Politiker, dass es den Bürger zu gut ginge. Die Ideologie hat den Rückwärtsgang eingelegt, und die Mission gibt es nicht mehr, der Wohlstand steht nicht mehr ganz oben auf der Prioritätenliste.

Das Gleiche gilt für die Utopie. Eine andere Bezeichnung für den Verlust der Utopie ist »Visionslosigkeit«. Die Utopie des Westens war die perfekte Wohlstandgesellschaft, in der die Bürger eine begrenzte Anzahl von Stunden pro Woche arbeiten müssen und trotzdem einen sehr hohen Lebensstandard genießen. An diese Utopie glaubt niemand mehr, denn in der Realität sind die Wochenarbeitszeit und die Lebensarbeitszeit wieder angestiegen, und die Menschen haben zunehmend Mühe, ihren Lebensunterhalt zu bestreiten. Der dritte und vermutlich schwerwiegendste Verlust ist der des Gemeinschaftsgefühls. Angesichts globaler Probleme wie Wandel des Weltklimas, Stabilisierung des Euroraums und Integration von Geflüchteten haben viele Menschen den Eindruck, dass die Politik sich nicht ausreichend um die Probleme der Bürger des eigenen Landes kümmert. Wenn in einer Multikulti-Gesellschaft die arbeitenden und steuerzahlenden Bürger nur noch als »Menschen, die schon länger hier leben« bezeichnet werden, gibt es kein »Wir-Gefühl« mehr.

Die westlichen Demokratien haben also drei wichtige Bausteine einer Ideologie verloren: das Gemeinschaftsgefühl, die Mission und ihre Utopie. Die drei neuen Zeitströmungen – der Neonationalismus, der Ökologismus und die Hypermoral –wollen diese drei Mängel beheben. Allerdings sind sie tendenziell undemokratisch.

Die Demokratie als Ideologie verfügt ohnehin über wesentlich weniger Merkmale als totalitäre Ideologien. Sie vermittelt ihren Anhängern kein Gefühl der Überlegenheit, und sie erlaubt keine Kontrolle der Mitmenschen. In ihr gibt es keinen Führer und keine Gefolgschaft. Auch hat sie kein Dogmensystem wie so viele andere politische Ideologien, Religionen und Sekten. Umso wichtiger sind die wenigen verbleibenden Merkmale, die sie als menschliche Gemeinschaft attraktiv machen. Der Verlust dieser drei Merkmale wiegt also schwer.

Das ideologische Vakuum

Wenn die Demokratie an gesellschaftlichem Rückhalt verliert, aber durch keine neue Gesellschaftsform oder Ideologie ersetzt wird, entsteht ein ideologisches Vakuum. Dieses ist gefährlich, denn in einer solchen Phase werden die Menschen für die Verführungen von Populisten und Diktatoren empfänglich. Populisten sprechen die brachliegenden Instinkte des Herdentriebs an, während das kritische Denken über kein Gegenmodell mehr verfügt, um die archaischen Instinkte in Zaum zu halten.

Ein Anzeichen für ein entstehendes ideologisches Vakuum ist ein wachsender Zukunftspessimismus. Weltuntergangsvisionen haben Hochkonjunktur. Es begann mit dem Baumsterben. Später fürchteten sich die Europäer vor dem Versiegen des Golfstroms. Der Club of Rome sagte schon 1971 das Ende des Erdöls und den Hungertod vieler Millionen Menschen voraus. Die Katastrophen von Tschernobyl und Fukushima haben die Angst vor dem Nuklearen Holocaust angeheizt. Außer Kontrolle geratene Nanomaschinen könnten alles Lebens auf der Erde vernichten. Das Methaneis auf dem Meeresgrund könnte in einer gewaltigen Explosion an die Oberfläche drängen. Der starke Flugverkehr könnte zur Verbreitung einer tödlichen Virusepidemie führen. Das Insektensterben könnte letztlich den Tod aller Menschen herbeiführen. Die wohl am besten untersuchte Untergangsvision ist die Klimaveränderung. Bilder von überfluteten Küstenstädten finden sich überall im Internet. Das Stakkato der Weltuntergänge hat sich in den letzten Jahrzehnten immer weiter intensiviert. Manche Bürger glauben ernsthaft, dass die Menschheit bald aussterben wird. Das ist die extremste Form des Zukunftspessimismus und kommt einer neurotischen Angststörung gleich.

Die heutige Situation hat eine gewisse Ähnlichkeit mit dem Lebensgefühl am Ende der Aufklärung. Für knapp hundert Jahre dominierte in Europa ein Glaube an Fortschritt und Vernunft, der aber gegen 1800 an Unterstützung verlor. Die Menschen hatten genug von Vernunft und Technologie und sehnten sich wieder nach Transzendenz, Mystik und Romantik. Die abklingende Zustimmung für die Aufklärung konnte die Romantik, die auf das etwa zwei Jahrzehnte dauernde Intermezzo der Klassik folgte, jedoch nicht ersetzen. Es entstand ein ideologisches

Die Freiheitsstatue ist ein Symbol für die amerikanische Lebensart. Das Symbol wird gerne genutzt, um die vermeintlich katastrophalen Folgen des American Way of Life zu veranschaulichen.

Vakuum, und ähnlich wie in unserer Zeit hatten Weltuntergangspropheten Hochkonjunktur. Auch heute ist die Skepsis gegenüber Technologie und Wissenschaft nach einer langen Phase großer technologischer Fortschritte wieder gewachsen. Die Begeisterung der Zeit des Wirtschaftswunders ist lange abgeklungen, und nun werden die Gefahren der industriellen Entwicklung überbetont. Auch die Romantik mit ihrer Liebe zur Natur erlebt eine Renaissance.

Der Rückzug von Naturwissenschaft und Religion hinterlässt eine ideologische Leere. Populisten, Nationalisten, Aktivisten und Ideologen machen sich auf, um dieses Vakuum mit ihren Vorstellungen zu füllen. Zu verzeichnen sind aktuell drei Strömungen des Zeitgeistes, die sich zu Großideologien entwickeln könnten. Sie bedienen Mechanismen des Herdentriebs, und das erklärt die wachsende Zustimmung in der Bevölkerung.

Die neuen Ideologien

Das ideologische Vakuum wird sich mit neuen Ideologien auffüllen. Vorerst gibt es viele kleinere Bewegungen und Strömungen, die in ihrer heutigen Form wohl keine Gefahr für das Staatssystem darstellen. Drei dieser Strömungen finden derzeit in den westlichen Demokratien zunehmend Verbreitung. Sie besitzen die Merkmale, die der heutigen Demokratie fehlen: Gemeinschaftsgefühl, Mission und Utopie. Darüber hinaus führen sie mit »Überlegenheit« und »Kontrolle« wieder Merkmale des alten Herdentriebs ein. Der Neonationalismus will das Gemeinschaftsgefühl wiederbeleben, das einige der heutigen Demokratien so stark vernachlässigt haben. Ökologismus und Hypermoral bieten ihren Anhängern hoch motivierende Missionen, ein starkes Gefühl der Überlegenheit und die Möglichkeit einer detailreichen Kontrolle des Lebens ihrer Mitmenschen.

Neonationalismus

Aus Sicht des Herdentriebs ist es nicht verwunderlich, dass vormals chancenlose Populisten mit Parolen wie »America first« überraschend Mehrheiten erlangen. Die Populisten nutzen den schweren Verstoß der etablierten Politelite gegen den Urinstinkt des Gemeinschaftsgefühls. Sie bieten den Menschen das an, was die heutige Politik ihnen verweigert: das Gefühl, zu einer Gemeinschaft zu gehören. Während Teile der Politelite die Auflösung des »Wir-Gefühls« offen propagieren, plädieren nationalkonservative Parteien und Populisten für eine Rückbesinnung auf nationale Traditionen und eine Abgrenzung gegenüber dem Ausland. Gegen das Bedürfnis zu einer Gemeinschaft zu gehören, kann nur in eingeschränktem Maße verstoßen werden. Dieser Urinstinkt ist so fundamental, dass nationalkonservative Parteien gute Chancen haben, über kurz oder lang große Mehrheiten zu erlangen.

Bisher ist der Neonationalismus eher harmlos, denn ihm fehlen mehrere wichtige Eigenschaften einer Großideologie. Er bietet zwar eine Rückbesinnung auf die kulturelle Identität und zelebriert einen wiedererwachten Gemeinschaftssinn, aber er verfügt über kein Dogmensystem, und er hat kein klares Feindbild. Auch ein Gefühl der Überlegenheit, das für eine zugkräftige Ideologie sehr wichtig ist, lässt sich im modernen Europa für ein einzelnes Land nur noch schwer etablieren. Zudem fehlt dem Neonationalismus eine Utopie, die Vorstellung einer idealen Zukunftsgesellschaft. Der neue Nationalismus ist bisher nur eine Protestbewegung gegen die übermäßige Globalisierung, die Öffnung der Grenzen und die vermeintliche Vernachlässigung der Probleme der eigenen Bürger. Das kann sich aber jederzeit ändern, wenn ein charismatischer

Führer die augenblickliche Schwäche der Demokratie nutzt. Besser wäre es, wenn sich die Eliten wieder mehr den eigenen Bürgern zuwenden und so dem Neonationalismus die Existenzgrundlage entziehen würden.

Ökologismus

Als Ökologismus wird die fundamentalistische Variante der Umwelt- und Klimaschutzbewegungen bezeichnet. Fundamentalismus bedeutet in diesem Fall, dass alle gesellschaftlichen Prozesse dem Diktat des Umwelt-, Ressourcen- und Klimaschutzes untergeordnet werden. Wie die Fundamentalisten aller Religionen, Sekten und politischen Weltanschauungen sind Ökologisten prinzipiell undemokratisch, da sie Kompromisse und Mehrheitsentscheidungen nicht akzeptieren. Sie halten ihre Vorstellungen für »alternativlos« und beanspruchen die Kontrolle über alle Aspekte des Lebens, die für die Umwelt relevant sind. Diese Bewegung, die über ein detailliertes Dogmensystem verfügt und in vielen gemäßigten Varianten in allen westlichen Ländern zu finden ist, weist typische Eigenschaften einer Großideologie auf: Ihre Anhänger pflegen den Gemeinschaftssinn, empfinden eine moralische Überlegenheit gegenüber Andersdenkenden und haben ein gemeinsames »Feindbild«: die Großindustrie. Doch angesichts der globalen Probleme wirkt ihre Utopie, das heißt ihr Traum einer Ökogesellschaft, zunehmend wirklichkeitsfremd. Darüber hinaus ist die grüne Bewegung aber genauso wie die Demokratie in die Jahre gekommen und hat an Faszination verloren.

Hypermoral

Der alte Wunsch nach Überlegenheit ist offenbar nach wie vor stark, und die Demokratie bediente diesen Urtrieb lange Zeit nicht. Dogmatismus bedeutet, im Besitz der absoluten Wahrheit zu sein, und sichert die Überlegenheit. Eine neue und zunehmend beliebte Strömung, die sich durch einen besonders hohen Grad an Dogmatismus auszeichnet, ist die Hypermoral. Sie vermittelt ihren meist gut ausgebildeten und gut verdienenden Anhängern ein Gefühl der Überlegenheit und die Möglichkeit der Kontrolle ihrer Mitmenschen. Selbstzweifel oder ein

Lehrer Lämpel mit dem erhobenen moralischen Zeigefinger. Früher war er das Symbol der überkommenen Moral und Disziplin des alten Preußen, und heute könnte er für die Hypermoral der im Volksmund als »Gutmenschen« bezeichneten Bürger stehen. In beiden Fällen geht es um Intoleranz gegenüber anderen Meinungen und die Kontrolle der Mitmenschen.

kritisches Hinterfragen des eigenen Verhaltens sind Hypermoralisten fremd.

Hypermoral ist eine globalisierte Form der Moral. Moral bestimmt, wie sich ein Mitglied einer Gemeinschaft oder einer Kultur zu verhalten hat. Ein bestimmtes Verhalten kann in einer Gemeinschaft unmoralisch und in einer anderen als hoch moralisch gelten. Moral ist also relativ und von der Leitkultur einer Gesellschaft abhängig. Mit einem konformen, also moralischen Verhalten beweist ein Bürger, dass er Teil der Gemeinschaft ist. Auch die westliche pluralistisch-demokratische Gesellschaft hat eine Moral, die allerdings einen relativ großen Spielraum zulässt.

Global gesehen gibt es keine absoluten moralischen Maßstäbe. Allerdings könnte es doch so etwas wie eine minimale kulturunabhängige und ideologiefreie Moral geben.

Das Sozialverhalten der Tiere und Menschen hat sich aus der Notwendigkeit heraus entwickelt zusammenzuarbeiten. In der Frühphase der menschlichen Entwicklung ging es vor allem um den Schutz der Gemeinschaft vor äußeren Bedrohungen und um die Unterstützung von Kindern, Alten und Kranken. Ein Individuum muss das Gefühl haben, dass die Gemeinschaft für ihre Mitglieder Sorge trägt. Daraus lässt sich ein Moralprinzip ableiten: Der Einzelne ist zwar verpflichtet, sich für die Gemeinschaft einzusetzen, aber im Gegenzug ist die Gemeinschaft verpflichtet, sich für den Einzelnen einzusetzen.

Mit der Hypermoral tritt ein neues Phänomen auf: Ein Teil der Bildungselite identifiziert sich nicht mehr mit dem eigenen Heimatland, sondern fühlt sich als Mitglied einer internationalen Gemeinschaft von mobilen, gut ausgebildeten und wohlhabenden Bürgern, die in jeder modernen Großstadt leben können und in ihrem Lebensstil internationalen Maßstäben folgen. Diese Bildungselite hat eine eigene Weltanschauung entwickelt, die ein diffuser Mix aus Ideen aus der Umweltbewegung, dem christlichen Wertekodex und marxistischem Gedankengut ist, der einer globalen Perspektive angepasst wurde.

Der wesentliche Unterschied zu konventionellen Moralvorstellungen ist die Ausdehnung der Verantwortlichkeit der Bürger der Industrieländer auf das Leid der ganzen Welt. Während bisher die Bürger einer Nation in erster Linie verpflichtet waren, sich um ihre eigenen Familienangehörigen zu kümmern und in etwas geringerem Maße um die Notleidenden ihrer Gemeinschaft und ihrer Nation, sind sie nun verpflichtet, sich im gleichen Umfang auch um die Notleidenden der ganzen Welt zu kümmern.

Der Hypermoral zufolge tragen die Bürger der Industrieländer eine Teilschuld an dem Leid auf der ganzen Welt. Diese Schuld erinnert an die christliche Urschuld bzw. Erbsünde, die nach christlicher Vorstellung dem Menschen seit dem Sündenfall von Adam und Eva angeborene und nach Buße verlangende Sündhaftigkeit. Die Hypermoral fordert daher die Öffnung der Landesgrenzen. Alle Menschen sollen sich frei entscheiden können, wo sie ihren Wohnsitz wählen. Nationale Traditionen, kulturelle Eigentümlichkeiten und Religionen werden als veraltet angesehen. Eine Komponente aus dem marxistischen Gedankengut ist die Lehre von der Gleichheit aller Menschen. Vererbte Instinkte gibt es dabei genauso wenig wie einen Unterschied zwischen Mann und Frau. Letzteres ist ein Kerndogma der Political Correctness.

Die Hypermoral hat einige Merkmale typischer Ideologien, aber ihr fehlt das wichtigste Merkmal: die Gemeinschaft. Die Anhänger der Hypermoral sind Angehörige der internationalen Elite und bilden keine in sich geschlossene Gemeinschaft. Doch abgesehen davon besitzt die Hypermoral aber die meisten anderen Merkmale einer Ideologie: Ein Hypermoralist fühlt sich moralisch überlegen, als Feindbilder betrachtet er all diejenigen, die seine Moralforderungen nicht unterstützen. Als »Mission« gelten für ihn Integration, Inklusion, Migration, Gleichstellung, Europa, Umweltschutz, Tierschutz, politische Korrektheit und die Gleichstellung der Geschlechter.

Die Umsetzung dieser Ziele erfordert eine umfassende Kontrolle des Lebens anderer Menschen. Vertreter dieser Strömung fallen durch einen ungewöhnlich hohen Grad an Dogmatismus auf. Die Forderungen der Hypermoral werden als »alternativlos« deklariert, und jeder Zweifel ist untersagt. Dieser bunten Palette an Missionen fehlt allerdings bisher ein übergeordneter Rahmen.

Die Hypermoral fordert ein selbstloses Verhalten von den Bürgern des eigenen Landes, das aber allen Menschen auf der Erde zugutekommen soll. Da es aber sehr viel mehr Menschen auf der Erde gibt als in einem einzelnen Land, ist die Situation asymmetrisch. Wenige Menschen sollen sich für sehr viele Menschen einsetzen. Die zu erwartende Reaktion der Bevölkerung auf die Forderungen der Hypermoral ist ein Rechtsruck hin zum Neonationalismus. Das verursacht eine Spaltung der Gesellschaft in zwei Lager, die sich feindlich gegenüberstehen. Dieser Mechanismus erklärt zum Beispiel auch die gesellschaftliche Spaltung in eine Bildungselite und die Durchschnittsbürger in den USA. Außerdem erklärt er die politische Polarisierung zwischen den Städten und den ländlichen Gebieten in Ländern wie der Schweiz, da die Bildungselite in den Großstädten zuhause ist. Diese Spaltung kann in vielen Ländern zu einer ernsten Gefahr für die Demokratie werden.

Die Schwächung der Demokratie durch den Herdentrieb

Die Schwächung der Demokratie lässt sich als direkte oder indirekte Auswirkung des Herdentriebs erklären. Die Leitideologie der westlichen Demokratien ist gealtert und hat dabei ihre bisherigen Funktionen – Gemeinschaft, Mission und Utopie – verloren. Die drei neu entstandenen Strömungen besitzen dagegen viele Merkmale attraktiver Großideologien. Das erklärt ihren wachsenden Zulauf, obwohl sie dogmatisch und in Ansätzen undemokratisch sind. Für die vier Phänomene Populismus, Dogmatismus, Egoismus und Bürokratisierung lassen sich folgenden Ursachen angeben:

Populismus

Der Erfolg von Populisten und Parteien am rechten Rand des politischen Spektrums lässt sich zwanglos mit dem Bedürfnis nach Gemeinschaft erklären. Die politischen Eliten der westlichen Demokratien demontieren das Gemeinschaftsgefühl, um eine internationale Identität zu schaffen. Es ist Teil der Utopie der Hypermoral und läuft auf die Abschaffung der Nationalstaaten und der nationalen Eigenarten hinaus. Das Vorgehen ist ein Verstoß gegen das wichtigste Merkmal des Herdentriebs: den Drang, einer Gemeinschaft anzugehören. Nur wenn der Herdentrieb durch ein hoch entwickeltes kritisches Denken kontrolliert und kanalisiert wird, könnte ein derartiger Verstoß gegen menschliche Urbedürfnisse ohne drastische Folgen bleiben. Wahrscheinlich wird es jedoch zu einer Destabilisierung der Demokratie und einem Umschwenken von Teilen der Bevölkerung zum Neonationalismus kommen.

Dogmatismus

Die Zunahme des Dogmatismus in politischen Diskussionen ist mit der wachsenden Zahl von Anhängern der drei neuen Strömungen, die das ideologische Vakuum zunehmend auffüllen, erklärbar. Nur die Demokratie ist prinzipiell undogmatisch. Ihre Verfechter hinterfragen auch die eigene Argumentation kritisch und versuchen, die Denkweise des politischen Gegners nachzuvollziehen. Die drei neuen Strömungen zeichnen sich durch feste Dogmen aus, die als unverrückbare Wahrheiten nicht zur Diskussion stehen. Das gilt für die Verfechter des Neonationalismus genauso wie für die radikalen Umweltaktivisten und die Anhänger der Hypermoral. Der wachsende Dogmatismus, der treffend mit dem Schlagwort »alternativlos« beschrieben wird, ist also ein deutliches Zeichen für den Zerfall demokratischer Werte.

Egoismus

Der zunehmende Egoismus ist eine direkte Folge der Bemühungen um die Auflösung der nationalen Identitäten. Die wichtigste Grundlage jeder tierischen und menschlichen Gemeinschaft ist das »Wir-Gefühl«. Es ist ein Trieb, der die Individuen dazu bringt, sich einer Gemeinschaft anzuschließen. Für Menschen muss eine Gemeinschaft durch verschiedene Identitätsmerkmale erkennbar sein. Dazu gehören eine gemeinsame Sprache, gemeinsame Rituale, gemeinsame Werte und Regeln und viele andere Merkmale, die eine nationale Identität ausmachen. Wichtig ist eine Abgrenzung zwischen Gruppenmitgliedern und solchen, die nicht dazugehören. Ein Mensch setzt sich nur dann uneigennützig für eine Gemeinschaft ein, wenn er erwarten kann, dass die Gemeinschaft sich im Bedarfsfall ebenfalls für ihn einsetzt. Dazu muss die Gemeinschaft erkennbar sein, und die Menschen müssen dieser Gemeinschaft vertrauen. Ist eine Gemeinschaft nicht erkennbar oder genießt sie kein Vertrauen, wird der Mensch sich nicht altruistisch verhalten.

Die Politik strebte zumindest zeitweise die Auflösung der Nationalstaaten und der nationalen Identitäten an. Die Folge ist ein massiv zunehmender Egoismus in den westlichen Ländern. Der Verlust des altruistischen Verhaltens der Bürger schadet der Gemeinschaft. Diktatoren und Populisten wissen um die Kraft sich selbstlos für den Staat einsetzender Bürger und verstärken das Gemeinschaftsgefühl mit vielen Maßnahmen.

Bürokratisierung

Einer der wichtigsten, von den Urahnen vererbten Urtriebe des menschlichen Sozialverhaltens ist das Streben nach Kontrolle über die rangniederen Artgenossen. Die Folge dieses Triebs in der menschlichen Gesellschaft ist die stetige Zunahme von Gesetzen und Vorschriften. Es ist eine Art der Alterung einer Gesellschaft, und dieser Prozess ist unabhängig davon, ob es sich um eine Diktatur, eine Monarchie, eine Aristokratie oder eine Demokratie handelt. In totalitären Systemen versuchen die Eliten, ihre Privilegien mit Gesetzen weiter zu zementieren, und meist wird der Abstand zwischen Arm und Reich dadurch immer größer.

Die Zunahme an Vorschriften im Lebensalltag der Bürger hat eine Nebenwirkung, die die Demokratie zusätzlich destabilisiert. Je mehr Regulierungen es gibt, umso geringer wird der Entscheidungsspielraum des Einzelnen. Kritisches Denken, wie es für das Abwägen des Für und Wider von Entscheidungen notwendig ist, wird überflüssig, denn der Staat hat dem Bürger bereits jede Entscheidung abgenommen. In dem engen Korsett aus Gesetzen, Vorschriften und Regulierungen handelt der Bürger wie ein Automat. In totalitären Gesellschaften ist dies erwünscht, denn die Bürger einer Diktatur sollen nicht kritisch denken. Der Demokratie schadet es aber, denn sie kann nur in einer Gesellschaft freier und selbstständig denkender Menschen bestehen.

Durch die zunehmende Regulierung jedes Details wird die anfängliche Aufbruchsstimmung in einer jungen Demokratie durch ein wachsendes Gefühl des Stillstands ersetzt. Es ist vermutlich kein Zufall, dass nach einer Revolution oder einem Zusammenbruch ein Land häufig einen Wirtschaftsaufschwung erlebt. In einem jungen Staat gibt es kaum Regeln, und jeder hat die Möglichkeit, eine neue Existenz aufzubauen. Die Erstarrung älterer Gesellschaften und das Gefühl des Stillstands führen zu einer wachsenden Frustration und schließlich zur Ablehnung der Gesellschaft.

Überblick

Die westlichen Demokratien sind in die Jahre gekommen. In vielen Ländern werden Warnzeichen für eine zunehmende Destabilisierung erkennbar:

- nachlassende Demokratiebegeisterung
- Verlust an Gemeinschaftsgefühl
- Abkehr von der Idee des Wohlstands
- ideologisches Vakuum und Visionslosigkeit
- Populismus und Polarisierung des politischen Spektrums

- Bürokratisierung und Bevormundung
- zunehmender Dogmatismus
- zunehmender Egoismus.

Damit sind der Demokratie drei wichtige Merkmale einer Ideologie verloren gegangen: die Gemeinschaft, die Mission und die Utopie. Diese Atmosphäre der Visions- und Orientierungslosigkeit ist ein Nährboden für neue Ideologien. Drei neue Strömungen lassen sich heute identifizieren, die ihren Anhängern die verlorenen Merkmale Gemeinschaft, Mission und Utopie auf einer neuen Basis anbieten. Die neuen Strömungen sind größtenteils dogmatisch, ihre Anhänger fühlen sich Normalbürgern überlegen und verlangen die Kontrolle über das Leben ihrer Mitmenschen:

- Neonationalismus
- Ökologismus
- Hypermoral.

Der Neonationalismus ist eine zu erwartende Reaktion auf den Verstoß gegen das Grundbedürfnis des Herdentriebs nach Gemeinschaft. Die moderaten Klima- und Umweltschutzbewegungen erfüllen eine wichtige Rolle in der Gesellschaft, aber kaum noch jemand glaubt an die Utopien der Ökoextremisten. Eine relativ neue Bewegung ist die Hypermoral. Sie ist eine globalisierte Mischung aus Ideen, die aus der Umweltbewegung, dem christlichen Wertekodex und marxistischem Gedankengut herrühren. Ihr fehlen allerdings zwei wichtige Merkmale: das Gemeinschaftsgefühl und das Versprechen von Wohlstand.

Bisher gefährdet keine dieser drei Bewegungen die Demokratie. Aber der Verlust des Gemeinschaftsgefühls und das ideologische Vakuum sind ernste Probleme, die die Bürger in Zukunft einer neuen Großideologie zutreiben könnten.

8

Stabilisierung und Förderung der Demokratie

Kritisches Denken, Gemeinschaftsgefühl und bürgerliches Engagement

Die Demokratie ist die einzige bisher bekannte Staatsform, die dem einzelnen Menschen möglichst viel Freiheit einräumt. Nur in einer freien Gesellschaft können sich Kreativität und kritisches Denken frei entfalten. Obwohl die Demokratie prinzipiell schwach ist, weil sie den animalischen Komponenten des menschlichen Sozialverhaltens zuwiderläuft, hat sie sich im globalen Wettbewerb der Kulturen bisher immer als überlegen erwiesen. Totalitäre Systeme können zwar mit ihrer Gleichschaltung und Disziplin kurz- und mittelfristig wirtschaftlich erfolgreich sein, aber ohne die höhere Ebene der Intelligenz gibt es keine wirkliche Weiterentwicklung. Echte Innovation geht vom einzelnen Menschen aus. Es gibt keine »kollektiven« Erfindungen, aber die offene Gesellschaft in einer Demokratie fördert Kreativität, neue Ideen und geniale Erfindungen. Diktatoren halten Querdenker und Abweichler mit neuen Ideen für gefährlich und bekämpfen sie. Aus diesem Grund wird sich die Demokratie wohl auch weiterhin als die überlegene Staatsform erweisen.

Die westlichen Demokratien sind jedoch unter Druck, von innen wie von außen. Gefährlich könnte vor allem die Bedrohung von innen werden. Es gibt einen Zerfall demokratischer Werte, und es entstehen neue Strömungen, die die alten animalischen Instinkte der Menschen ansprechen. Gleichzeitig sollen sich die demokratischen Nationen um die Lösung globaler Probleme wie Armut, Klima und Migration kümmern. Aber das können sie nur tun, wenn sie nicht mit eigenen Problemen zu kämpfen haben, wie das folgende Beispiel illustriert.

Jeder, der schon einmal geflogen ist, kennt die Sicherheitshinweise, die vor dem Start vom Kabinenpersonal erklärt werden. Eine der Vorschriften läuft der Intuition zuwider und betrifft die Sauerstoffmasken. Wenn die Kabine undicht wird, fällt der Luftdruck auf das Niveau des Außendrucks. In der Höhe, in der die Flugzeuge unterwegs sind, ist der Druck sehr niedrig und die Passagiere würden rasch durch den Sauerstoffmangel ohnmächtig werden. Um das zu vermeiden, fallen über jedem Sitz Sauerstoffmasken von der Decke. Zuerst sollen sich die Erwachsenen die Masken aufsetzen und mit dem Atmen des angereicherten Sauerstoffs beginnen. Würden sie zuerst ihre Kinder versorgen, bestünde die Gefahr, dass sie, während sie ihren Kindern helfen, in Ohnmacht fallen. Dann können sie niemandem mehr helfen.

Es ist ein allgemeines Prinzip: Nur wer selber fit ist, kann anderen helfen. Das gilt auch für die westlichen Demokratien. Eine Demokratie ist ein kostbares, doch fragiles Gut. Sie zu gefährden, um die vielen globalen Probleme zu lösen, ist riskant und fahrlässig. Das Klima, der Euro oder Bürgerkriege in fernen Ländern sind arge Probleme, aber es wäre ein Fehler, die Sorgen der eigenen Bürger darüber aus den Augen zu verlieren. In vielen demokratischen Ländern mehren sich die Warnzeichen, dass die Unterstützung der Demokratie durch die Bevölkerung abnimmt. Mit welchen Maßnahmen lassen sich die westlichen Demokratien stabilisieren? Zwei Faktoren sind für eine stabile Demokratie entscheidend:

1. Die Fähigkeit der Bürger zum kritischen Denken

Das kritische Denken ist die oberste der drei Ebenen der menschlichen Psyche. Die untere Ebene der Triebe hat der Mensch von seinen animalischen Vorfahren geerbt. Zu diesen Trieben gehört der Drang nach Überlegenheit und Kontrolle, die für totalitäre Gesellschaften typisch sind. Die mittlere Ebene der Psyche ist die Alltagsintelligenz. Dazu gehören die soziale und technische Intelligenz und das Wissen. Diese mittlere Ebene ist sozusagen der Maschinenraum. Hier wird gearbeitet, und diese Ebene kann sich jeder Gesellschaftsform anpassen. Deshalb finden sich gute Ingenieure und Manager in Diktaturen genauso wie in Demokratien. Die Kreativität und das kritische Denken gehören zur dritten Ebene der Psyche. Das kritische Denken kann die beiden unteren Ebenen kontrollieren und gegebenenfalls korrigieren. Es ist die jüngste Errungenschaft der Evolution, und erst sie macht den Menschen zu einem freien und eigenständigen Wesen.

Kritisches Denken kann sich nur in einer freien Gesellschaft voll entfalten. Freie, eigenständige und kritisch denkende Menschen werden aus eigenem Antrieb heraus eine gefährdete Demokratie verteidigen. Durch das Trainieren der Selbstständigkeit und des kritischen Denkens der Bürger kann die Demokratie von innen heraus durch eine Reihe von Maßnahmen stabilisiert werden. Es gibt aber umgekehrt auch Methoden, die das kritische Denken durch Erziehung und Propaganda bis zur Auslöschung unterdrücken können. Sie kommen in Diktaturen zur Anwendung. Allerdings haben auch manche Politiker demokratischer Staaten wenig Interesse an einem kritisch denkenden Volk und nutzen Manipulationsmethoden wie das »Nudging«. Es ist jedoch ein Fehler, in einer Demokratie das kritische Denken zu unterminieren, denn dies ebnet Populisten den Weg.

2. Ein starkes Gemeinschaftsgefühl

Der zweite stabilisierende Faktor einer Demokratie ist das Gemeinschaftsgefühl. Menschen sind deshalb die dominierende Spezies auf der Erde, weil sie die Fähigkeit zur Zusammenarbeit besitzen. Ein Individuum setzt sich jedoch nur dann selbstlos für eine Gemeinschaft oder einen Staat ein, wenn es sich mit der Gemeinschaft identifizieren kann. Dazu muss die Gemeinschaft als eine solche erkennbar sein. Hinzu kommt, dass ein Bürger das Gefühl haben muss, dass sich der Staat um ihn kümmert, sollte es ihm einmal schlecht gehen. Die

Bürger müssen ihrem Staat vertrauen. Die Globalisierung schwächt dieses Gefühl der Gemeinschaft und das Vertrauen.

Die Grundaufgaben eines Staates sind Bildung, Gesundheit, Renten, Soziales und Infrastruktur. Diese lebenswichtigen Funktionen vernachlässigen manche Politiker und Parteien zugunsten der Diskussion globaler Probleme, denen die Medien mehr Aufmerksamkeit widmen. Dagegen ist es ein unspektakuläres und mühsames Geschäft, einmal Erreichtes zu erhalten und in kleinen Schritten weiter auszubauen. Dieses mutmaßliche Desinteresse ist der Grund für das zunehmende Gefühl der Bürger, dass sich der Staat, an den sie Steuern zahlen, nicht mehr um sie kümmert.

Ein noch größerer Fehler wäre es, die Nationalstaaten ganz aufzulösen, wie es in Europa angedacht wird. Erkennungszeichen wie eine gemeinsame Sprache und gemeinsame Traditionen würden verschwinden und zu einer internationalen Einheitskultur homogenisiert werden. Das wäre ein Verstoß gegen das Urbedürfnis nach Gemeinschaft und würde die Existenz der Demokratien infrage stellen. Schon jetzt schwenken die Bürger immer mehr zu einem egoistischen Handeln um und folgen Populisten, denn für eine Gemeinschaft, die es nicht gibt, kann sich niemand einsetzen.

Ein Recht auf Heimat muss aber nicht bedeuten, dass es kein gemeinsames Europa mehr geben sollte. Ein gemeinsames Europa kann auch aus klar abgegrenzten und weitgehend autonomen Nationalstaaten bestehen, die bei Themen, die die Allgemeinheit betreffen, zusammenarbeiten. Dieses neue Europa hätte keine zentralistische, sondern eine föderalistische Struktur.

Es gibt Maßnahmen, die das Gemeinschaftsgefühl schwächen oder das kritische Denken unterdrücken und deshalb besser unterlassen werden sollten. Durch die vier im Folgenden dargelegten Maßnahmen können jedoch das Gemeinschaftsgefühl und das kritische Denken aktiv gestärkt werden.

Stärkung des kritischen Denkens

Meinungsvielfalt und Respekt vor Andersdenkenden

In Diktaturen ist es lebensgefährlich, eine andere Meinung als die der Regierung zu haben. Dagegen ist die Meinungsvielfalt für eine Demokratie das Lebenselixier. Das bereits erwähnte Beispiel des Ameisenkreises der Blattschneideameisen illustriert die Bedeutung von Andersdenkenden. Die Wanderameisen folgen instinktiv dem Individuum vor ihnen. Beginnen die Insekten aus irgendeinem Grund in einem Kreis zu laufen, laufen sie ewig im Kreis, und Ameisenvölker, in denen es keine Abweichler gibt, sterben in solchen Todesspiralen. Abweichler brechen nach einer Weile spontan aus dem Kreis aus und laufen in eine andere Richtung. In Ameisenvölkern mit Abweichlern gibt es keine Todesspiralen.

Das gilt auch für menschliche Gemeinschaften. Eine bunte Meinungsvielfalt fördert die Kreativität und eröffnet neue Perspektiven. Auch die Beiträge von Exoten und Extremisten müssen Gehör finden und respektiert werden. Eine Gleichschaltung der Meinungen führt dagegen zur Stagnation und tötet jede Kreativität. Der Respekt vor Abweichlern führt dazu, dass Menschen mit abweichenden Ansichten sich trotzdem als zur Gemeinschaft zugehörig fühlen.

Eine Möglichkeit, die auch Diktatoren nutzen, um jede Diskussion im Keim zu ersticken, ist die Behauptung der »Alternativlosigkeit« ihrer Entscheidungen. Entweder gibt es ihrer Aussage nach keine Alternativen, oder offensichtliche Alternativen werden als unverantwortlich diskreditiert. Eine inhaltliche Diskussion findet nicht statt. Echte oder selbst erzeugte Krisen verstärken den Effekt. In einer Krise ist eine kritische Diskussion schon aus Zeitgründen nicht möglich und wird auf einen unbestimmten Zeitpunkt vertagt. Kreativ aufgebauschte Weltuntergangsvisionen werden heraufbeschworen, um jeden Kritiker mundtot zu machen.

Ist eine Demokratie im Dauerkrisenmodus und betonen die Politiker ständig die Alternativlosigkeit und Dringlichkeit ihrer Entscheidungen, verlieren die Bürger mit der Zeit die Fähigkeit zu einer kritischen Auseinandersetzung.

Die Politiker schaffen es auf diese Weise, lange Zeit an der Macht zu bleiben, aber sie unterhöhlen mit ihrem Machtstreben die Wertebasis der Demokratie.

Ein Charakteristikum totalitärer Gesellschaften ist die Gleichschaltung der Medien. Alle Fernseh- und Radiosender berichten mit der gleichen politischen Einfärbung über die Ereignisse des Tages. An der Gleichschaltung kann der kritisch denkende Bürger erkennen, ob er noch in einem freien Land lebt, oder ob eine dogmatische Ideologie die Kontrolle übernommen hat. Gerade bei umstrittenen Themen sollten die Medien ein breites Meinungsspektrum wiedergeben. Tun sie das nicht, wird der Bürger zum kritiklosen Meinungsempfänger degradiert. Dies würde auch deshalb zu einer Destabilisierung der Demokratie führen, weil sich die Bürger, die anderer Meinung sind, ausgeschlossen fühlen und sich nicht mehr am politischen Leben beteiligen. Ein Zeichen dafür wäre eine sinkende Wahlbeteiligung. Kritisches Denken kann sich nur dann entfalten, wenn Informationen möglichst objektiv und aus verschiedenen Blickwinkeln heraus von den Medien verbreitet werden.

Eine in Diktaturen gängige Methode ist die pauschale Verunglimpfung des Gegners. Sie wird dann eingesetzt, wenn es keine inhaltlichen Argumente mehr gibt – wenn dem Gegner also eigentlich recht gegeben werden müsste. Der Gegner wird beispielsweise mit einer allgemein verabscheuten Gruppierung gleichgesetzt und ist damit generell im Unrecht. Die Technik des pauschalen Verunglimpfens lässt sich mit etwas Kreativität auf jedes Thema und jede Meinung anwenden. Menschen, deren Ansichten von der Mehrheitsmeinung abweichen, fühlen sich unterdrückt und wenden sich von der Gesellschaft ab.

Dogmatismus und Verunglimpfung Andersdenkender sind typisch Kennzeichen der Hypermoral, zu der auch die Political Correctness gehört. Die Hypermoral erhebt einen Absolutheitsanspruch auf Themen wie Integration, Inklusion, Migration, Gleichstellung, Europa, Umweltschutz, Tierschutz und die Gleichstellung der Geschlechter. Hypermoralisten akzeptieren keine Meinungen, die von ihren Postulaten abweichen. Die Bürger werden so weit eingeschüchtert, dass sie es nicht einmal mehr wagen, auch nur Zweifel an den Dogmen zu äußern. Das gilt selbst dann, wenn wissenschaftlich überprüfbare Tatsachen die Dogmen widerlegen (Gleichheit von Mann und Frau) oder wenn es ernste Zwei-

Die (hyper-)moralischen Betreiber von Facebook zensieren die Darstellung eines 30 000 Jahre alten Fruchtbarkeitssymbols (Venus von Willendorf). Facebook hat die Zensur inzwischen wieder zurückgenommen.

fel an der Machbarkeit gibt (100 Prozent Energieversorgung aus erneuerbaren Energien, Aufnahme aller Flüchtlinge). Der neue Dogmatismus, der sich zunehmend in den westlichen Demokratien ausbreitet, tötet die freie Diskussion und damit auch die Demokratie. Kritisches Denken kann in einem solchen Milieu einer zwanghaften Einheitsmeinung nur noch im Privaten stattfinden.

Herausforderungen für die Schule

Entscheidend für die langfristige Stabilität jeder Gesellschaft ist die Schule. Unter anderem hat sie die Aufgabe, die Kinder mit den Grundwerten der Gesellschaft vertraut zu machen. Im Gegensatz zu einer Diktatur sollte in den Schulen eines demokratischen Staates das kritische Denken trainiert werden. Dieses Training stellt allerdings hohe Anforderungen an die Qualität des Unterrichts. Heute muss die Schule viele zusätzlichen Aufgaben wie zum Beispiel die Inklusion, die Integration von Migrantenkindern und die Betreuung von Kindern aus bildungsfernen Familien leisten. Das Schulsystem ist mit diesen zusätzlichen Aufgaben stark überfordert. Erforderlich ist erheblich mehr gut ausgebildetes Personal, und die Klassen müssen drastisch verkleinert werden, damit alle Schüler eine gute Schulausbildung bekommen können.

Eine Schulung des kritischen Denkens ist unter den jetzigen Bedingungen kaum möglich. Es ist ein schwerer Fehler, wenn ein Schulsystem in einer

Demokratie die Kinder vernachlässigt. Gerade für das Schulsystem muss gelten, dass zunächst die Probleme im eigenen Land gelöst werden müssen, bevor die Politik Milliarden in globale Projekte investiert. Eine Neudefinition der politischen Prioritäten ist daher dringend notwendig, wie beispielsweise der Zustand der Schulgebäude in Deutschland dokumentiert. Die Schulung des kritischen Denkens ist die höchste Stufe der Bildung, und das kann nur ein hochwertiges Bildungssystem leisten. Die Frage ist, welche Bedeutung die politischen Parteien der Schulung des kritischen Denkens beimessen. In einer Diktatur ist Schule gleichbedeutend mit dem Gegenteil des kritischen Denkens: der Indoktrination.

Das Internet kann einen wichtigen Beitrag zur Bildung und zum kritischen Denken leisten, wenn der eigenverantwortliche Umgang mit den neuen Kommunikationstechnologien Teil des Schulstoffs wird. Das Internet kann die Gesellschaft demokratischer machen. Das bisherige Mediensystem war zentralistisch und unidirektional. Wenige Massenmedien beherrschten den Nachrichtenmarkt, und die Bürger waren passive Konsumenten. Mit den sozialen Medien und eigenen Homepages werden die Bürger selbst zu aktiven Nachrichtensendern. Das neue System ist also dezentral und bidirektional. Bessere Kommunikation bedeutet mehr Demokratie. Aber neue Kommunikationstechniken können auch von totalitären Systemen missbraucht werden.

Das Internet bietet nur dann die Chance zu einer Weiterentwicklung, wenn die Bürger lernen, mit den Möglichkeiten verantwortlich umzugehen. In seinem heutigen Zustand ist das Internet ein Dschungel voller Möglichkeiten und Gefahren, und seine Nutzung erfordert Eigenverantwortung und kritisches Denken. Propaganda, Betrügereien und kriminelle Homepages müssen die Nutzer erkennen können. Das ist vor allem eine Herausforderung an die Schulen, die die jungen Menschen auf die Nutzung des Internets vorbereiten müssen. Wenn das Schulsystem das leisten kann, hat diese neue Kommunikationsform das Potenzial, die persönliche Freiheit und die Lebensqualität der Menschen deutlich zu verbessern.

Schulunterricht muss auch Unterricht in Demokratie sein. Die Errungenschaften der westlichen Demokratien sollten objektiv dargestellt werden. Jugendlichen wird kaum noch vermittelt, dass Wohlstand nicht selbstverständlich ist. Heutiger Schulunterricht konzentriert sich aber auf die negativen Folgen der Industrialisierung und betont die Kritik an der eigenen Lebensart. Wichtige wäre aber auch eine positive Darstellung der Errungenschaften der westlichen Demokratien. Beispielsweise hat sich der Harvard-Professor Niall Ferguson mit der Frage beschäftigt, warum die europäischen Zivilisationen technologisch und ökonomisch so erfolgreich sind. Er identifizierte sechs westliche Tugenden: freier Wettbewerb, Naturwissenschaft, Privateigentum, Medizin, Konsum und Arbeitsethik. Darüber hinaus gehören die christlichen Werte, die persönliche Freiheit und der Unternehmergeist zum Fundament der westlichen Demokratien. Die Demokratien sind das Resultat eines jahrhundertelang andauernden Kampfes um Freiheit und Gerechtigkeit, und sie sind etwas Erhaltenswertes. Auch das sollte Teil des Schulunterrichts sein.

Ächtung des »Nudgings«

»Nudging« ist eine Methode zur Manipulation der Bürger durch subtile Methoden der Verhaltensökonomie. Durch geringfügige Veränderungen im Tonfall von Nachrichtenmeldungen oder in der Stimmungslage von Fotos wird der Zuhörer dazu veranlasst, Entscheidungen gegen seinen Willen zu fällen. Auch mit suggestiven Informationen wie der Behauptung, dass viele Leute ein Produkt schon gekauft oder einer Entscheidung zugestimmt hätten, wird versucht, den Bürger zum Kauf oder zur Zustimmung zu bewegen. »Nudging« ist der Versuch, das kritische Denken zu unterwandern oder zu betäuben. Führende Politiker westlicher Demokratien bekennen sich offen zum »Nudging« und behaupten, es sei zum Besten der Bürger. Mit dieser Haltung degradieren sie die Bürger zu unmündigen Kindern. Gleichzeitig unterminieren sie mit dieser indirekten Unterdrückung des kritischen Denkens das Fundament der Demokratie. Die Begeisterung vieler Politiker für das neue Werkzeug, das die Wissenschaft ihnen zur Manipulation ihrer Bürger zur Verfügung gestellt hat, zeigt, wie weit der Zerfall der demokratischen Werte innerhalb der politischen Elite schon fortgeschritten ist.

Stärkung des Gemeinschaftsgefühls

Recht auf Heimat

Die meisten Menschen haben ein Bedürfnis nach einer Heimat. Das Gefühl, zu Hause zu sein, orientiert sich zunächst an der Sprache. Im Ausland erkennen sich Touristen gegenseitig an ihrem Dialekt, und das löst positive Gefühle aus. Neben der Sprache gibt es viele weitere Faktoren, die »Heimat« ausmachen. Das Spektrum reicht von kleinen Gesten über lokale Speisen bis hin zu den Feiertagen. In einer solchen Gemeinschaft sind die Menschen bereit, ohne eigenen Vorteil zusammenzuarbeiten. Sie wissen, dass die anderen ihnen helfen werden, wenn es ihnen einmal schlecht geht. Das gilt im Kleinen auf dem Niveau einer Familie genauso wie im Großen für ganze Nationen. Auch eine Familie hat die Pflicht, sich in erster Linie um ihre eigenen Kinder und ihre eigenen Senioren zu kümmern. Darüber hinaus kann sie auch anderen Menschen in Not helfen, aber diese Hilfe sollte nur einen Bruchteil der eigenen Ressourcen beanspruchen. Kommt es zu einer Vernachlässigung der eigenen Kinder und Senioren, ist das ein Verstoß gegen ein Grundprinzip des Zusammenlebens, das gleichermaßen für Menschen und Tiere gilt. Wenn zum Beispiel der Staat seine Schulen, Krankenhäuser und Straßen vernachlässigt und sich stattdessen globalen Problemen zuwendet, verlieren die Menschen das Vertrauen in den Staat.

Auch Unternehmen pflegen das Zugehörigkeitsgefühl durch gemeinsame Events, Preise und Feiern. Der Unterschied zwischen einem Mitarbeiter, den nur das Geld interessiert, und einem, der sich mit dem Unternehmen identifiziert, ist groß. Gibt es keine Gemeinschaft, nimmt der Egoismus überhand. Das gilt für die internationale Bildungselite genauso wie für internationale Konzerne. Sie haben keine Gemeinschaft, für die sie sich einsetzen könnten, und agieren rein egoistisch ohne Rücksicht auf die Interessen der Allgemeinheit.

Begrenzung der Globalisierung

Eine übertriebene Globalisierung trägt dazu bei, das Gemeinschaftsgefühl zu zerstören. Die Globalisierung hatte zunächst das durchaus begrüßenswerte Ziel, Handelsbeschränkungen und Bürokratiehürden abzubauen. Inzwischen ist sie jedoch zu einem Wettbewerb um Produktionsstandorte mit niedrigem Lohnniveau und geringen Umweltauflagen verkommen. Internationale Unternehmen entkoppeln sich von ihren Ursprungsländern und entscheiden rein gewinnorientiert. Ein Unternehmen übernimmt keine Verantwortung mehr für die Stabilität eines Landes. Bricht ein Land zusammen, ziehen die Unternehmen weiter. Die Belange der Menschen ihres eigenen Landes mit niedrigem und mittlerem Einkommen kümmern sie nicht.

Begrenzung der Multikulti-Politik

»Multikulti« bzw. Multikulturalismus bezeichnet das Miteinander verschiedener Kulturen und beinhaltet nicht nur die Akzeptanz, sondern auch die aktive Förderung der verschiedenen Volksgruppen. Die Ansicht, dass eine Gesellschaft aus Menschen aus unterschiedlichen Kulturen erfolgreicher ist als eine Gesellschaft, in der eine Leitkultur vorherrscht, könnte dann zutreffen, wenn sich die Menschen bewusst und freiwillig einer Multikulti-Gesellschaft anschließen. Wenn sie deren Werte begrüßen und aktiv unterstützen, sind Migranten für jede Kultur eine Bereicherung. Diese werteorientierte Migration ist aber nur eine von drei Arten der Migration. Daneben gibt es noch die ökonomisch-orientierte Migration: Menschen, die auf der Suche nach Arbeit in ein neues Land kommen, akzeptieren nicht unbedingt dessen Werte. Und schließlich gibt es Menschen, die vor Krieg und Zerstörung aus fremden Kulturkreisen nach Europa flüchten und oft nichts über die Lebensart des fremden Landes wissen. Undifferenzierter Multikulturalismus kann daher zu sozialen Problemen führen.

Mehr Demokratie leben

Begrenzung der Regulierungsflut

Ein gewichtiges Merkmal des menschlichen Herdentriebs ist der Drang nach Kontrolle. In Diktaturen werden die Bürger bespitzelt und müssen unzählige und häufig unsinnige Vorschriften einhalten. Ähnliches gilt für fundamentalistische Religionen.

Auch in einer Demokratie haben Politik und Verwaltung den Drang, alles bis ins Detail zu regulieren. Die Gesellschaft erstarrt dann in Vorschriften, die die Menschen frustrieren. Die EU-weiten Verbote wie das von Glühbirnen oder die legendäre Bananen- oder Gurkenkrümmungsverordnung sind eher unterhaltsam, aber sie waren nur die Spitze vom Eisberg. Heute wird ernsthaft über das Verbot von Millionen von Diesel-Pkws nachgedacht. Mit Argumentationen wie Umweltschutz oder Gesundheit ließen sich auch Flugreisen oder der Genuss von Fleisch verbieten. Während Menschen mit hohem Einkommen solche Verbote leicht umgehen können, würden Bürger mit durchschnittlichem und geringem Einkommen stark betroffen werden. Diese Bürger sind aber das Fundament des Staates. Wenden sie sich vom Staat ab, kollabiert das Land.

Volksabstimmungen

Es ist eigentlich selbstverständlich, dass diejenigen, die die Folgen einer Entscheidung zu tragen haben, auch mit entscheiden dürfen. Doch in einer Demokratie treffen – mit Ausnahme der Schweiz – gewöhnlich nur die Regierungsmitglieder Entscheidungen, deren Folgen die Bürger tragen müssen. Auch offensichtliches Missmanagement wie explodierende Baukosten oder milliardenteure Verzögerungen von Großprojekten haben für die Entscheider keine Konsequenzen, sehr wohl aber für das Volk. Die Menschen, die die Folgen zu tragen haben, müssen an den Entscheidungen beteiligt werden. In einem Staat, der seine Bürger respektiert, sollte es zumindest bei umstrittenen Projekten eine Möglichkeit des Einspruchs durch das Volk geben. Dabei sollten aber nur diejenigen entscheiden, die wirklich betroffen sind. Volksabstimmungen sollten daher abhängig vom Thema auf Gemeindeebene, auf der Ebene eines Bundeslandes oder für das ganze Land abgehalten werden. Sie müssen zudem bindend sein, denn ansonsten sind sie nur Medienspektakel, in denen eine Mitbestimmung vorgetäuscht wird.

Volksabstimmungen haben mehrere Vorteile für eine Demokratie. Sie trainieren die Bürger in kritischem Denken. Im Vorfeld einer Volksabstimmung gibt es vielfältige Informationsveranstaltungen, in denen die Gegner und Befürworter aufeinandertreffen. Es werden Argumente ausgetauscht und die Bürger erfahren, dass eine Problematik aus gegensätzlichen Blickwinkeln heraus betrachtet werden kann. Das schult das Denken und steigert die gegenseitige Toleranz. Weiterhin wird das Gemeinschaftsgefühl durch den Meinungsaustausch und die gelebte Toleranz verstärkt. Auch die Wirkung auf die gewählten Volksvertreter ist nicht zu unterschätzen. Viele Politiker fürchten Volksabstimmungen, denn sie bedeuten einen drastischen Machtverlust. Auch die Fehler der Politiker und ihre Egoismen treten dabei häufig ans Licht. Volksabstimmungen erhöhen die demokratische Kontrolle und die Transparenz der Politik.

Häufig wird argumentiert, dass Volksabstimmungen nur für kleine Staaten umsetzbar seien. Es gibt aber keinen Beweis für diese Behauptung. Ob achtzig Millionen oder acht Millionen Menschen an einer Abstimmung teilnehmen, ist lediglich eine Frage der Organisation. In beiden Fällen ist es eine anonyme Großgesellschaft, und die Zahl spielt jenseits der Größe eines Dorfes, in dem jeder jeden kennt, keine Rolle mehr. Oft wird auch argumentiert, dass die Bürger nicht über die nötige Sachkenntnis verfügen würden. Angesichts der Beliebigkeit, mit der Politiker verschiedenste Posten übernehmen, stellt sich die Frage, inwiefern sie die notwendige Sachkenntnis besitzen. Derjenige, der die Kompetenz der Bürger in Volksabstimmungen anzweifelt, ist kein Demokrat, sondern strebt die Herrschaft durch eine Elite an.

Föderalismus

In einem föderalistischen Staat wird den Regionen so viel Autonomie wie möglich zugestanden. Regionen definieren sich innerhalb einer Nation beispielsweise durch einen Dialekt, spezielle Landessitten oder eigene Traditionen. Manche Regionen sind konservativ, andere sind von einer starken Religiosität geprägt. Wieder anderen ist die Eigenverantwortung wichtig, oder sie legen größten Wert auf den Schutz der Natur. Die Bürger großer Städte haben andere Wertvorstellung als die Bewohner ländlicher Landstriche. Die meisten europäischen Länder setzen sich aus solchen Regionen zusammen. Die USA bestehen aus fünfzig Bundesstaaten, die in vielen Dingen souverän entscheiden können. Das betrifft zum Beispiel das Steuersystem, die Sozialfürsorge und die Bildung.

Die Möglichkeit, Gesetze regionalen Unterschieden anzupassen, fördert die Eigenverantwortung der Bürger und ihr kritisches Denken. Gleichzeitig wird das Gemeinschaftsgefühl gestärkt. Je nach Anlass identifizieren sich die Menschen mit ihrer Region, oder sie denken als Bürger der ganzen Nation. Das Gegenteil von Föderalismus ist die Gleichschaltung in einen dirigistischen Zentralstaat. Vielfalt, Wettbewerb, Gestaltungspielraum und kulturelle Diversität gehen verloren. Zentralistischer Dirigismus birgt die Gefahr der Bürokratisierung und des Stillstands in sich.

Subsidiarität

Subsidiarität ist ein gesellschaftspolitisches Prinzip, nach dem übergeordnete gesellschaftliche Einheiten wie der Staat oder ein Staatenbündnis nur solche Aufgaben übernehmen sollen, zu deren Wahrnehmung untergeordnete Einheiten wie die Familie oder ein Mitgliedstaat nicht in der Lage sind. Angelegenheiten von untergeordneter Bedeutung werden also den kleineren nachgeordneten Organisationseinheiten des Gemeinwesens überlassen. Ein Problem, das nur eine Gemeinde betrifft, wird im Gemeinderat behandelt. Über Projekte, die eine Region angehen, wird in der Regionalregierung entschieden. Das Subsidiaritätsprinzip bedeutet eine Abkehr vom Zentralismus und läuft den archaischen Instinkten des Herdentriebs zuwider, denn das Hierarchiestreben will eine Rangordnung von oben nach unten etablieren. Subsidiarität strebt aber eine Rangordnung von unten nach oben an.

Auch moderne Demokratien haben häufig nach wie vor eine zentralistische Struktur, in der ein Präsident, ein Premier oder eine Kanzlerin in letzter Instanz auch über regionale Probleme entscheidet. Das Prinzip der Subsidiarität führt ähnlich wie Volksabstimmungen zu einer Begrenzung der Macht der Spitzenpolitiker und wird daher von ihnen abgelehnt. Dabei hat Subsidiarität viele Vorteile. Sie vermeidet, dass sich Bürger frustriert von ihrem Staat abwenden, weil »die da oben« ohnehin entscheiden, sie schult das kritische Denken und regt die Bürger an, sich aktiv mit den Problemen der Gemeinschaft auseinanderzusetzen.

Ein föderalistisches Europa

Globale Probleme können nur durch eine Zusammenarbeit der internationalen Gemeinschaft gelöst werden. Probleme, die ganz Europa betreffen, erfordern die Zusammenarbeit aller europäischen Staaten. Zusammenarbeit ist der Schlüssel zum Überleben und zu mehr Wohlstand. Das erklärt auch den langfristigen Trend zu immer größeren Strukturen in der Wirtschaft wie beispielsweise den Großkonzernen, die die kleinere Konkurrenz aus dem Feld schlagen. Daher ist es grundsätzlich sinnvoll, wenn sich die europäischen Staaten zu einer größeren Gemeinschaft zusammenschließen. Allerdings darf dabei das Gemeinschaftsgefühl der Regionen und der Nationalstaaten nicht zerstört werden. Dann wäre der Schaden größer als der Nutzen.

Europa hat das spezielle Problem der stark unterschiedlichen Sprachen und Traditionen. Im Gegensatz zu den USA gibt es bisher keinen gemeinsamen »europäischen Traum« und keine europäische Identität. Ein ähnlich enger Zusammenschluss der europäischen Staaten wie in den USA wäre zum heutigen Zeitpunkt riskant. Geht das nationale Identitätsgefühl verloren, ohne durch ein ausreichend starkes europäisches Identitätsgefühl ersetzt zu werden, werden sich die Bürger nationalistischen Bewegungen zuwenden.

Ein gemeinsames Europa lässt sich angesichts der Vielfalt an Sprachen und Traditionen nur als lockerer Staatenbund realisieren. Eine Zusammenarbeit bei den Themen, die ganz Europa betreffen, wird dabei die Zustimmung aller 750 Millionen Bürger finden. Dagegen würde der Zwang zu einer einheitlichen europäischen Norm in Bereichen wie Bildung, Steuern, Soziales und Renten vermutlich zum Zerfall der Europäischen Union führen. Sowohl die ökonomischen als auch die ideologischen Unterschiede zwischen den europäischen Ländern sind noch zu groß. Ein ähnlicher Zerfallsprozess fand in Russland nach der Auflösung der Sowjetunion und dem Zusammenbruch der Planwirtschaft Ende der 1980er-Jahre statt. Es ist denkbar, dass Europa mit der Zeit langsam enger zusammenwächst. Auch Sprachen verändern sich und gleichen sich aneinander an. Aber dieser Prozess benötigt viel Zeit und Verständnis für die nationalen Eigenheiten.

Bewältigung der Migration

Die Erkenntnisse über die Mechanismen des Sozialverhaltens des Menschen erlauben auch Rückschlüsse auf die Problematik der Migranten und Flüchtlinge. In den Staaten, die unter einem starken Migrationsdruck stehen, verlieren die demokratischen Parteien zurzeit an Unterstützung durch die Bevölkerung. Die Bürger sind durch die Menschenströme verunsichert. Die Abwehr Fremder ist ein tief verwurzelter Reflex im Sozialverhalten. In den vergangenen Jahrtausenden war diese Angst durchaus berechtigt, denn Raub und Mord waren zwischen benachbarten Stämmen an der Tagesordnung. Die Massenmigration im Jahr 2015 hat diese Ängste wiederbelebt und könnte die europäischen Demokratien destabilisieren. Diese Destabilisierung lässt sich jedoch vermeiden. Wichtig ist dabei eine Differenzierung der unterschiedlichen Gruppen von Einwanderern, denn je nach Art der Migration variieren die Folgen für das Gastland.

Wertemotivierte Migration

Mündige Bürger können sich frei für die Mitgliedschaft in einer Gemeinschaft entscheiden. Das gilt für Religionsgemeinschaften genauso wie für Nationalitäten. In welchem Land ein Mensch geboren wird, ist Zufall. Möglicherweise lehnt ein Bürger die Werte und Traditionen im eigenen Land ab und bewundert stattdessen die Kultur, die Sprache und die Werte eines anderen Landes. Viele demokratische Staaten erlauben grundsätzlich einen Wechsel der Staatsbürgerschaft. Allerdings müssen die Neubürger zunächst lange Zeit in ihrem neuen Land leben und einen Nachweis ihrer Integration erbringen. Das wichtigste verbindende Element einer menschlichen Gemeinschaft ist die Sprache, und daher sind ausreichende Sprachkenntnisse in vielen Ländern eine Voraussetzung für den Erwerb der Staatsbürgerschaft.

Ein weiteres Merkmal einer erfolgreichen Integration ist die Annahme landesspezifischer Umgangsformen und Sitten. Oft müssen auch Kenntnisse über die Geschichte, die Werte und das demokratische System nachgewiesen werden. Wirklich integrierte Neubürger haben Freunde und Bekannte unter den Bürgern des Aufnahmelandes und sind vielleicht sogar politisch aktiv. Diese Art der Migration ist ein Privileg für den Einzelnen und ein Gewinn für das Aufnahmeland. Einwanderer, die sich aus innerer Überzeugung für ein neues Land entscheiden, werden sich auch uneigennützig für die neue Gemeinschaft einsetzen. Diese Art der Migration setzt allerdings einen hohen Grad an Kontrolle über die Ebene der Triebe, Instinkte und Emotionen durch das kritische Denken voraus.

Ökonomisch motivierte Migration

Ein weitaus größerer Teil der Migranten strebt aus rein ökonomischen Gründen in ein fremdes Land. In vielen Fällen stammen solche Migranten aus ärmeren Ländern. Oft weichen die Werte, das Bildungssystem und die politischen Strukturen von denen des Gastlandes ab. Auch hat die Religion häufig einen großen Einfluss auf das Alltagsleben dieser Menschen. In der Vergangenheit hielten sich Kosten und Nutzen für diese Art der Migration für das Aufnahmeland in etwa die Waage. Diese Migranten sind bereit, für wenig Lohn zu arbeiten. Der geringere Lohn hat Vorteile für die Industrie des Aufnahmelandes, ist aber ein Nachteil für die gering qualifizierten Bürger des Gastlandes, denn es kommt zu einem Verdrängungswettbewerb. Dieser Wettbewerb um niedrig qualifizierte Jobs wird durch den stetigen Strukturwandel verschärft. Im Zuge der Rationalisierung und Automatisierung fallen immer mehr Arbeitsplätze weg, die nur eine niedrige Qualifikation erfordern. Die Arbeitnehmer eines Industrielandes haben keine Chance, diesen Wettbewerb zu gewinnen, da Migranten aus armen Ländern an einen niedrigeren Lebensstandard gewöhnt sind und sich mit einem geringeren Lohn zufriedengeben. Für die Industrie wirkt sich der Wettbewerb positiv aus, und sie begrüßt diese Art der Migration.

Die Arbeitsmigranten haben keine Veranlassung, die Kultur des Gastlandes anzunehmen. Meist genügen ihre Sprachkenntnisse nur für die einfachen Arbeitsprozesse. Sie werden sich auch nicht uneigennützig für die neue Gesellschaft einsetzen, sondern arbeiten um des Geldes willen. In der heutigen Zeit wird die ökonomisch motivierte Migration aus wenig entwickelten Ländern mehr und mehr zu einer Belastung für die Aufnahmeländer und deren Sozialsysteme. Zu dieser Art der Migration besteht keine moralische Verpflichtung. Sie sollte nur dann gefördert werden, wenn die eigene Bevölkerung sie gutheißt. Über die genauen Regelungen sollte in Volksabstimmungen entschieden werden, denn letztlich muss das Volk die Folgen tragen.

Flüchtlinge

Flüchtlinge aus Kriegsgebieten kommen nicht freiwillig und eigentlich nicht auf Dauer, aber in der Realität bleibt ein großer Teil von ihnen in den Aufnahmeländern. In den letzten Jahren sind viele Flüchtlinge aus fremden Kulturkreisen nach Europa gekommen. Sie haben keine Sprachkenntnisse und oft kein Wissen über die Werte und die Lebensart der Gastländer. Vermutlich fühlen sie sich in den Gastländern fremd und verloren, suchen Kontakt zu Landsleuten, kapseln sich in engen Gemeinschaften von der fremden Umgebung ab und bilden Parallelgesellschaften. Viele pflegen ihre Traditionen sogar intensiver als im eigenen Land, um einen Rest von Heimatgefühl zu bewahren. Das führt zu dem scheinbar paradoxen Phänomen, dass die im Exil lebenden Flüchtlinge stärker an überkommenen Traditionen festhalten als die Menschen in ihren Herkunftsländern.

Die treibende Kraft ist das Gemeinschaftsgefühl, also die wichtigste Komponente des Herdentriebs. Sie wirkt in diesem Fall jeder Integrationsbemühung entgegen, da sich diese Menschen eher abkapseln als integrieren werden. Die erste Generation der Flüchtling ist dankbar, aufgenommen worden zu sein. Die zweite und dritte Generation haben aber diese Dankbarkeit nicht mehr. Wenn sie in der Gesellschaft des Gastgeberlandes keine Aufstiegschancen haben und keine Anerkennung erfahren, kann ein latent vorhandener Fundamentalismus wieder aktiv hervorbrechen.

In dieser Situation geht aber die eigentliche Gefahr für die Demokratie nicht von den aufgenommenen Menschen, sondern von der Reaktion der Bürger des Aufnahmelands aus. Wenn die Zuwanderung aus fremden Kulturkreisen zu stark wird, empfinden die Menschen ihren Staat nicht mehr als eine schützende und verlässliche Gemeinschaft, die ihre Sprache, ihre Traditionen und ihre Werte teilt. Es ist ein Verstoß gegen den wichtigsten Teil des Herdentriebs – gegen das Bedürfnis nach Gemeinschaft. Ohne diese Grundlage ist die Demokratie gefährdet. Ein Land ist moralisch verpflichtet, Flüchtlinge aufzunehmen. Allerdings sollten sie, wenn sich die Situation in ihren Herkunftsländern normalisiert hat, wieder zurückkehren. Wenn aber die Flüchtlingszahlen weiterhin hoch bleiben, muss nach neuen Lösungen bzw. nach Maßnahmen vor Ort in den Herkunftsländern gesucht werden. Der Stabilität des Aufnahmelandes muss eine höhere Priorität eingeräumt werden als der unbegrenzten Aufnahme von Flüchtlingen.

Überblick

Für die Stabilität einer Demokratie ist es erforderlich, das kritische Denken zu entwickeln und zu trainieren. Parallel dazu muss das Gemeinschaftsgefühl gepflegt werden, denn der Verstoß gegen diesen Grundreflex des menschlichen Sozialverhaltens kann drastische Folgen nach sich ziehen. Aus diesen Überlegungen heraus ergibt sich eine Palette von Maßnahmen, mit denen eine Demokratie stabilisiert werden kann:

1. Stärkung des kritischen Denkens

Meinungsvielfalt und Respekt vor Andersdenkenden
keine Alternativlosigkeit und kein Dogmatismus
keine Gleichschaltung der Medien
keine Verunglimpfung des politischen Gegners
Ächtung des »Nudgings«
Prioritätensetzung zugunsten der Bildung
Hochwertiger Unterricht für alle
Internet als Schulfach
Unterricht in Demokratie
Darlegung der gesellschaftlichen Errungenschaften

2. Stärkung des Gemeinschaftsgefühls

Recht auf Heimat (Erhalt der Nationalstaaten, Erhalt der lokalen Sitten und Traditionen, Rückbesinnung auf die primären Staatsaufgaben)
Begrenzung der Globalisierung
Begrenzung der Multikulti-Politik

3. Mehr Demokratie leben

Begrenzung der Regulierungsflut
Volksabstimmungen
Föderalismus
Subsidiarität
Ein föderalistisches Europa

4. Bewältigung der Migration

Beibehaltung der wertemotivierten Migration
Begrenzung der ökonomisch-motivierten Migration
Flüchtlinge: Maßnahmen in den Herkunftsländern

9

Der Einfluss des Herdentriebs auf Religion und Philosophie

Archaische Instinktsteuerung versus demokratische Gesellschaft

Seit es schriftliche Aufzeichnungen gibt, machen sich Philosophen Gedanken darüber, warum die menschliche Geschichte von Kriegen, Diktaturen, Mord, Raub und Unterdrückung dominiert wird. Aus biologischer Sicht ist das allerdings nicht erstaunlich. Auch Schimpansen, die nächsten Verwandten des Menschen, zeigen ähnliche Verhaltensmuster. Das Sozialverhalten der Primaten, zu denen auch der *Homo sapiens* gehört, wird durch den Herdentrieb gesteuert und ist eine Anpassung an eine grausame Umwelt.

Doch die langsam erwachende Intelligenz des Menschen wandte sich gegen diese Grausamkeiten. Frühe Vordenker, Gelehrte und Philosophen identifizierten die triebhafte Natur des Menschen als Ursache des Leids. Sie schlussfolgerten, dass die Menschen versuchen müssten, »besser« zu werden. Dabei ging es zunächst nur um das Verhalten des Einzelnen.

Vor 2000 Jahren lebten die meisten Menschen in einer hierarchischen Gesellschaft mit einem König oder Fürsten an der Spitze, die in vielen Aspekten den urtümlichen Stammesgesellschaften ähnelte. Damals entstanden die großen Weltreligionen. Die Gründerväter entwarfen Idealbilder eines guten Menschen. Sie stimmten darin überein, dass die menschliche Intelligenz die Triebe möglicherweise kontrollieren könne. Ein Teil dieser Triebe beeinflusst auch die Sozialstruktur menschlicher Gemeinschaften. Darum werden im Folgenden drei Weltreligionen – der Buddhismus, der Konfuzianismus und die Lehren von Jesus Christus – auf Parallelen zu den in den vorangegangenen Kapiteln aufgestellten Thesen hin untersucht und die gesellschaftliche Bedeutung des kritischen Denkens aus philosophischer Sicht analysiert.

Buddhismus

Siddhartha Gautama (563 v. Chr. – 483 v. Chr.), dessen Ehrentitel Buddha (altind. »der Erwachte«, »der Erleuchtete«) war, ist der Begründer der nach ihm Buddhismus genannten Religion. Der Buddhismus ist mit rund einer halben Milliarde Anhängern eine der fünf Weltreligionen (Buddhismus, Judentum, Christentum, Hinduismus, Islam) und war ursprünglich in Indien beheimatet. Heute hat sich der Buddhismus auf verschiedene ostasiatische Länder verteilt.

Siddhartha Gautama wurde als Sohn eines reichen Fürsten geboren und lebte lange Zeit im Luxus. Mit 29 Jahren verließ er jedoch plötzlich seine Familie, um die »wahre Natur des menschlichen Glücks zu finden«. Ihm war bewusst geworden, dass der Reichtum nicht vor dem menschlichen Leid durch Altern, Krankheit und Tod bewahren kann. Daher wurde er wie viele seiner Zeitgenossen zunächst Asket. Später schloss er sich verschiedenen Lehrern und Weisen an. Schließlich fand er aber selbst durch intensive Meditation zur Erleuchtung. Er nannte es den Weg der Mitte.

Der Buddhismus konzentriert sich auf den einzelnen Menschen, kennt keinen Gott und keine Seele. Aber es gibt das Samsara, den Kreislauf der Wiedergeburten, dem der Mensch leidvoll unterworfen ist. Ziel des Buddhismus ist es, diesem Kreislauf zu entrinnen und in der Unendlichkeit aufzugehen. Das Karma hält den Menschen im Sein zurück und hindert ihn am Übergang ins Nirwana. Karma ist alles Handeln, Denken, Fühlen und Erleben, also alles, was das aktive Leben ausmacht. Es gibt gutes und schlechtes Karma, das positive oder negative Auswirkungen auf ein späteres Leben hat. Ziel ist es, einen Geisteszustand zu erreichen, der kein Karma mehr erzeugt. Dann löst sich die Bindung an die Realität und beendet das Samsara. Es ist ein Zustand der inneren Erleuchtung. Diese kurze Beschreibung kann der Komplexität dieser Glaubenslehre nicht gerecht werden. Darum konzentriert sich der Vergleich mit den Thesen des vorliegenden Buches auf einige wenige Aussagen des Buddhismus. Er offenbart jedoch erstaunliche Analogien.

Der Buddhismus wendet sich gegen die »Geistesgifte« Gier, Hass und Verblendung, denn sie erzeugen ein schlechtes Karma. Gutes Karma wird durch Bescheidenheit, Güte und Einsicht erzeugt. Intellektuelle Fähigkeiten wie die Einsicht sollten also auch hier die Triebe zurückdrängen.

Eine wichtige Lehre des Buddhismus ist der achtfache Pfad zur Erlösung. Einer von zwei Zweigen, die zur »vollkommenen Weisheit« führen, ist die »rechte« Gesinnung und das »rechte« Denken. Für beides müsse die eigene Gedankenwelt ständig geprüft werden. Eine ständige Selbstüberprüfung ist ein dem kritischen Denken sehr ähnliches Konzept. Auch Buddhas Betonung der Einsicht und Selbstverantwortung und der eigenständigen Suche nach Erkenntnis sind ein Aufruf zum kritischen Denken. In diesem Punkt ähnelt der Buddhismus den in diesem Buch aufgestellten Thesen.

Eine weitere Parallele ist Buddhas Ablehnung des Dogmatismus. Er hob die Selbstverantwortung des Menschen hervor und lehrte, dass jeder Mensch eigenständig zur Erkenntnis finden müsse. Auch seine eigenen Lehren seien keineswegs dogmatisch gemeint, sondern nur Anleitungen, denen man folgen oder einen anderen Weg suchen könne. Buddha wandte sich auch gegen die Hierarchie. Er warnte vor blinder Autoritätsgläubigkeit und lehnte das indische Kastensystem entschieden ab. Jeder Mensch könne zur Erkenntnis finden, egal aus welcher Kaste er stamme. Dieses Prinzip hat der Buddhismus mit dem Konfuzianismus und dem Protestantismus gemeinsam.

Parallelen mit den im vorliegenden Buch aufgestellten Thesen gibt es also in der Betonung des kritischen Denkens und der Ablehnung von Hierarchie. Der Buddhismus ist eine egalitäre Religion. Es gibt allerdings zwei wichtige Unterschiede zu westlichen Weltanschauungen. Das Ziel der inneren Erleuchtung im Buddhismus bedeutet äußerliche Passivität, und das ist mit der Aktivität der westlichen Industriegesellschaft nicht vereinbar. Auch macht der Buddhismus kaum Aussagen über die Struktur der Gesamtgesellschaft. Es bleibt offen, ob eine Demokratie besser ist als eine Monarchie.

Konfuzianismus

Konfuzius (um 551 v. Chr. – um 479 v. Chr.), in der chinesischen Provinz Shandong als Sohn eines Heerführers geboren, wuchs in wohlhabenden Verhältnissen auf. Er war als Lehrer und Berater tätig und interessierte sich schon früh für chinesische Traditionen und Bräuche. Erst im Alter von 55 Jahren begann er, mit seinen Jüngern umherzuziehen und seine Lehren zu verbreiten. Diese sind in den Aufzeichnungen seiner Schüler überliefert. Sie machen keine Aussagen über etwas Mystisches oder Transzendentales, sind jedoch in der religiösen Idee begründet, dass rechtes Verhalten die Harmonie mit der ewigen Weltordnung erreichen könne. Obwohl die Lehre des Konfuzianismus keine Religion, sondern eine philosophisch-politische Weltanschauung ist, gibt es in vielen chinesischen Städten Konfuzius-Tempel. Ein Edikt des letzten Kaisers von China stellte 1906 Konfuzius sogar den höchsten Gottheiten gleich. Auch in anderen ostasiatischen Ländern hat der Konfuzianismus fast den Status einer Staatsreligion.

Die Grundidee des Konfuzius war die Ordnung der Gesellschaft. Er verstand darunter in erster Linie die Hierarchie, in die sich der Mensch einfügen muss. Um die Ordnung zu wahren und ein gutes Funktionieren der Gesellschaft zu ermöglichen, muss jeder Einzelne möglichst tugendhaft denken und handeln. Er muss ein »Edler« werden und sich durch Harmonie und Mitte, Gleichmut und Gleichgewicht auszeichnen. Die Grundtugenden eines edlen Menschen sind Mitmenschlichkeit, Gerechtigkeit, kindliche Pietät und die Riten. Kindliche Pietät bedeutet dabei die Verehrung der Eltern und der Ahnen. Um ein »Edler« zu werden, ist laut Konfuzius vor allem Bildung notwendig.

Die Lehre des Konfuzius ist für einen Angehörigen der westlichen Kulturen nicht leicht zu erfassen. Der Unterschied zu westlichen Denkweisen ist groß, und eine Einordnung in westliche Kategorien und Begriffe kann ähnlich wie beim Buddhismus zu Missverständnissen führen. Auf den ersten Blick zeigen sich Parallelen wie etwa die hohe Bedeutung der Bildung, aber es gibt auch gravierende Unterschiede.

Wie die anderen Religionen wendet sich der Konfuzianismus gegen Egoismus, Gewalt und Ungerechtigkeit. Er appelliert an das kritische Denken. Die Menschen sollten über das, was sie tun, nachdenken. Die Idee der Gerechtigkeit wird in einem einfachen Prinzip dargelegt: »Was du dir selbst nicht wünschst, das füge auch den anderen Menschen nicht zu.« Daraus ergeben sich die konfuzianischen Werte Güte, Mitmenschlichkeit, Gerechtigkeit und Ehrlichkeit. Diese Werte beziehen sich auf das Verhalten des Einzelnen und finden sich in beinahe allen Religionen. Es sind auch die Werte der westlichen Demokratien.

Ähnlich wie Buddha und Luther forderte Konfuzius, dass Bildung allen zugänglich sein sollte. Man dürfe keine Standesunterschiede machen. Die ihm zugeschrieben Aussage »Wer alles glaubt, was er liest, sollte besser aufhören zu lesen« deutet auch auf eine positive Einstellung zum kritische Denken und zur Kreativität an. Im Konfuzianismus soll der Bürger stets das Gemeinwesen und das Staatsinteresse im Auge haben. Diese Betonung altruistischen Verhaltens ähnelt ebenfalls den Grundsätzen aller menschlichen Gemeinschaften.

Aber hier enden die Gemeinsamkeiten, und die Unterschiede treten hervor. Für Konfuzius sind Hierarchie, Kontrolle, Regeln und die Traditionen der Vergangenheit von enormer Bedeutung, wobei die Hierarchie das zentrale Element ist. Alle Beziehungen sind hierarchisch geregelt: das Verhältnis zwischen Kind und Eltern, zwischen Vorgesetzten und Untergebenen und die Struktur des Staates bis hinauf zum Staatsoberhaupt. Auch den Älteren gegenüber muss Respekt und Gehorsam gezollt werden. Ein wichtiges Element in der gesamten chinesischen Kultur ist die Ahnenverehrung, die mit Altären und Opferdarbietungen einem Götterkult gleichkommt. Diese Verehrung der Ahnen verpflichtet den Einzelnen zur Wahrung von Tradition, Anstand und Sitte. So entsteht nach Konfuzius ein eng verwobener Staatsorganismus, der wie ein Räderwerk perfekt funktioniert. Ordnung, Regel und Traditionen definieren einen Handlungsraum, innerhalb dessen menschliche Aktionen überhaupt erst einen Sinn und eine Wirkung entfalten können. Konfuzius vergleicht es mit einem Spiel, in dem erst die Regeln das Spiel ermöglichen, innerhalb dessen sich die Spieler dann frei bewegen können. Das Frauenbild des Konfuzius ist typisch für die meisten Urgemeinschaften. Auch hier sind Gehorsam und Hierarchie die dominierenden Prinzipien. Die junge Frau muss dem Vater, die verheiratete Frau dem Ehemann und die Witwe dem erwachsenen Sohn gehorchen. Die Stellung der Frau innerhalb der Gesellschaft definiert sich über den Mann. Bis vor rund hundert Jahren war es allerdings in Europa nicht viel anders.

Gehorsam, Hierarchie und Tradition waren auch preußische Tugenden und stellten die Basis einer funktionierenden, gut organisierten Gesellschaft dar. Sie entsprechen dem Prinzip des Ameisenstaats, in dem jeder Teil seine Rolle wie ein Rädchen in einem Mechanismus perfekt ausfüllt. Beide, der Konfuzianismus und die preußischen Tugenden, lehnen die Demokratie ab. Die Hierarchie ist das Gegenteil einer demokratischen Gesellschaft gleichberechtigter Menschen.

Der chinesische Philosoph Mengzi (um 370 v. Chr. – um 290 v. Chr.) reformierte und entwickelte die Lehren des Konfuzianismus weiter. Er sah in der Demokratie den Nachteil, dass dort jeder Bürger erzogen werden müsse. In einer Monarchie genüge es aber, den Monarchen zu erziehen, denn alle Bürger müssten aus Gehorsam seinem Vorbild folgen.

Die allgegenwärtige Kontrolle in einer solchen Gesellschaft lässt Kreativität und kritisches Denken verkümmern. Konfuzius lehnte – entsprechend seinem Prinzip »Beschreiben und nicht machen, treu sein und das Altertum lieben« – Neues grundsätzlich ab. Die Morallehre des Konfuzianismus erlaubt ein gut funktionierendes Staatsgebilde, das aber einen großen Nachteil hat: Es gibt keine Entwicklung, ähnlich einem Uhrwerk bewegt es sich auf den immer gleichen Bahnen. Mit seiner Betonung von Hierarchie und Kontrolle hat der Konfuzianismus eine intellektuell verbrämte Stammesgesellschaft geschaffen, die den alten Mechanismen des Herdentriebs eine perfekte Umgebung lieferte. Das Ergebnis ist eine in der Zeit stehen gebliebene Gesellschaft. Chinas Kultur erstarrte für rund 2000 Jahre, bis der Kommunismus die Gesellschaft revolutionierte.

Es gibt viele auch aus westlicher Sicht faszinierende Erkenntnisse und Prinzipien des Konfuzianismus. Positiv ist die Betonung der Bildung und des selbstständigen Denkens. Aber mit dem Traditionsbewusstsein, der Betonung fester Riten, den unzähligen Vorschriften und dem starken Hierarchiebewusstsein entsteht eine unfreie und starre Gesellschaft. Die alten Instinkte des Herdentriebs dominieren diese Gesellschaft und lassen Kreativität und kritisches Denken verkümmern.

Urchristentum

Das Christentum ist mit mehr als zwei Milliarden Gläubigen die größte der Weltreligionen. Es basiert auf den Lehren des historischen Jesus von Nazareth (zwischen 4 und 7 v. Chr. – 30 oder 31 n. Chr.). Die Historiker nehmen an, dass sein Geburtsort später nach Bethlehem verlegt wurde, da nach jüdischem Glauben von dort der Messias erwartet wurde. Vieles am Leben des historischen Jesus ist unsicher und umstritten. Sein Vater Josef war vermutlich Tischler, und es war üblich, dass der erstgeborene Sohn den Beruf des Vaters erlernte. Jesus hatte mehrere Brüder und Schwestern, über die wenig bekannt ist. Sein Wirken als Lehrer begann er erst mit rund 30 Jahren. Bis zu seiner Kreuzigung verblieben nur wenige Jahre, in denen er mit seinen Jüngern durch Galiläa und Judäa zog und seine Lehre verkündete. Das Christentum basiert also auf vermutlich zwei oder maximal vier Jahren des Wirkens dieser historischen Person. Seine Lehre war damals sehr beeindruckend und ist es auch heute noch.

Das Christentum durchlief in den zwei Jahrtausenden seiner Existenz viele Wandlungen. Die Lehren Jesu wurden in der katholischen Kirche zu einem umfangreichen Dogmensystem ausgearbeitet. Martin Luther sprengte dieses Dogmensystem, und es entstand der Protestantismus, der dann zur Grundlage der westlichen Demokratien wurde. Aber alles begann mit dem Urchristentum und der Lehre Christi. Leider gibt es keine der überlieferten Schriften von Jesus selbst. Nachrichten über Jesus Christus geben die nichtchristlichen Schriftsteller Josephus Flavius und Tacitus, besonders aber die Schriften des Neuen Testaments, in dem die Evangelisten nicht aus historischem Interesse berichten, sondern um mit ihrer Schilderung den christlichen Glauben zu begründen.

Wie konnte ein derart kurzes Wirken einer Person zur größten Weltreligion werden? Es gibt zwei metaphysische Botschaften, die vermutlich der

Hauptgrund für die schnelle Verbreitung des Christentums sind: die frohe Osterbotschaft der Wiederauferstehung und die Ankündigung der baldigen Ankunft des Reichs Gottes. Hinzu kommen Merkmale des Urchristentums, die aus Sicht des Herdentriebs dessen Attraktivität zusätzlich erklären können. Einige Aussagen des historischen Jesus Christus lassen sich daher mit den Thesen des vorliegenden Buches vergleichen:

Das Christentum richtet sich zunächst ähnlich den anderen Religionen gegen die animalischen Urtriebe des Menschen wie Unzucht, Diebstahl, Mord, Ehebruch, Habsucht, Bosheit, Betrug und Hochmut. Jesus predigte Barmherzigkeit und Nächstenliebe. Ähnlich wie im Buddhismus und im Konfuzianismus lässt sich das als ein Versuch interpretieren, das kritische Denken des Menschen gegen seine Triebe zu mobilisieren.

Ein Charakteristikum des Christentums ist die starke Betonung der Gemeinschaft. Damit spricht diese Religion das wichtigste Merkmal des Herdentriebs an. Die Jerusalemer Urchristen saßen täglich einmütig im Tempel zusammen, beteten und brachen das Brot. Die frühen Christen lebten in einer an den Urkommunismus erinnernden Gütergemeinschaft. Die Reichen verkauften Hab und Gut und teilten ihren Wohlstand unter die Gemeindemitglieder auf. Wie stark der Gemeinschaftssinn, das »Wir-Gefühl«, im Christentum ist, zeigen beispielsweise die Gleichnisse vom verlorenen Schaf, vom verlorenen Groschen und vom verlorenen Sohn. Jesus kümmert sich um jeden Einzelnen in der Gemeinschaft. Es ist verständlich, dass gerade die Armen, Kranken und die Ausgegrenzten vom Christentum fasziniert waren. Die hohe Wertigkeit der Gemeinschaft ist eine Konstante über die zwei Jahrtausende der Geschichte dieser Weltreligion. Hinzu kommt ein klares Feindbild: Andersgläubige, die das Christentum nicht annehmen wollen, erwarten ewige Höllenstrafen. Diese Religion hat also zwei Gesichter: ein friedliches und ein kriegerisches. Auch dieser gespaltene Charakter zieht sich als roter Faden durch die Geschichte dieses Glaubens.

Jesus Christus lehnte Hierarchie und Kontrolle ab. Er predigte den direkten Zugang zu Gott für jeden Einzelnen. Eine Priesterkaste, die den Zugang zu Gott vermittelte, wurde von Jesus Christus abgelehnt. Das bedeutet, dass das Urchristentum egalitär war. Jesus wandte sich auch gegen den Hochmut, der nur allzu oft von den Gebildeten Besitz ergreift. Auch war er gegen sinnlose Regeln. Beispielsweise hielt er die vielfältigen jüdischen Zeremonialvorschriften für bedeutungslos, denn sie lenkten vom wahren Glauben ab. Seine Aussage »Der Sabbat ist um des Menschen willen gemacht und nicht der Mensch um des Sabbats willen« bringt seine Ablehnung überflüssiger Glaubensregeln deutlich zum Ausdruck.

Jesus Christus sprach für die einfachen Menschen, Bildung war im Urchristentum kein Thema. Er wandte sich sogar eher gegen Bildung, da die jüdischen Schriftgelehrten Teil der unterdrückenden Hierarchie waren, über deren Regeln, Rituale und Gesetzesauslegungen der eigentliche Glaube verloren ging. In seiner bildhaften Sprache bezeichnete Jesus sie als verblendete Führer, die »Mücken aussiebten, aber Kamele verschluckten«. Mit diesem Bild warf Jesus ihnen vor, sich mit Kleinigkeiten zu beschäftigten und dabei das Wichtige und Große zu übersehen.

Das Urchristentum war nicht an Bildung interessiert. Auch denen, die »da geistig arm« waren, wurde das Himmelreich verheißen. Der Glaube und nicht die Erkenntnis waren entscheidend. Jesus Christus sprach auch deshalb in Gleichnissen, damit ihn die »geistig Armen« verstehen konnten. Allerdings ist eine solche egalitäre Gemeinschaft von ungebildeten Idealisten nicht stabil, wie die spätere Geschichte des Christentums zeigt. Die Gelehrten, die den Herdentrieb mit seinem Hierarchiestreben auf ihrer Seite hatten, haben auch in dieser neuen Religion rasch wieder eine Priesterkaste etabliert. Die frühen Christen schafften es nicht, ihr Prinzip der Gleichheit aller Menschen gegen die Macht des Herdentriebs, der die Menschen immer in eine hierarchisch-bevormundenden Gesellschaft treibt, zu verteidigen.

Katholizismus

Der Begriff Katholizismus (griech. katholikos = »alle betreffend«) entspricht den auf der Lehre Jesu aufbauenden Glaubensgrundsätzen der römisch-katholischen Kirche, die im 1. Jahrhundert n. Chr. vom Apostel Petrus in Rom gegründet wurde und mit 24 Teilkirchen die größte Gemeinschaft des Christentums ist. An der Spitze der römisch-katholischen Kirche steht der Papst, der als Bischof von Rom ein direkter Nachfolger Petri mit nahezu unbeschränkter kirchlicher Macht ist. Die katholischen Bischöfe gelten als direkte Nachfolger der Apostel.

Im Gegensatz zum Urchristentum ist die katholische Kirche streng hierarchisch gegliedert. Auf der untersten Stufe stehen die Gläubigen. Sie haben eine vornehmlich passive Rolle und empfangen die Sakramente ausschließlich von Angehörigen des Priestertums. In der katholischen Kirche gibt es drei Gewalten: die Leitungsgewalt, die Lehrgewalt und Heiligungsgewalt. Alle Gewalten werden von Angehörigen des geistlichen Standes ausgeübt. Nur in Sonderfällen und in eingeschränktem Maße können auch beauftragte Laien daran beteiligt werden.

Die Entwicklung der Institution Kirche aus dem ursprünglich egalitären Urchristentum ist ein Lehrbuchbeispiel für die langsame Unterwanderung einer ursprünglich freien und egalitären Gesellschaft durch die Verhaltenssteuerungen des Herdentriebs: Menschen wollen anderen Menschen überlegen sein und Kontrolle über sie ausüben. Dieser Trieb bewirkt in jeder Gemeinschaft einen schleichenden Übergang in totalitäre Strukturen, die letztlich wieder der alten Stammesgesellschaft gleichen. Auch die katholische Kirche zeigt die typischen Merkmale einer vom Herdentrieb kontrollierten Gemeinschaft.

Die starke Förderung des Gemeinschaftsgefühls, die schon das Urchristentum auszeichnete, hat die katholische Kirche beibehalten und sogar noch ausgebaut. Es gibt unzählige Rituale und gemeinsame Aktionen, die die Gläubigen einer Gemeinde zusammenbringen. Auch die gegenseitige Fürsorge ist ein Leitgedanke der katholischen Kirche. Ein starkes Gefühl von Schutz innerhalb der Gemeinschaft ist die Basis des Herdentriebs und gilt für Menschen genauso wie für Tiere. Die starke Betonung einer engen und schützenden Gemeinschaft – die Kirche spricht wortwörtlich von »Herde« – ist eine Erklärung für die Langlebigkeit der katholischen Kirche.

Die katholische Kirche zeigt alle Merkmale einer hierarchischen Gesellschaft. Der Vorteil einer starken Hierarchie mit vielen Ritualen und Glaubensregeln ist die Stabilität der Gemeinschaft. Damit ähnelt die katholische Kirche dem Konfuzianismus. In beiden Fällen haben diese Strukturmerkmale zu einer enormen Langlebigkeit geführt. Allerdings ist diese Stabilität gleichbedeutend mit Erstarrung. Der Dogmatismus der katholischen Kirche hat die Entwicklung Europas bis zum Ende des Mittelalters stark verlangsamt. Das Gleiche geschah mit China im Griff des Konfuzianismus.

Im Gegensatz zum Urchristentum förderte die katholische Kirche im Mittelalter zwar die Bildung, allerdings verstand sie darunter die Auseinandersetzung mit ihrem Dogmensystem. Kritisches Denken wurde nicht gefördert, und Abweichler wurden bekämpft. Über Jahrhunderte sprachen die Schriftgelehrten der katholischen Kirche Lateinisch. Auch der Gottesdienst war in Latein. Damit sicherten sich die Priester das Privileg des alleinigen Zugangs zum Wort Gottes. Zusätzlich bestärkten sie damit ihre Überlegenheit gegenüber dem einfachen Volk.

Protestantismus und Demokratie

Jesus Christus war auch ein Reformator, der gegen die verkrusteten Machtstrukturen der jüdischen Kirche rebellierte. Dieser Prozess wiederholte sich in der Person von Martin Luther (1483–1546), der gegen die verkrusteten Machtstrukturen der katholischen Kirche aufbegehrte. Luther reformierte die Kirche, indem er wieder das einforderte, was schon Jesus Christus gepredigt hatte: den direkten Kontakt zwischen Mensch und Gott. Der Konflikt entzündete sich an den Ablassbriefen, mit denen sich die Bürger von ihren Sünden freikaufen konnten. Das Geld floss an die katholische Kirche, die damit ihren Luxus finanzierte. Am 31. Oktober 1517 schlug Luther seine 95 Thesen am Hauptportal der Schlosskirche in Wittenberg an. Es war der Beginn eines Prozesses, der schließlich zur Entwicklung der Demokratie, der modernen Wissenschaft und zur Industrialisierung führte. Zugleich war es auch ein Kampf gegen die animalischen Instinkte des Herdentriebs.

Luther beschreibt folgendermaßen die beiden demokratischen Prinzipien Freiheit und Gemeinschaft: »Ein Christ ist ein freier Herr über alle Dinge und niemandem untertan – durch den Glauben. Ein Christ ist ein dienstbarer Knecht aller und jedermann untertan – durch die Liebe.« In seiner theologischen

Rechtfertigungslehre sprach er sich zudem gegen Kontrolle und Gesetze aus: »Darum sind wir der Überzeugung, dass der Mensch gerecht wird durch Glauben, unabhängig von Werken des Gesetzes.« Er lehnte die Rituale, die Vorschriften, die Hierarchie und das Dogmensystem der katholischen Kirche ab. Luther zufolge konnte jeder Mensch Priester oder Gelehrter werden. Selbstständiges Denken und Eigenverantwortung wurden plötzlich wichtig, während Gehorsam und Untertanengeist, die die katholische Kirche einforderte, bei den »Protestanten« keine Rolle spielten.

Wenn jeder ein Priester werden konnte, musste auch jeder gebildet sein. Ähnlich wie Buddha und Konfuzius forderte Luther, dass Bildung allen zugänglich sein sollte, nicht nur den Privilegierten. Er übersetzte die Bibel ins Deutsche und nutzte den gerade erfundenen Buchdruck zur massenhaften Verbreitung der Bibel. Er übersetzte sie nicht Wort für Wort, sondern sinngemäß, sodass der Text für jeden verständlich wurde. Dadurch brach er das wichtigste Monopol der Priesterschaft, denn nun hatte jeder Zugang zum Wort Gottes und verstand es auch.

Jeder Mensch durfte und sollte aktiv werden. Das war eine theologische Rechtfertigung für die Geistes- und Naturwissenschaften und die Technologie. Luther lege auch das Fundament für die Demokratie, indem jede Kirchengemeinde ihre Pfarrer wählen und gegebenenfalls abwählen durfte. Die demokratischen Strukturen der protestantischen Kirchen führten dann auch zur Demokratisierung im weltlichen Bereich. Diese begann zunächst in England und breitete sich dann auch in Nordamerika aus.

Die Reformation ist auch die Grundlage der industriellen Revolution und des modernen Kapitalismus. Johannes Calvin (1509–1564) entwickelte den Protestantismus weiter und predigte einen fast an Askese grenzenden Lebensstil. Tugenden wie Fleiß, Disziplin, Pflichtbewusstsein, Ehrlichkeit, Genügsamkeit und Sparsamkeit hob er als besonders erstrebenswert hervor, weil sie zu Erfolg und Wohlstand führen, die als Zeichen von Gottes Wohlwollen gewertet werden.

Kritischer Rationalismus

Abschließend sei noch auf den kritischen Rationalismus des österreichischen Philosophen Karl Popper (1902–1994) hingewiesen, eine philosophische Denkrichtung, die das kritische Denken als zentral für die Wissenschaften und die Gesellschaft erachtet. Er ging von der Überzeugung aus, dass die Welt von logischer, gesetzmäßig berechenbarer Beschaffenheit sei und dass das sittliche Handeln von Vernunftwahrheiten geleitet werde, die von höherem Rang seien als die aus der Erfahrung geschöpften Erkenntnisse.

Popper, der sich intensiv mit der Theorie der Naturwissenschaften beschäftigte, sah die großen Revolutionen in der Anschauungsweise der Physik. Einsteins Relativitätstheorie veränderte das Verständnis von Raum und Zeit, Heisenbergs Quantentheorie machte aus Atomen verschwommene Wellen, und die Urknalltheorie ließ das Universum expandieren. Daraus schloss er, dass auch naturwissenschaftliche Theorien, die als unumstößlich gelten, sich eventuell als falsch erweisen können. Daher wandte er sich gegen jeden Dogmatismus. Der Bürger solle jedem Propheten, Politiker und Gelehrten, der behaupte, im Besitz der absoluten Wahrheit zu sein, mit Misstrauen begegnen. Die Erfahrung zeige, dass auch die scheinbar gesichertste Theorie irgendwann korrigiert oder verworfen werden muss.

Poppers kritischer Rationalismus ist das Hohelied der Philosophie auf das kritische Denken. Und genau dieses kritische Denken ist – nach den hier entwickelten Thesen – als einzige Kraft in der Lage, dem ständigen Druck des Herdentriebs in Richtung einer totalitären Gesellschaft Widerstand zu leisten.

Popper zufolge besteht nur in einer Gesellschaft, die nicht an Dogmen, Regeln, Ritualen und Traditionen gebunden ist, die Möglichkeit zu ständigen Reformen und Korrekturen. Eine Gesellschaft darf nicht erstarren, sie muss dynamisch und flexibel bleiben. Weiterhin fordert er eine maximale Freiheit des Einzelnen und Respekt vor abweichenden Meinungen. Er unterscheidet zwischen einer »offenen« und einer »geschlossenen« Gesellschaft. Eine »offene« Gesellschaft folgt keinem Dogmensystem, sondern ist im ständigen Wandel begriffen. Konkret erfüllt heute nur eine Demokratie diese Bedingung, auch wenn es denkbar wäre, dass es in der Zukunft noch weitere freie und offene

Gesellschaftsformen geben könnte. Eine »geschlossene« Gesellschaft wird von einer Ideologie oder Lehre mit einem festen Dogmensystem beherrscht. Eine solche Gesellschaft ist meist hierarchisch strukturiert. Die Eliten erlassen unzählige Regulierungen und kontrollieren das Leben der Bürger.

Die Unterscheidung zwischen totalitären Systemen und der Demokratie im vorliegenden Buch ähnelt Poppers Einteilung in »offene« und »geschlossene« Gesellschaften. Popper warnt vor einer Herrschaft der »Eliten«. Die beste Staatsform ist für Popper die Demokratie, wobei es allerdings nicht zu einer Diktatur der Mehrheit kommen darf.

Überblick

Schon die frühen Religionsstifter haben erkannt, dass das animalische Erbe der Menschen die Ursache von Unglück und Leid ist. Sie ermutigten ihre Anhänger, ihre Triebe durch geistige Kontrolle zu beherrschen. Sowohl im Buddhismus als auch im Konfuzianismus stehen Weisheit und lebenslanges Lernen im Mittelpunkt. Der Buddhismus konzentriert sich allerdings auf die innere Erleuchtung des einzelnen Gläubigen und ist als Gesellschaftssystem untauglich. Der Konfuzianismus hält an alten Traditionen und einer hierarchischen Gesellschaft fest. Damit unterstützt er die Mechanismen des Herdentriebs. Eine Gesellschaft, die nach den Prinzipien des Konfuzianismus lebt, erstarrt in unzähligen Vorschriften und einer festgefahrenen Hierarchie.

Das Urchristentum wandte sich gegen die Hierarchie und war eine erste egalitäre Gemeinschaft. Ohne intellektuellen Schutz entstanden aber rasch wieder die alten Unterdrückungsstrukturen einer hierarchischen und hochregulierten Gesellschaft. In der Reformation wurden die hierarchischen Strukturen wieder abgeschafft, und es entstand der egalitäre Protestantismus. Jeder Gläubige konnte nun Priester oder Schriftgelehrter werden. Damit legte der Protestantismus die Grundlage für die moderne westliche Demokratie, die Natur- und Geisteswissenschaften und die Industrialisierung.

Der historische Vergleich der Weltreligionen zeigt, dass der Mensch durch seine Instinktsteuerungen immer wieder in eine hierarchische und hochkontrollierte Gesellschaft getrieben wird. Unmerklich und fast wie von selbst entsteht eine Elite, die die Menschen mit unzähligen Regeln und Gesetzen überzieht. Gesellschaften mit einer starken Hierarchie und einer hohen Kontrolle sind zwar stabil und verfügen über ein starkes Gemeinschaftsgefühl, aber sie verändern sich nicht und erstarren. Auch Karl Popper sieht die Demokratie als einzige Staatsform, die sich aktiv und langfristig gegen Dogmatiker, gegen den Hochmut der Eliten und die Kontrollsucht der Bürokraten wehren kann.

Ein Eckpfeiler der Demokratie ist die Präambel der Unabhängigkeitserklärung der Vereinigten Staaten von Amerika. Ihr zufolge muss die Gesellschaft jedem Bürger ermöglichen, auf seine Art glücklich zu werden (*pursuit of happiness*). Dieser Grundsatz kann als ein Versuch angesehen werden, den archaischen Herdentrieb mit seinem Dogmatismus, seiner Hierarchie und seiner Kontrolle zu überwinden. Die Bürger einer toleranten Gesellschaft können sich den unterschiedlichsten Glaubensgemeinschaften und politischen Bewegungen anschließen, unter der Voraussetzung, dass es sich um tolerante, undogmatische Bewegungen handle, die eine Koexistenz zulassen.

Ausblick

Ähnlich wie in Stevensons Erzählung *Der seltsame Fall von Dr. Jekyll und Mr. Hyde* hat das menschliche Sozialverhalten zwei Seiten: eine animalische und eine menschliche. Die typischen Merkmale der animalischen Seite sind Hierarchie, Macht, Überlegenheit, Kontrolle, Führerschaft und Unterwerfung. Diese Verhaltensmuster finden sich in unterschiedlicher Ausprägung prinzipiell überall, wo Menschen zusammenleben. Besonders dominant sind sie in Diktaturen, Monarchien, Stammesgesellschaften, Unternehmen und im Militär.

Diese wenigen Verhaltensreflexe des Einzelnen genügen, um in einer Gemeinschaft eine komplexe Sozialstruktur entstehen zu lassen. Die drei Komponenten des Herdentriebs – das Streben nach Gemeinschaft, Überlegenheit und Macht – führen dann immer zur Ausbildung einer Hierarchie: Es gibt einen Führer, der die Herde kontrolliert. Diese Gruppenstruktur ermöglicht eine effektive Zusammenarbeit und die gemeinsame Abwehr von Feinden. Die Evolution hat diese Struktur sowohl tierischen als auch menschlichen Gemeinschaften aufgeprägt.

Doch es gibt auch noch eine menschliche Seite des Sozialverhaltens. Sie basiert auf der Intelligenz und lässt den Menschen nach Freiheit und Demokratie streben. Die Mechanismen des Herdentriebs stehen im Widerspruch zu einer idealen freien Gesellschaft, die Hierarchie und Kontrolle aufzuheben trachtet. Darum befinden sich die beiden Seiten des menschlichen Sozialverhaltens im ständigen Widerstreit, mal gewinnt die eine, mal die andere Seite. Historisch gesehen gewann meistens die animalische Seite, und das erklärt die vielen Diktaturen und Kriege.

Die zwei Seiten des menschlichen Sozialverhaltens. »Diktatur« steht hier stellvertretend für alle Formen totalitärer Gesellschaften.

Ein Beispiel für diesen Widerstreit ist die Geschichte des Christentums. Jesus Christus wandte sich gegen die autoritäre Priesterkaste des Judentums mit ihren vielen Glaubensvorschriften und ihrer Hierarchie. Das Urchristentum war egalitär, lehnte Vorschriften ab und konzentrierte sich auf den wahren Glauben. Im Verlauf von 500 Jahren entstand aber wieder eine autoritäre Priesterkaste, die unzählige Glaubensvorschriften erließ und eine detailreiche Hierarchie etablierte.

Mit Martin Luther wiederholte sich der Reformprozess. Die Priesterkaste wurde ein zweites Mal abgeschafft und eine freie christliche Glaubensgemeinschaft ohne Hierarchie und ohne Kontrolle gegründet. Diesmal scheint die Reform nachhaltiger gelungen zu sein, denn mit der Reformation begann ein langer Prozess, der zur Entwicklung der westlichen Demokratien, der Natur- und Geisteswissenschaften und zur industriellen Revolution führte.

Es liegt also in der animalischen Natur des Menschen, eine hierarchische Gesellschaft zu errichten, in der das Leben durch Normen, Gesetze, Vorschriften und Verbote geregelt ist. Das Leben läuft wie auf Schienen, und nie gibt es einen Moment der Orientierungslosigkeit. Solche Gesellschaften sind sehr stabil, wie mehrere Beispiele zeigen: Über mehr als 1000 Jahre dominierte die katholische Kirche im Mittelalter in Europa, 2000 Jahre lang herrschte der Konfuzianismus über China, und über 500 Jahre lang hielt sich die Feudalgesellschaft im europäischen Mittelalter. Alle drei Gesellschaftsformen waren extrem hierarchisch, von unzähligen Regeln kontrolliert und stark in den Traditionen verhaftet. Jedes kritische Denken und Infragestellen der Regeln und Traditionen wurde bestraft. Die Langzeitstabilität ist beeindruckend, aber gleichzeitig offenbaren die drei Beispiele einen großen Nachteil: In einer hierarchischen und streng kontrollierten Gesellschaft gibt es kaum eine Weiterentwicklung, weil die Gesellschaft in ihren Regeln erstarrt.

Die Verhaltensmuster, die eine solche Gesellschaft kontrollieren, sind in den Genen kodiert. Gene verändern sich nur sehr langsam auf Zeitskalen von Jahrhunderten. Es überrascht also nicht, dass die Gesellschaften, die auf der animalischen Seite des menschlichen Sozialverhaltens basieren, sich nur langsam über Jahrhunderte hinweg verändern. In der modernen, schnelllebigen Zeit wird eine totalitäre Gesellschaft im globalen Wettbewerb rasch zurückfallen und verarmen. Auch dafür gibt es ein Beispiel: Deutschland wurde nach dem Zweiten Weltkrieg in einen demokratischen und einen totalitär regierten Staat aufgeteilt. Die beiden Landesteile entwickelten sich unterschiedlich. Nach vierzig Jahren brach das totalitäre Deutschland (die DDR) ökonomisch und gesellschaftlich zusammen. Ein Grund war die Unterdrückung des kritischen Denkens und der Kreativität in einem dogmatischen, von einer fundamentalistischen Ideologie kontrollierten Land.

Der Prozess eines schleichenden Übergangs in eine Diktatur oder in ein diktaturähnliches System droht jeder Gesellschaft, auch den westlichen Demokratien. Eine Demokratie ist im Vergleich zu einer Monarchie oder einer Diktatur fragil und wird leicht durch undemokratische Strömungen erodiert. Daher muss eine Demokratie aktiv unterstützt werden, wenn den Bürgern am Erhalt ihrer Freiheit gelegen ist.

Heute mehren sich die Anzeichen für einen schleichenden Zerfall der demokratischen Werte in den westlichen Ländern. Dogmatische Strömungen wie der Neonationalismus, der Ökologismus und die Hypermoral dominieren zunehmend die öffentliche Diskussion. Auch Hochmut gegenüber dem einfachen Bürger wird wieder gesellschaftsfähig. Hinzu kommt eine Erstarrung durch eine wachsende Flut von Gesetzen und Regulierungen. Langsam kehren die Verhaltensmuster des alten Herdentriebs mit Hierarchie, Überlegenheit und Kontrolle wieder zurück. Auch die politische Landschaft verändert sich: Populisten, Ein-Themen-Parteien und randständige Splitterparteien erhalten zunehmend Zulauf.

Ein schleichender Rückfall in eine totalitäre Gesellschaft kann aufgehalten und umgekehrt werden, wenn der politische Wille dazu vorhanden ist. Es gibt eine ganze Palette von Maßnahmen, die das Demokratiebewusstsein stärken und die Gesellschaft wieder demokratischer machen können:

- ***Recht auf Heimat***

Das Sozialverhalten der sozial lebenden Tiere und des Menschen beruht auf dem Bewusstsein von »Heimat«. Ein Verzicht auf »Heimat« kommt dem Entzug eines Grundbedürfnisses gleich. Daher sollte jedem Menschen ein Recht auf Heimat eingeräumt werden. Heimat bedeutet Sicherheit, Vertrauen, Verstehen und Vertrautheit. Demokratie basiert auf diesen Werten. Deshalb ist »Heimat« für eine Demokratie besonders wichtig.

- ***Bessere Schulen***

Kritisches Denken muss bereits in der Schule trainiert werden. Aber in den westlichen Demokratien sind viele Schulen in einem bedauernswerten Zustand. Die Politik muss der Bildung wieder die hohe Priorität einräumen, die der Schule als Fundament der Demokratie zukommt.

- ***Zulassen von Meinungsvielfalt***

Dogmatismus muss als Versuch, das kritische Denken zu ersticken, erkannt werden. Eine dogmatische Gleichschaltung der öffentlichen Meinung und die Ausgrenzung unerwünschter oder »politisch nicht korrekter« Meinungen sind Anzeichen für einen Übergang in ein totalitäres System.

- ***Kontrolle und Bevormundung***

Politik und Bürokratie fluten die Gesellschaft mit immer mehr Gesetzen, Vorschriften und Regeln. Der Wunsch nach Kontrolle über das Leben der Mitmenschen ist ein Merkmal des Herdentriebs und animalischen Ursprungs. Die Kultur droht in einem Korsett aus Regulierungen zu erstarren. Kreativität, Eigenverantwortung und kritisches Denken weichen einem wiedererwachenden Untertanengeist.

- ***Das Internet als Chance***

Das Internet revolutioniert die Kommunikation. Jeder Bürger ist zugleich Sender und Empfänger von Informationen. Der Nutzen durch Dezentralität, Vielfalt und Gleichheit überwiegt die Gefahren. Eigenständiges kritisches Denken kann den Bürger vor Manipulationsversuchen, Fake News, kriminellen Internetseiten und Cybermobbing schützen.

- ***Keine Eliten***

Auch in demokratischen Gesellschaften besteht die Gefahr, dass eine dogmatische und hochmütige politische Klasse entsteht. Maßnahmen dagegen sind die

Begrenzung der Amtszeiten, Skepsis gegenüber Berufspolitikern und Verbot der Parteienfinanzierung aus Steuermitteln.

- ***Fundamentalismus***

Freie Gesellschaften werden ständig durch dogmatisch-fundamentalistische Strömungen bedroht. Beispiele sind der Neonationalismus, der Ökologismus und die Hypermoral. Eine erste Gegenmaßnahme ist die Aufklärung der Öffentlichkeit über die Mechanismen des Fundamentalismus.

- ***Volksabstimmungen***

In Volksabstimmungen werden die Bürger aktiviert und beteiligen sich am politischen Leben. Volksabstimmungen erschweren die Entstehung einer herrschenden Elite und führen zur Erneuerung. Auch schulen sie das kritische Denken in den Diskussionen im Vorfeld einer Abstimmung.

- ***Föderalismus und Subsidiarität***

Föderalismus und Subsidiarität sind basisdemokratische Prinzipien, die zentralistischen und autoritären Strukturen entgegenwirken. Sie lassen sich auch in großen Flächennationen realisieren, wenn der Wille dazu vorhanden ist.

- ***Begrenzung der Migration***

Der Migrationsdruck wird weiter zunehmen, und es müssen nachhaltige Lösungen gefunden werden. Ein erster Schritt ist eine Differenzierung in durch Werte motivierte Migration, ökonomisch motivierte Migration und in Flüchtlinge und Menschen, die laut Genfer Flüchtlingskonvention »aus der begründeten Furcht vor Verfolgung wegen ihrer Rasse, Religion, Nationalität, Zugehörigkeit zu einer bestimmten sozialen Gruppe oder wegen ihrer politischen Überzeugung oder Bürgerkrieg« ihr Land verlassen haben. Wenn allerdings der Migrationsdruck zu hoch wird, muss nach Lösungen vor Ort in den Problemländern gesucht werden.

Literaturhinweise

Kollektive Phänomene

Magnetische und energetische Wellen, Stadionwellen und synchrone Vorgänge

Fischer, Len: *Schwarmintelligenz. Wie einfache Regeln Großes möglich machen.* Frankfurt a. M. 2010.

Bonabeau, Eric / Théraulaz, Guy: »Swarm Smarts«, in: *Scientific American* 2008.

Tiergemeinschaften

Ameisen, Heringe, Frösche, Störche, Graugänse, Papageien, Paviane und Schimpansen

BioGraphic: *Lens of Time: Secrets of Schooling,* Video Internet (aufgerufen am 24.05.2018): https://www.youtube.com/watch?v=Y-5ffl5_7AI

Faszination Wissen BR: *Schwarmverhalten - Die Intelligenz der Vielen,* Video Internet (aufgerufen am 24.05.2018): https://www.youtube.com/watch?v= 9HCeqqGjRfM

Krause, Jens u. a. (Hrsg.): *Animal Social Networks.* Oxford 2015.

Lorenz, Konrad: *Er redete mit dem Vieh, den Vögeln und den Fischen.* München 1964.

Ders.: *Das sogenannte Böse.* München 1983.

McGregor, Peter (Hrsg.): *Animal Communication Networks.* Cambridge 2005.

Nova Science Now: *Alex the Smart Parrot - Talking bird distinguishes colors, shapes, sizes, numbers,* Video Internet (aufgerufen am 24.05.2018): https://www.youtube.com/watch?v=p0E1Wny5kCk

Pepperberg, Irene M.: *Alex und Ich.* München 2009.

Die Entwicklung der Intelligenz

Vom animalischen Erbe zum kritischen Denken

Crabtree, Gerald R.: *Our fragile Intellect Parts I and II*, Trends in Genetics, Januar 2013, Bd. 29, Nr. 1.

Kahnemann, Daniel: *Schnelles Denken, Langsames Denken.* München 2012.

Russon, Anne E. / Begun, David R.: *The Evolution of Thought. Evolutionary Origins of Great Ape Intelligence.* Cambridge 2004.

Dies.: *Evolutionary origins of great ape intelligence: an integrated view,* Internet (aufgerufen am 25.05.2018): http://anthropology.utoronto.ca/Faculty/Begun/evol%20origins%20g%20ape%20intell.pdf

Spitzer, Manfred: *Lernen.* Heidelberg 2006.

Stafford, Amy: *Chimpanzee Communication: Insight Into the Origin of Language,* Internet (aufgerufen 24.05.2018): http://www2.nau.edu/gaud/bio301/content/chmplng.htm

Die Geschichte der Kommunikation

Bakterien, Zellen, Tiere und die fünf Revolutionen in der Kommunikation

Bassler, Bonnie: *How Bacteria talk.* Video 2013, Internet (aufgerufen am 24.05.2018): https://www.youtube.com/watch?v=KXWurAmtf78

Flew, Terry: *New Media.* Oxford 2014.

Jolles, Jolle W. u. a.: *Consistent Individual Differences Drive Collective Behavior and Group Functioning of Schooling Fish,* in: Current Biology 2017, Nr. 27, S. 1–7.

Jungherr, Andreas: *Der Einfluss der Kommunikation auf sozialen Netzwerkplattformen auf politische Meinungsbildung und Verhalten.* Konstanz 2017.

Machill, Marcel / Beiler Markus / Krüger, Uwe: *Das neue Gesicht der Öffentlichkeit. Wie Facebook und andere soziale Netzwerke die Meinungsbildung verändern,* in: *LfM-Materialien,* Bd. 31. Düsseldorf 2015.

Pitcher, Tony J. (Hrsg.): *Behavior of Teleost Fishes.* London 1991.

Schepartz, L.A.: *Language and Modern Human Origins,* in: *Yearbook of Physical Anthropology* Bd. 36 (1993), S. 91–126.

Im Zweifel mit der Masse:
Wie viel Herdentier steckt im Einzelnen?

Die Weisheit der Vielen
Auswirkungen des Herdentriebs auf die Gesellschaft

Akerlof, Eugen / Shiller, Robert J.: *Animal spirits.* Frankfurt a. M. 2009.

Eibl-Eibesfeldt, Irenäus: *Der Mensch – das riskierte Wesen.* München 1991.

Ders.: *Die Biologie des menschlichen Verhaltens.* München 1997.

Lemberg, Eugen: *Ideologie und Gesellschaft.* Stuttgart 1982.

Lorenz, Konrad: *Die acht Todsünden der zivilisierten Menschheit.* München 1973.

Malone, Thomas W. / Bernstein, Michael S.: *Handbook of Collective Intelligence.* Cambridge 2015. Miller, Peter: *Die Intelligenz des Schwarms.* Frankfurt a. M. 2010.

Turner, Ralph H. / Killian, Lewis M.: *Collective Behavior.* Englewood Cliffs 1987.

Demokratie in Gefahr
Bedrohung durch die Mechanismen des Herdentriebs

Altemeyer, Bob: *The Other »Authoritarian Personality«,* in: *Advances in Experimental Social Psychology,* Bd. 30 (1998), S. 47–92.

Foa, Roberto Stefan / Mounk, Yascha:
The Danger of Deconsolidation, in: *Journal of Democracy*, Bd. 27 (2016), S. 5.

Grau, Alexander: *Hypermoral.* München 2017.

Haller, Michael: *Die »Flüchtlingskrise« in den Medien*, in: *OBS Arbeitsheft* 93, Frankfurt a. M. 2017.

Plattner, Marc F.: *Is Democracy in Decline?*, in: *Democracy and Society*, Bd. 13 (2016), S. 20.

Safranski, Rüdiger: *Romantik. Eine deutsche Affäre.* Frankfurt a. M. 2015.

Sarrazin, Thilo: *Der neue Tugendterror.* München 2014.

Stabilisierung und Förderung der Demokratie

Kritisches Denken, Gemeinschaftsgefühl und bürgerliches Engagement

Fergusson, Niall: *Civilisation. The West and the Rest.* London 2011.

Spiewak, Martin: *Nachhilfe in Skepsis*, in: *Die Zeit*, 01.03.2018.

Der Einfluss des Herdentriebs auf Religion und Philosophie

Archaische Instinktsteuerung versus egalitäre Gesellschaft

Glasenapp, Helmuth von: *Die fünf Weltreligionen.* München 2005.

Bildnachweis

S. 12 Fotolia / Patrick Rolands ···· S. 16 Keystone / Science Photo Library / Kenneth Libbrecht ···· S. 18 Audi Urban Future Initiative ···· S. 23 Brian Bevan / Ardea / Okapia ···· S. 34 Fotolia / Christina Suhrbier ···· S. 37 oben Paulo de Oliveira / Okapia, S. 37 unten Hettich Medien ···· S. 40 links Konrad Wothe / imageBROKER / Okapia, S. 40 Mitte Julia Berg / Fjalladis Cosplay, S. 40 rechts Fotolia / Yuri Bizgaimer ···· S. 43 Wilfried Martin / imageBROKER / Okapia ···· S. 49 The Alex Foundation ···· S. 51 Images & Stories / Alamy Stock Photo ···· S. 52 Tony Camacho / Okapia ···· S. 54 Fotolia / Clivia ···· S. 57 Friends of Washoe ···· S. 65 Marcio Jose Bastos Silva / Shutterstock.com ···· S. 66 Linda Bucklin / Shutterstock.com ···· S. 71 Max-Planck-Institut für evolutionäre Anthropologie ···· S. 75 BSIP/Okapia ···· S. 103 Frank Fox / Okapia ···· S. 101 Keystone/Science Photo Library / Dennis Kunkel Microscopy ···· S. 107 links Christopher Henshilwood, S. 107 rechts Fedor Selivanov / Shutterstock.com ···· S. 127 Fotolia / Mapics ···· S. 131 Fotolia / KiWiE ···· S. 137 Hans Blossey/Alamy Stock Photo ···· S. 144 Carmen Lundqvist / Okapia ···· S. 160 United Archives GmbH / Alamy Stock Photo ···· S. 164 Keystone / dpa / Markus Scholz ···· S. 180 Fotolia / Artusius ···· S. 185 ForeverLee / Dreamstime.com ···· S. 188 Wilhelm Busch ···· S. 203 unter Verwendung eines Bildes von: Keystone / Imagno / Gerhard Trumler.

Alle weiteren Abbildungen von Gerd Ganteför.

Register

Gerd Ganteför

Geboren 1956

Experimentalphysiker und Hochschullehrer an der Universität Konstanz
Zahlreiche wissenschaftliche Veröffentlichungen zu seinem Forschungsthema Nanoteilchen und zu Klimafragen
1977–1984 Studium der Physik an der Universität Münster
1989 Promotion an der Universität Bielefeld
1996 Habilitation am Forschungszentrum Jülich
Seit 1997 Lehrauftrag an der Universität Konstanz
2014 Literaturpreis der Chemischen Industrie
2017 Gewinner des Siver Wissenschaftsslams Urania Berlin

2. Auflage, 2024

Herausgeber: Gerd Wagner
Lektorat: Dr. Annalisa Viviani, München
Buchgestaltung: Sarah Winter, Hamburg

Schrift: Sofia Pro, Plantin
Druck und Bindearbeiten: Graspo CZ, a.s.
Printed in Czechia

Der AT Verlag wird vom Bundesamt für Kultur
für die Jahre 2021–2025 unterstützt.

ISBN 978-3-03800-027-3

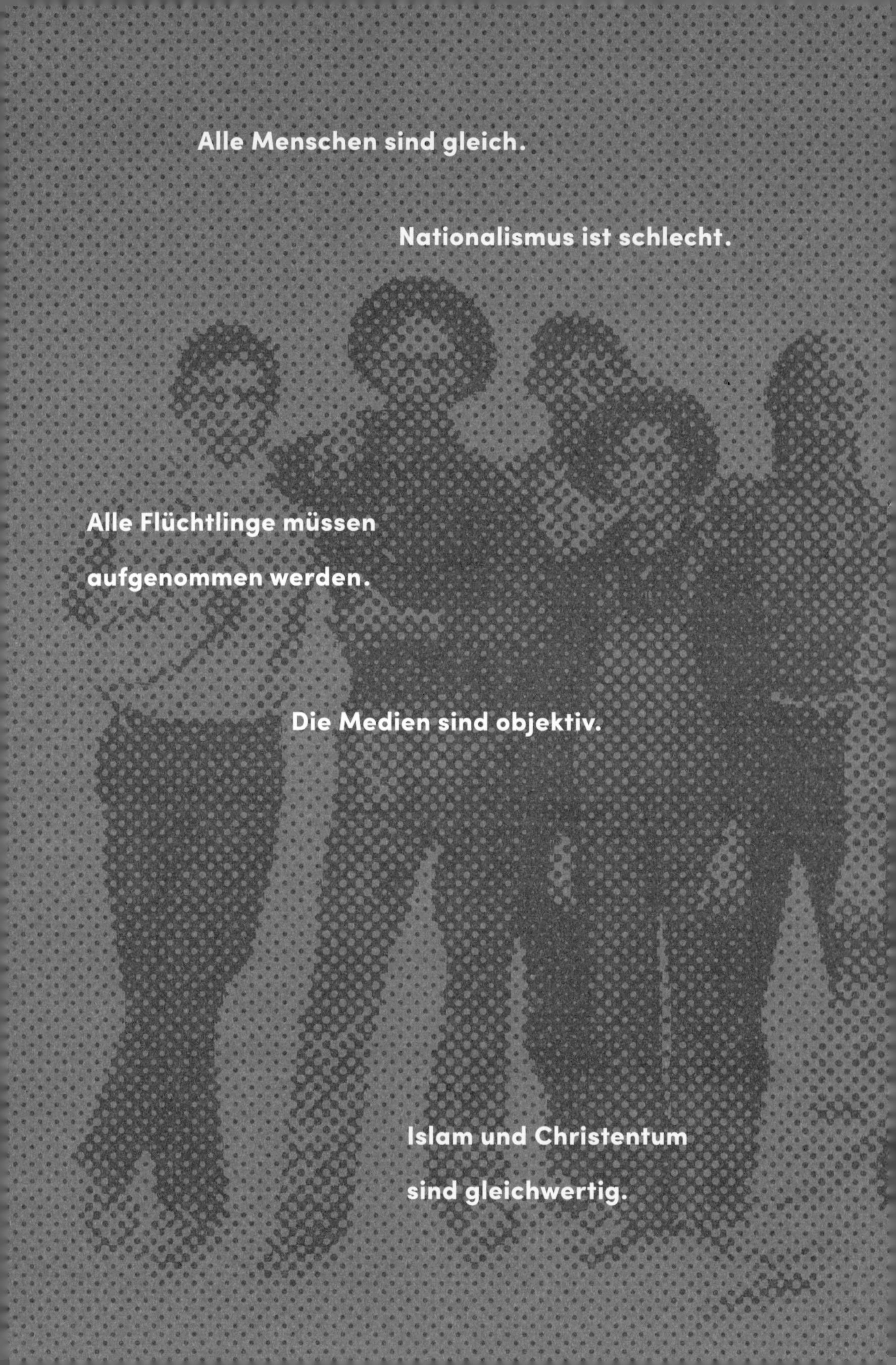
Alle Menschen sind gleich.
Nationalismus ist schlecht.
Alle Flüchtlinge müssen aufgenommen werden.
Die Medien sind objektiv.
Islam und Christentum sind gleichwertig.